与林老师对话

# 本体与常无

## 经济学方法论对话

BENTI & CHANGWU
Dialogues on Methodology in Economics

林毅夫 著

北京大学出版社
PEKING UNIVERSITY PRESS

## 图书在版编目(CIP)数据

本体与常无：经济学方法论对话/林毅夫著. —2 版. —北京：北京大学出版社,2012.10

(与林老师对话)

ISBN 978-7-301-09978-0

Ⅰ. ①本… Ⅱ. ①林… Ⅲ. ①经济学-方法论 Ⅳ. ①F011

中国版本图书馆 CIP 数据核字(2012)第 232729 号

| | |
|---|---|
| 书　　名 | 本体与常无：经济学方法论对话<br>BENTI YU CHANGWU：JINGJIXUE FANGFALUN DUIHUA |
| 著作责任者 | 林毅夫　著 |
| 责 任 编 辑 | 贾米娜 |
| 标 准 书 号 | ISBN 978-7-301-09978-0 |
| 出 版 发 行 | 北京大学出版社 |
| 地　　　址 | 北京市海淀区成府路 205 号　100871 |
| 网　　　址 | http://www.pup.cn |
| 微信公众号 | 北京大学经管书苑（pupembook） |
| 电 子 邮 箱 | 编辑部 em@pup.cn　总编室 zpup@pup.cn |
| 电　　话 | 邮购部 010-62752015　发行部 010-62750672<br>编辑部 010-62752926 |
| 印 刷 者 | 北京宏伟双华印刷有限公司 |
| 经 销 者 | 新华书店 |
| | 730 毫米×1020 毫米　16 开本　19 印张　245 千字<br>2005 年 4 月第 1 版<br>2012 年 10 月第 2 版　2025 年 5 月第 7 次印刷 |
| 定　　价 | 38.00 元 |

未经许可，不得以任何方式复制或抄袭本书之部分或全部内容。

**版权所有，侵权必究**

举报电话：010-62752024　电子邮箱：fd@pup.cn

图书如有印装质量问题，请与出版部联系，电话：010-62756370

# 第 二 版 序

"授人以鱼不如授人以渔",秉持此精神,我在教学中注重研究方法的探索,并经常以"野人献曝"的精神将自己的一点心得体会和学生分享。2004年春我还特地和北京大学中国经济研究中心的研究生进行了一场别开生面的方法论对话,后来记录整理成书,由北京大学出版社于2005年以《论经济学方法》为题出版(收录于"与林老师对话"系列中)。在此对话中,我强调现代经济学以理性人为基本假设,是经济学理论分析的切入点,经济学家在研究各种社会经济现象时总是从"一个人在作决策的时候,在他所知的各种可能选择方案中,总是会作出他所认为最佳的选择"的角度来观察思考,构建说明一个现象背后的因果逻辑模型。这是各种经济学理论共同拥有的不变的"本体",也是经济学家在研究社会经济问题时不同于其他社会学科的学者之所在。在此对话中,我也同时强调决策者的最佳选择方案,随着决策者所面临的社会经济条件的不同而异。现有的经济学理论来自经济学家对一定社会中的决策者在过去条件下的选择行为的研究,因此,经济学家必须以不受现有理论约束的"常无"心态来研究不同社会或是同一社会中新出现的各种社会经济现象。

抱着"常无"的心态从"本体"出发来研究问题的方法,对我个人帮助甚大。这种研究方法让我能够在过去近三十年中,对中国经济改革和发展以及其他发展中国家的发展问题有了一些异于现有理论的见解而又一以贯之的看法。① 2008年6月我到世界银行工作,适逢自20世纪30年代以来最为严重的全球金融经济危机突然爆发,这种研究方法也让我对这场危机产生的原因、走向有了较好的认识,据此适时为世界银行和其他发展中国家的应对措施提出了建议。②

现有的经济学理论绝大多数由发达国家的经济学家根据发达国家的现象提出,运用于发展中国家常有"淮南为橘,淮北为枳",甚至好心干坏事之憾,我在方法论上强调的"本体"和"常无"有助于发展中国家的经济学家研究他们国家出现的问题。这次全球金融经济危机爆发,发达国家的经济学家既未能预测到危机的到来,也未能提出有效的解决办法;而且,本世纪开始以来出现新兴市场经济体领跑全球经济的多元增长新格局。这些新现象意味着必须重新审思现有的许多主流经济学理论,我强调的"本体"与"常无"对发达国家的经济学家也会有所帮助。有感于此,我将这本方法论对话翻译成英文,并为突出重点,改以《本体与常无:经济学方法论对话》为题在今年年初出版。因为"本体"与"常无"这两个中国的哲学概念并无直接对应的英文,因此,在书名和书中我没有翻译,而是直接使用了汉语拼音"benti"和"changwu"。诺贝尔经济学奖得主、芝加哥大学经济学系教授加里·贝克尔,斯坦福大学荣誉退休教授青木昌彦,世界银行现任首席经济学家、美国康奈尔大学经济系教授考希克·巴苏,哈佛大学政治经济学荣誉退休教授德怀特·帕金斯,联合国大学国际发展经济学研究所主任、哥本哈根大学发展经济学教授费恩·塔普等人为此书写了推荐语,并给予了高度的评价。

呈现给读者的这本书是《论经济学方法》的第二版,为了突出这本

---

① 详见《中国的奇迹》、《充分信息与国有企业改革》、《解读中国经济》、《新结构经济学》和《繁荣的求索》等著作。

② 这些分析和建议总结在《从西潮到东风:我在世行四年对世界重大经济问题的思考和见解》一书中。

书的思想,按英文版的书名改为《本体与常无:经济学方法论对话》,并且增加了以下一些新的内容:加里·贝克尔教授利用今年10月我60岁庆生以及新结构经济学国际会议召开之机加入到对话中来,对《本体与常无:经济学方法论对话》(英文版)一书中的一些观点提出了质疑,对现代经济学在中国和其他发展中国家的可运用性提出了商榷,他还就现代经济学本身和中国的经济转型、发展提出了几个重要问题,他的评论和提问以及我的答复也收录进来。另外,这些年来我所教的学生有不少人已经毕业,成了经济学家开始了自己独立的研究,从实践中对我当时的教学和这本方法论倡导的观点有了不少心得,王勇、徐朝阳、盛柳刚、陈斌开、张红松、易秋霖和皮建才等将他们的体会写成文章也收录在书中,使这本书成了三代师生的对话。最后,在这一版中,除了原来已经收录的《本土化、规范化、国际化——〈贺经济研究〉创刊40周年》、《经济学研究方法与中国经济学科发展》、《学问之道》、《自生能力、经济转型与新古典经济学的反思》四篇文章外,又增加了《中国经济学科发展的回顾与展望》和《自生能力问题与中国的改革和发展》两篇作为附录。

在本书第二版中增加学生的心得体会的建议来自徐朝阳;实际的收集、整理则由王勇和孙希芳两人负责,王勇还将加里·贝克尔教授的评论根据录像整理成文字稿;第二版得以在两个月内从倡议到出书与读者见面,北京大学出版社的林君秀和贾米娜精心而高效的编辑工作居功甚伟。对上述诸人的努力和贡献我谨致以诚挚的谢意!

林毅夫<br>2012年10月8日于<br>北京大学朗润园

# 总　　序[*]

从1984年我在芝加哥大学经济系通过博士资格考试进入论文写作阶段，到现在已有20年的时间，这20年来我始终不渝地以中国的改革开放和经济发展过程中出现的问题作为研究的主要课题。芝加哥大学经济系名师汇聚，以倡导市场经济而闻名于世。该系在培养学生上有两个不太为外人熟知的传统：一是重视实证，二是要求外国学生将本国的经济问题作为博士论文的选题。在舒尔茨和约翰逊两位教授的鼓励下，我以当时国内进行得如火如荼的"农村改革"作为论文主题，从此便和我国的农村发展问题结下了不解之缘。

1987年，在耶鲁大学经济增长中心作完一年博士后研究，我携全家回到国内，在国务院农村发展研究中心、国务院发展研究中心农村部先后工作了7年，这段经历加深了我对我国农村问题的理解。后来，随着参加的国内改革问题讨论领域的扩展，我的研究范畴也随之从微观延伸到宏观，从农村扩大到国有企业、外贸、金融、收入分配等国民经济的各个领域。同时，为了了解为何中国改革前的经济发展困难重重，而起始条件和我国大致相同的亚洲"四小龙"却在同一时期实现经济起飞而成为令世人瞩目的新兴工业化经济，以及为何我国的改革开放取得了很大的成功，而转型前面临的问题与我国相似的前苏联和东欧国家的改革却遭遇了极大的挫折，我研究的视角也随之从国内的问题扩

---

[*] 作于本书第一版。

展到国际的比较。

我刚开始从事独立研究的时候,和许多学生一样,以当时经济学界普遍接受的理论为出发点来考察我国的问题。不过,我很快就发现,虽然芝加哥大学被称为当代经济学的圣殿,我在那里学到的是当时经济学最前沿的理论,但是用在芝加哥大学课堂里学到的理论来解释许多在我国改革和发展过程中出现的问题时却经常显得苍白无力,总有牵强附会的感觉。于是我尝试着根据我对我国经济现象的观察,找出那些问题背后的决策者是谁,决策者所要达到的目标、所面临的约束条件及其特性等,然后以经济学最基本的理性原则为出发点来构建自己的理论模型。几年下来,这些一个个单一的理论模型,竟然自成为一个以要素禀赋结构、政府发展战略、企业自生能力、产业技术结构内生性、金融结构内生性和政府干预内生性为主要内容,前后逻辑自洽的发展和转型理论体系。这个"一以贯之"的体系在解释发生在我国各个经济领域的许多问题、现象时,比国际经济学界通行的理论更有说服力;而且,也比当前被经济学界普遍接受的理论能够更好地解释许多出现在其他发展中国家和转型中国家的问题。

1987年回国工作后,承北京大学领导和过去的老师的厚爱,我作为北京大学的兼职老师,带了几位研究生;1994年,我和海闻、易纲、张维迎等海外归来的学子共同组建了北京大学中国经济研究中心,教书育人成为我的主业。其间,我也在美国加州大学洛杉矶分校、杜克大学、澳大利亚国立大学以及香港科技大学任职。我在北京大学和海外其他大学教的都是中国经济、发展经济学、转型经济学的课。让我感到高兴的是,学生们给我的课评一向很好,学生们很能从我的理论体系内部逻辑的严谨以及理论推论和现象的一致来接受我提出的不同于学术界通行的现有理论的理论。但是,我也发现学生们对于我提出的理论和其他现行理论之间的冲突经常感到困惑,有时还出现"一傅众咻"的情形,一出了课堂不自觉地又以经常听到的通行理论来看待出现在我国经济生活中的问题。当然,我不能说我的理论就一定是对的,不同于我的观点的理论就一定是不对的,但是,如何帮助同学们加深对我的理论体系的理解,以及如何对待众说纷纭的理论,一直是我思考的问题。

现在国内外一般大学的教育是以课堂上老师主动教、学生被动学为主,这种教学方式有利于老师把他所知道的知识快捷、系统地传授给许多学生。古代的教学方式不管是在我国还是在外国,则经常是通过老师和学生间的对话来进行,学生由被动地听讲变为主动地提问,许多千古流传的中外文化经典都是这种对话的记录。对话这种教学方式灵活多样,既可以就一个问题层层展开、深入论述,也可以将各家各派的观点、理论放在一起比较分析、相互辩驳,还可以根据学生的理解反复诘问、相互切磋。因此,本着古为今用的精神,2003年春我在中国经济研究中心研究生转型经济学课的最后几周,采取对话的方式与学生们就发展战略和经济改革的问题各进行了三场对话,受到了学生们的热烈欢迎。很多同学课前积极准备问题,课上踊跃提问,有好几场对话,从上午9点开始到中午12点还欲罢不能,师生围成一圈,一边吃盒饭一边继续讨论到下午3点才结束。对话的录音,后来被整理成文稿,放在中国经济研究中心的网站上,许多网友读后也觉得这是一种很好的学习方式。

在和学生的对话以及其他课程中,我深深感到"授人以鱼不如授人以渔"的道理。经济问题总是可以通过构建合适的经济理论来解释,中国经济改革和发展中出现的许多现象不能用现成的经济学理论来解释,这正是我国有志于经济学研究的青年学子作出开创性理论贡献的大好机会。而且,自经济学成为一门独立的社会科学以来,世界经济的中心就成了世界经济学的研究中心,随着中华民族在21世纪的伟大复兴,中国经济问题在国际经济学界将会成为越来越热门的问题。作为老师,我有责任将自己如何能够不受现有理论的约束而直接从现象构建理论的一点心得传授给自己的学生。在平常上课时,抱着"野人献曝"的心情,我特别强调经济学方法论的探讨,并于2004年年初就经济学方法论问题与中国经济研究中心的研究生们进行了一场对话。根据对话整理的文稿放在中国经济研究中心的网站上后,成为点击下载最多的文档之一,并且还有许多跟帖对我提出的看法、观点进行讨论。看到学生们对我提出的许多看法的认同,我深感欣慰。

或许在未来,20世纪将会被后人称为是人类经济思想大试验的世纪。除了社会主义国家计划经济的试验外,第二次世界大战以后,原来被殖民的国家政治上纷纷获得独立,并且在第一代革命家的领导下,开始了独立建国的努力。当时主流的经济学思想强调市场失灵,认为发展中国家只有依靠政府的强有力干预,克服市场的不足,才能加速工业化,摆脱贫困,建成富强的现代化国家。绝大多数的发展中国家都是按照这个理论思想来制定经济发展政策的,但是经过二三十年的努力,这些国家和发达国家的差距不仅没有缩小,而且越来越大,到了20世纪70年代还层出不穷地出现各式各样的危机,最后,不得不向位于美国华盛顿的国际货币基金组织求援,并在国际货币基金组织的经济学家的指导下进行经济改革。苏联、东欧的社会主义计划经济体系也在20世纪80年代末90年代初纷纷以解体而告终,并开始了向市场经济的转型。国际经济学界对发展中国家的改革以及前社会主义国家转型问题的主流思想以"华盛顿共识"为代表,此共识强调市场的作用,认为改革和转型的任务是彻底消除妨碍市场机制发挥作用的各种制度安排,并迅速建立起能够让市场机制发挥作用的制度环境,从这个观点来看,我国的渐进式改革是不彻底的,是注定要失败的。我是在上述的时代、思想背景下开始了对我国改革和发展问题的研究,我对农村问题的研究很快为主流经济学界所接受,但是在根据我国的城市改革和发展经验的事实而对主流的"华盛顿共识"提出挑战时,则有孤掌难鸣之感。

在"华盛顿共识"支持者的协助下,前苏联、东欧国家推行了"休克疗法",企图一步跨过鸿沟而成为资本主义市场经济国家,但是苏联、东欧的转型不仅没有像"华盛顿共识"支持者所认为的那样,在推行"休克疗法"以后经济马上快速增长,而且,还出现了崩溃和停滞;我国的渐进式改革也不仅没有像"华盛顿共识"的支持者所认为的那样,使国民经济崩溃、停滞,反而继续快速增长。"华盛顿共识"在绝大多数发展中国家实行的结果也遭受了和在苏联、东欧同样的命运。有意思的是,第二次世界大战后发展起来的日本和亚洲"四小龙",其政府采取的政策按照当时主流的经济理论的观点来看也是离经叛道的。现在对根据主流经济学的基本理论形成的"华盛顿共识"产生怀疑的经济学家越来越多,而且,国外有些经济学家还提出了和"华盛顿共识"针锋相对的"北京共识",我开始有了"吾道不孤"的感觉。

当代经济学从1776年亚当·斯密出版《国富论》而脱离哲学成为一门独立的社会科学以来,已经有了二百多年的历史,其间大师辈出,各种理论和观点大大丰富了经济学的内涵,并且以其近乎自然科学的严谨逻辑和研究方法而成为社会科学中的显学。但是,如前所述,从第二次世界大战以后,许多发展中国家根据当时主流的经济学理论来制定经济发展或转型政策时,却遭遇了种种预想不到的困难和挫折。究其原因,自亚当·斯密开始,现代经济学的发展一直是以发达国家的经济学家为主力。任何理论都是来自于提出这个理论的学者对他所观察到的真实社会现象背后因果关系的抽象;任何经济学的理论都是在说明一个决策者如何在所面临的约束条件下作出他所认为的最佳选择,而这个选择的结果也就是大家所关心的社会现象。由于同一社会在不同的时代,或是同一时代在不同的社会,许多重要的社会、经济约束条件会变动或是会不同,因此,不会有"放诸四海而皆准"、"百世以俟圣人而不惑"的理论。把在发达国家发展出来的理论简单地运用于发展中国家同样会有"淮南为橘,淮北为枳"的命运,搞不好还可能对发展中国家的社会经济造成很大的破坏。

由于没有"放诸四海而皆准"的经济理论,我国的经济学家需要经过自己的不懈努力,从我国的经济改革和发展中出现的许许多多问题、现象中去总结、归纳,提出新的理论来,这样的理论才能真正推动我国的进步,这是中国的经济学家对中国的经济社会发展所应该负起的责任。由于任何理论的创新都需要从具体的经济现象中去抽象,而经济学家抽象发生于自己生活的社会中的现象会有"近水楼台先得月"之便,所以根据我国的发展和转型中的问题、现象来提出新的理论,也是我国的经济学家对经济学科的发展作出贡献的历史机遇,对于我国及其他转型中国家和发展中国家的问题,这种新理论会比根据发达国家的现象提出的理论更有解释力。相信只要掌握好现代经济学的基本研究方法,立足于我国本土问题的研究,我国的经济学者将可以对我国的现代化以及世界经济学科的发展作出巨大的贡献,我们将会迎来世界级的经济学大师在中国辈出的时代的到来。我希望这两本对话集的出版,能够有助于我国众多青年学子看到这个时代到来的曙光并为之努力奋进。

对话是老师和学生互动的结果,没有学生的提问也就不会有老师的回答,所以对话是老师和学生的集体创作。在这两本对话集出版之际,我要特别感谢李绍瑾、李可、吴华、蒋承、盛柳刚等主提问人,他们在对话之前对问题作了精心设计,在对话过程中则灵活地调整和加问,使对话得以按照一定的逻辑层层推进;我也要感谢张鹏飞、孙希芳、姜烨、李莉、王海琛等同学花了大量的时间把对话录音整理成初稿;北京大学出版社的林君秀、陈莉、张慧卉、张燕对本书的编辑做了精心、细致的工作;中国经济研究中心的同事李玲在编辑过程中提出了许多宝贵的意见;我的秘书陈曦的高效工作,让我能腾出时间来整理这两本对话录;我的妻子陈云英的默默支持,使我免于生活杂事的干扰而专心致志地在经济学的殿堂进行探索;我的思想体系成形于和蔡昉、李周两位早期伙伴的合作过程中,这两本对话集里的许多思想观点已见于我们三人合著的《中国的奇迹》和《充分信息和国有企业改革》两本书中。和学生的对话其实自一开始教书以来就一直在进行,从教学中我确实感到教学相长之益。我借此机会感谢上述所有提到的和没有提到的同学、同事们。最后,在方法论的对话集中,我还收录了和方法论有关的四篇演讲和文章。

林毅夫<br>
2005 年 3 月 29 日于<br>
北京大学朗润园

# 目 录 CONTENTS

## 与林老师对话——论经济学方法

与林老师对话 ············ 3

加里·贝克尔教授对《本体与常无:经济学方法论对话》(英文版)的评论 ·········· 72

林毅夫教授对加里·贝克尔教授评论的回复 ·········· 78

## 学生的感悟

再读"与林老师对话"有感 ·········· 95

回忆林老师教授我们经济学方法论的点点滴滴 ·········· 110

漫谈学问之道 ……… 123

恩师的教诲 一生的坐标 ……… 139

研究中国问题的经济学是二流学术吗 ……… 142

本体与常无：与林老师世界银行
谈话后的思考 ……… 158

经济学的传道者 ……… 161

经济学之道——从"刻舟求剑"谈起 ……… 165

## 附录：林毅夫教授经济学方法论选编

本土化、规范化、国际化
——贺《经济研究》创刊40周年 ……… 171

经济学研究方法与中国经济学科发展 ……… 181

学问之道 ……… 201

自生能力、经济转型与新古典
经济学的反思 ……… 215

中国经济学科发展的回顾与展望 ……… 247

自生能力问题与中国的改革和发展 ……… 281

**本体与常无**
经济学方法论对话

# 与林老师对话[*]
## ——论经济学方法

---

[*] 时间:2003年12月26日;地点:北京大学中国经济研究中心致福轩;主提问人:盛柳刚;整理:盛柳刚、邢兆鹏、李莉、王海琛、崔成儿、刘秋霞。

# 与林老师对话

■ **林老师**：今天早上我们来进行方法论的对话。这个学期我花了不少时间和大家谈方法论，有必要在学期末系统性地回顾一下我们讨论过的问题，一方面比较系统地阐述我在方法论上的想法，另一方面加深同学们对方法论重要性的认识，让大家对经济学学习、研究、运用的方法论有更好的理解，以免差之毫厘、失之千里。我很感谢盛柳刚、邢兆鹏、李莉、王海琛、崔成儿、刘秋霞等同学所作的准备，现在我们开始讨论。

● **盛柳刚**：谢谢林老师。我的第一个问题是何谓经济学方法论？现在我们谈经济学方法论时，往往有狭义和广义之分：狭义上是指论证经济学理论正确的某种原则，如现代经济学中广泛流行的实证主义，广义上则包含着什么是科学的经济学理论、经济学的分析方法和理论创新的方法论。为了方便大家更好地理解和掌握，林老师您能否先介绍一下您所谈的方法论包括哪些方面？

■ **林老师**：应该是你谈的几个方面都包括，但我自己最侧重的是怎样进行经济学的理论运用和理论创新。理论是用来解释现象的一套简单逻辑体系，学习经济学和研究经济学理论的目的是了解社会，推动社会的进步。作为后来者，我们需要站在巨人的肩膀上面，要多地读前人的理论研究的成果。但是，任何理论都不是真理本身，而且，对于一个现象，经常会有好几个似乎都可以解释这个现象但可能相互矛盾的理论存在。所以，在了解我们的社会存在的问题和现象时，我们必须知道怎样对待现有的理论，知道如何取舍，才不会成为现有理论的奴隶。同时，当现有理论不能解释我们社会上存在的现象时，我们还应该有能力进行理论创新,提出新的解释。只有这样,我们才能成为对社会进步、对经济学科的理论发展有贡献的经济学家。所以,我在方法论上侧重于经济学理论的接受、摒弃和创新的方法与原则的探讨。

我们必须知道**怎样对待**现有的理论,知道**如何取舍**,才不会成为现有理论的**奴隶**。

● **盛柳刚**:在我成为您的学生的这一年之内,今天是您第三次跟我们详谈方法论。为什么您觉得方法论那么重要?尤其是对于研究中国这样一个转型国家的经济现象来说,超越一些理论上的争议,强调方法论,是否有类似康有为作《新学伪经考》的意义?林老师您是否想借方法论来反对中国直接照搬西方经济学,同时来证明自己理论的正确性?

■ **林老师**:我强调方法论有三个方面的原因。一个原因是我经常看到不少学者,明明他所用的理论不能解释我国的现象,但他还是坚持以这个理论来说明这些问题为什么会存在于我国。就像弗里德曼主张的那样,我个人认为理论的目的是解释现象,当一个理论不能解释我们观察到的现象时,这个理论就应该按一定的原则或标准来被修正甚至摒弃,这样才不会理论学得越多,思想越僵化。同时,当一个现象不能用现有理论来解释时,这是对理论工作者的挑战,也是一个大好的机会,如果能够有比较好的方法来深入研究现象,提出新的理论,那么我们还可以对理论发展作出贡献。我之所以和各位一再谈方法论的问题,是希望各位成为会运用理论、会进行理论创新的经济学家。

第二方面的原因,经济学本该是经世济民之学,是实用科学。在这个时代里,我们有机会接受比较好的教育,我们对这个时代的发展和进步,对中国的重新崛起有着不可推卸的责任。但是我们怎样让中国重新崛起呢?学好运用理论和创新理论的方法是根本的。大部分学经济学的人可以接受后发优势的概念:从一个国家经济长期发展的角度来讲,技术的不断创新是主要的动力。作为一个后发国家,跟发达国家有技术差距,利用技术差距来加速国家的经济发展是一个机会。但是从第二次世界大战之后,在那么多发展中国家中,只有少数几个东亚的经济体——日本、亚洲"四小龙"真正利用了这个技术差距,缩小了和发达国家的收入差距,其他大部分发展中国家并没有利用后发优势。如果我们回顾一下20世纪五六十年代主流的发展经济学,就会发现:日本和亚洲"四小龙"所采取的经济政策被认为是不对的,但是它们的经济发展成功了,而那些按主流的发展经济学理论来制定政策的国家,经济发展的绩效却很差。另一个现象是苏联、东欧和中国从计划经济体制向市场体制的转型。20世纪90年代初整个国际主流经济学术界的看法是苏联和东欧的"休克疗法"会比较成功,而中国采取的渐进式的双轨制改革是最糟糕的,多数经济学家认为计划体制不如市场体制,而双轨制的体制不如计划体制。十多年的时间过去了,回过头来看,按照当时被认为是比较正确的方法来改革的国家,经济绩效很差,而被认为采用了最差的方式来改革的中国,经济却取得了持续的增长,这说明现有的主流经济学理论有相当大的问题。我在课堂上也常讲我的导师舒尔茨教授——1979年诺贝尔经济奖获得者——曾经对欧洲从工业革命后到现在近三个世纪的主要社会变革所进行的考察。他发现，重要的社会变革都会受当时的主流思想的影响，可是事后证明这些主流思想经常是错的。我觉得我们作为知识分子，尤其是中国的知识分子，应该以天下为己任，而且我们确实是非常幸运的一少部分人，对社会的进步和发展负有无可旁贷的责任，如果我们用错了理论，对社会可能会产生很大的祸害。从历史经验来看，我们对主流社会思潮的接受不能是无条件的，只有从我国的实际问题出发、能够真正解释我国的现象的理论，我们才能接受，而不能简单拿一些看起来非常有影响的理论，就相信它是对的，然后强加在我们这个社会头上。这是知识分子对国家和社会的责任。另一方面，现在有很多现象不能用现有的理论来解释，这是我们从事理论创新的最好机会，我们有责任分析清楚其背后的因果关系，提出新的理论，这样才能既对理论发展作出贡献，又能推动社会进步。

第三方面，我之所以强调方法论，也是抱着一种"野人献曝"的心理。因为从我在芝加哥大学开始写毕业论文到现在，我经常提出一些新的看法，这些看法与主流观点不一致，常引起争论。现在将近二十年过去了，回顾起来，即使开始时只有极少数的人能够理解或者接受我的观点，我发现还是我提出的理论比较经得起时间的考验，而且，时间越长，越证明我的观点是正确的。由于我个人提出的大部分看法与主流看法不一样，因此我在接受或摒弃现有的理论以及怎样提出新的理论上有些体会，作为老师，抱着"野人献曝"的心理，我走过来了，也实践了，觉得这些方法是可行的，希望我的学生可以学会这些方法，少走弯路。我对各位同学寄予很大的希望，我相信21世纪是中国经济学家的世纪，21世纪会是中国经济学大师辈出的世纪，我希望各位掌握好方法，利用时代给予各位的机会，在21世纪成为领导经济学思潮发展的大师。中国有句话：厨师要做好菜，要有好的素材，也必须掌握好的

我之所以强调**方法论**,也是抱着一种**"野人献曝"**的心理。

烹调方法。我们这个时代有许多提出新理论、大理论的素材,我希望各位能够掌握好烹调的方法,做出好菜来。

● **盛柳刚**:刚才您谈到前苏联和东欧的经济转型,我个人觉得萨克斯他们在倡导"休克疗法"的时候,有个潜在的理念是"阳光下没有新的东西",每个人都是理性的,全世界的人都是没有什么差异的,所以在西方产生的这套基于个人理性的理论,应该可以适合发展中国家和转型国家。您怎么看这种观点?

■ **林老师**:我觉得每个人都是理性的这一点是可以接受的。根据我的研究体会,在任何时代、任何社会的人都是理性的。比如上课时我常讲的一个小故事,根据许多人类学的研究报告,在原始社会,人跟人交换经常是把要交换的东西放在路边,人躲在树林里面。这种看似原始的交

厨师要做**好菜**,要有好的**素材**,也必须掌握好的**烹调方法**。

换方式,在当时的条件下也是理性的,因为原始社会剩余少,要交换的东西很少,人也很少,可能要等很长的时间才有人来交换,如果需要人站在东西旁边等的话,就把一个劳动力绑在那里了,如果躲在树林后,跟你交换的人不知道你是否躲在那里,这样就可以把劳动力释放出来。但是,这种方式下很可能东西被白白拿走,人家不留下等价的东西,所以,原始社会里通常还有一项制度安排,也就是如果东西被拿走而没有留下等价的东西,就会千里追杀去报仇,由于有了这种很重的惩罚,东西被白白拿走的概率就会大大降低,因此,这种千里追杀的制度安排也是理性的。

不管在什么社会里,人都是理性的。所谓理性指的是一个决策者在作决策时,在他可作的选择中,总会选择他认为是最好的选择。按我的体会,"理性"是经济学的本体,任何经济学的理论都是建立在这个本体论的基础上的,不以这个出发点来解释社会现象的理论就不是经济学的理论;反过来,如果以理性为出发点来观察、解释社会经济现象,即使所观察、解释的现象和金钱及物质利益无关,也是经济学的理论。理性是任何经济学理论的共同本体,但是每个决策者所面对的约束条件、选择范围和机会成本是不同的。同样是理性人的选择,现在的交换方式就不是古代那样了,现在社会的生产水平高,高度分工,要交换的东西多、频率高,就可以在一个地方开店,店主看着店,一手交钱一手交货,如果买者不给钱,顶多不卖东西给他,或者东西被偷了,店主可以去报警,要警察惩罚他,不用像过去那样费时费力、冒着千难万险去千里追杀。所以理性是相同的,但理性在不同的约束条件下的表现方式是

**理性**是**相同**的,但理性在不同的约束条件下的**表现方式**是**不一样**的。

不一样的。作为经济学家,在这点上必须非常地清醒。理性本身是不变的,但是单说人是理性的并不说明任何东西,任何一个经济理论,必须包含决策者在什么限制条件下,选择有多少,各种选择的机会成本是什么,然后才能知道什么是理性的决策者的最佳选择。一个理论能否用来解释某种社会的现象,取决于这个理论成立的限制条件和相关选择的机会成本与要解释的现象所在的社会是否一致。发达的市场经济国家的人和社会主义国家、转型中国家以及发展中国家的人同样是理性的,但是决策者在这些国家面临的限制条件和机会成本是不同的,所以,简单套用适用于发达国家的理论,并作为转型中国家或发展中国家的政策依据,经常会出问题。前苏联和东欧国家"休克疗法"的改革之所以出现许多意想不到的困难,原因就在于把适用于发达国家的理论简单地套用于转型中国家。

● **盛柳刚**:我问一些最基本的问题:何谓理论?何谓经济学理论?我们是应该根据概念、对象范畴还是经济学的分析方法来界定经济学理论?还有,既然理论的最重要的目的是解释现实,那么一个科学的经济学理论必须具备哪些特征?

■ **林老师**:理论,不管经济学的理论还是其他社会科学的理论或自然科学的理论,都是一个所要解释的现象背后的各种变量之间的因果关系的一个简单逻辑体系。理论是用来解释现象的,是对现象的一种抽象,并不是现象本身。所谓解释现象,指的是理论所揭示的"因",经过怎样的机制,产生了"果",这个"果"就是我们观察到的现象。经济学的理论是用来解释经济现象的。什么是经济现象呢?从广义的定义来说,凡是牵涉到"选择"的现象,为什么选择这个,不选择那个,都是经济现象。经济学理论以"决策者是理性的"为其理论体系的基础及考察一切现象的出发点,用中国的哲学概念来说就是本体。但一个理论要成为一个科学的理论,必须具备两个一致性。首先,既然任何理论都是几个特定变量之间的因果关系的逻辑体系,理论的内部逻辑必须是一致的或者说是自洽的,也就是理论模型中所揭示的"因",必须能经过某种机制导致理论所要解释的"果",一个理论只有内部逻辑是一致的,才能说明理论模型中的几个变量是有因果关系的。其次,理论不是简单的逻辑游戏,理论是要解释现象的,因此理论的逻辑推论和所要解释的现象必须是一致的,也就是理论推论和经验现象的外洽。这是理论必须具备的两个条件。

● **盛柳刚**:您提到的关于内部逻辑一致性,让我想到经济学中数学的应用,数学的应用保证了经济学理论的内部逻辑性,但隐隐然有喧宾夺主之势。林老师您如何看待经济学中数学的应用以及经济学数学化的观点?

■ **林老师**:逻辑有很多种表现方式,应该讲,大部分经济现象即使不用数学也能讲清楚它的因果关系,但是数学有它的好处,因为数学是最严谨的一种形式逻辑,尤其有不少人在运用语言时逻辑容易不严谨。但是数学是手段而不是目的,它能帮助我们把逻辑关系一步步推演下来,但是它并不是唯一的方式。而且经济学在应用数学方面也付出了一定的代价,比如说某个企业在从事生产时,在不同的产量区段,投入和产出之间的关系有不同的特性,我们在解释某一特定经济现象时,可能只是和其中的一个区段有关,如果用某一特定的数学函数将投入和产出的关系写出来,是比较严谨的(rigorous),但是,很难找到函数的每个区段和实际生产的每个区段的特性都一致的函数,结果有可能本来有明确因果关系的,用了数学后,反而得不到明确的关系,另外也必须经常用非常特殊形式的效用函数或生产函数才能得到所要的结果。也就是说,在数学的严谨性(rigorousness)和有用性(relevance)之间有一定的替代(trade off),为了严谨性可能失去一些有用性。

自20世纪50年代以后,数学在经济学中的应用特别多,有不少学生甚至学者经常搞不清楚为什么经济学中数学应用会那么多,我想最早在应用数学时无非是希望使经济学的理论更严谨一些,但是现在确实出现了不用数学就很难在好的经济学杂志上发表文章,就很难进入主流经济学界的情形。产生这种现象,我认为有以下几方面的原因:一方面是经济研究主要集中在最发达的市场经济国家,这些国家社会经济相对成熟、稳定,新的经济现象不多,但是作经济研究的人很多,在美国各行各业的经济学家有五万多,单单在大学教书的就有一万多,尤其是在大学教书的教授必须不断写论文,可是又没有多少新的问题可以研究,因此大部分的人会倾向于比技巧。这有点类似于中国古典文学的发展,比如说唐诗宋词,早期唐诗宋词非常有生命力,有一定的格式,然而不是特别重视对仗和音律,但是人类社会可以描述的感情是有限的,早期的大诗人、大词人把可以描述的感情大多已经表达出来了,后来的人没有那么多感情可以表述,慢慢开始讲技巧,而缺乏了作为诗词生命的情感。我觉得经济学中数学的应用也有这个情形。早期的亚当·斯密、李嘉图、詹姆斯·穆勒等大经济学家,用语言论述已经把西方社会主要的经济现象讨论得很清楚,可以讨论的新的现象越来越少,现在如果只把亚当·斯密等过去的大经济学家讨论过的问题,用语言重说一遍,不会成为亚当·斯密,那么,怎么比较哪个学者比较好呢?只好比数学技巧,去做从数学来看越复杂、越漂亮的模型。第二个方面,数学也是一个门槛。要想成为美国一所著名大学的教授,必须在最好的杂志上发表文章,好的杂志必须有个挑选文章的标准,一般在没有很多新的问题可以讨论时,就只能用数学的严谨和艰难作为挑选的标准,所以数学就变成一个经济学家俱乐部的门槛。但是实际上真正好的经济学家内心明白,数学是工具,不是目的,你用足够的工具来表述你要讲的问题就可以了。我以前讲过,20世纪80年代10个最有名的经济学家到90年代还在用数学的唯一一个就是泰勒尔,最近我的一个朋友黄海洲跟我讲,现在泰勒尔也开始不用数学了,他最近发表的论文都用很简单的数学,不像在80年代和90年代初那样用很深的数学。这个例子说明数学的地位,数学确实可以把用语言逻辑不容易说严谨的问题说得很严谨,但是,有时候用数学本身也会变成一个负担,因为如果要描述的现象是几个主要变量在某一点上的关系,用数学不见得正好能表示出来,所以用数学也要付出一定代价。

但对于同学们来说,我认为数学是加入经济学家俱乐部的门票,

**数学**是加入经济学家俱乐部的**门票**。

各位在当学生时要尽力学好数学工具,拿到进入经济学家俱乐部的门票,但是各位也不要把手段误认为目的,要有能力运用数学,但不要成为数学的奴隶。经济学家还是经济学家,任务是解释经济现象、预测经济现象,以便更好地了解社会、促进社会的进步,如果为了数学而做些和社会经济现象无关的模型,那么不如去研究数学,这也是为何在20世纪80年代数理经济学达到最高峰时,当时10个数理模型用得最好、最闪耀的年轻经济学家,到了90年代发表的文章都只用很简单的数学的原因。当然,一位经济学家要用很简单的数学来构建理论模型,并能够在好的杂志上发表文章,对经济学的发展有影响,必须有发现重要的经济现象以及直接了解现象背后的最主要变量之间的因果关系的

能力,这样才能在错综复杂的社会经济变量中去芜存精,构建能解释现象而且简单易懂的模型。所以,各位同学在学好数学工具的同时,也要学会以理性人作为出发点来观察现象,直接抓住现象背后的主要变量来构建新的理论模型的能力。尤其是,只有学会了这种能力,才能面对中国的改革和发展给中国经济学家提出的挑战,以及这种挑战给中国经济学家带来的机会。

● **史晓霞**:有一种观点认为,与自然科学比较而言,经济学用数学不是太多了,而是太少了。

■ **林老师**:这个我不同意。从物理学家的角度来看,经济学所用的数学是很简单的,但是从数学家的角度来看,物理学中的数学也是比较简单的。经济理论无非是揭示几个重要的社会、经济变量之间的因果关系以说明我们所观察到的现象之所以会产生的逻辑。数学不是经济学,数学只是一种逻辑工具,其实逻辑性强的人即使不用数学,只用语言也是能把这种因果关系讲清楚的。而且,一方面,社会现象比自然现象复杂,比如说物理现象,其影响因素容易控制,因此物理现象的规律性比较明显,用数学比较好表示,但是,社会经济现象的产生经常有人的主观能动因素在内,是不是真正能用数学模型来把这些复杂多变的因素都包括在内是有疑问的,至少现有的数学工具还不够用。另一方面,理论模型无非是帮助我们了解社会经济现象的工具,既然是工具,只要能达到目的,应该是越简单的越好。虽然对于一个社会经济现象可能产生影响的因素很多,但是有的变量的影响很大,有的变量的影响较小,省略掉不重要的因素,不影响我们对所观察到的现象产生的前因后果的解释和预测,如果把不重要的因素省略掉,只保留最重要的变量,所需要的数学就相当简单。这在物理学中也是一样。例如重力加速度的公式,如果在真空条件下,公式很简单,但如果要把空气阻力加进去,就需要知道空气的密度、湿度、温度等的影响,这样公式就会非常复杂,但是,对我们要预测铅球从比萨斜塔掉下来的速度来说,前者就够了。所以，在物理学中也不是数学越复杂越好，在经济学中也是这样。当然，要用简单的数学模型来解释复杂的社会经济现象，就要求经济学家有从成千上万可能有影响的社会经济变量中直接识别出最重要的变量的直觉能力，好的经济学家和一般的经济学家的差别就在于这种能力的强弱上，这也使得经济学的理论创新和运用带有艺术的成分。

● **李远芳**：既然现在主流经济学不能解释很多发生在中国的现象，那么为什么它还是主流呢？这是不是体现了某种学术潜规则？

■ **林老师**：我想应该是这样，这些主流理论可以解释这些理论产生的国家的经济现象，因为现在的主流理论大部分是在发达国家产生的，那么它确实可以解释发达国家的现象，但是因为发达国家和发展中国家的发展阶段、要素禀赋、制度安排不完全一样，因此，决策者所面临的限制条件和选择的机会成本是不一样的，所以，在发达国家的最优选择，在转型中国家或发展中国家不见得是最优的，也就是说，现有的主流理论并不是放之四海而皆准的。可是主流的经济学家对发展中国家不了解，没有深入研究发展中国家，这方面他们有先天劣势，容易认为发达国家适用的理论，发展中国家也适用。而且不只是主流的经济学家会有这种态度，其实发展中国家的经济学家也经常会有这种态度，当发展中国家出现问题的时候，他们就去看现有的主流经济学怎么解释，如果一个理论不能解释，那就从书上去找另外一个现有的理论来解释。这就是我为何要在这堂课上一再强调方法论的问题的原因。产生这种现象的原因是大部分人把理论当成真理，常常认为在一个地方适用的理论会放之四海而皆准。要克服这一点，中国古代哲人的智慧是值得重视的。《道德经》第一章就讲"道可道，非常道"，任何一个已经讲出来的、写在纸上的理论都不是真理本身，它只是真理在一定环境条件下的表现形式，第三十八章讲"前识者，道之华，而愚之始"，任何已经写出来的理论都是对"道"在先前一定条件下的表现形式的认识,如果把这个理论当成真理本身,就会开始变成愚笨的人,所以《道德经》讲,要成为一个好的学者或者一个悟道的人必须是"常无,欲以观其妙",心里不能执著于任何现有的理论,必须以"常无"的心态来观察现象,但是任何现象都是"道"在一定条件下的表现形式,换句话说,任何经济现象都是决策者在一定条件下理性地选择的结果,背后都一定有经济学的道理,所以我们作为经济学家,要不断从经验现象中总结出理论模型来,要做到"常有,欲以观其徼",这个"有"指的是对"道"的表现形式的把握、认识,"徼"是"道"的表现形式的边界。要成为一个好的经济学家,必须以"常无"的心态来观察变动不居的社会、经济现象,然后从现象的观察中实现"常有",也就是做到把握经济逻辑在这个现象中是如何表现的。由于"道生一,一生二,二生三","道"本身是生生不息的,同样,经济理性本身就会导致社会经济的变动不居。例如,我常讲的,在一个社会中任何决策者的选择都要受到这个社会的要素禀赋的约束,如果一个社会中的生产决策者都按要素禀赋所决定的比较优势来选择产业、产品、技术,资本就会得到最快速的积累,那么在上一期的最佳选择到了下一期就不再是最佳的。所以,任何现象都是"道"的作用,都可以认识,所以是"有",而认识了以后,由于"道"的运动,不能把过去的认识直接套用,所以又变成"无","有"和"无"都是"道"的作用,一般人不容易认识,所以,"同谓之玄",而真正把握"道"的方法是做到"玄之又玄",也就是要从"常无"做到"常有",从"常有"再做到"常无",这样才能真正认识、把握住生生不息的"道"的作用,所以《道德经》讲,"玄之又玄,众妙之门"。我一再讲方法论的目的,就是希望各位不要受主流经济学理论的"前识"的束缚,让大家学会直接认识经济现象,成为一方面能不断推动理论创新,另一方面又能提出真正能够指导我国经济转型和发展的理论及政策建议的经济学家。

● **史晓霞**:赫克曼上次来作演讲的时候说,"问题的产生在于现在和过去不一样,而问题的解决在于现在和过去的相似性",他认为这句话体现了西方经济学方法论上的一个矛盾。林老师您怎么看这句话中体现的西方经济学的方法论?

■ **林老师**:赫克曼所说的"相似性"指的是什么?"不一样"指的是什么?他说的"相似性"指的是"理性",在任何社会、任何时代的经济现象都是决策者在一定的限制条件下所作的理性的选择的结果,"理性"是经济学理论框架的"本体",在过去和现在都是相似的。他说的"不一样"指的是条件的不同,所以,理性的选择在不同的条件下的表现形式是不同的,现有的理论不能直接运用,必须根据这些新的条件来构建新的理论,问题的最终解决则在于改变限制条件,让决策者在新的限制条件下自己作出理性的选择,这又是一样的。所以理论的产生是来自"不相似性",不相似性是讲条件的不相似,但问题的解决是相似的,只有按理性的原则来解决问题才能使社会前进,赫克曼的这个说法跟禅宗和心学的很多说法是一样的。任何成为理论体系的知识都有"本体"的部分和"本体"在一定条件下的"运用"的部分,"本体"是不变的,"运用"是常变的。要成为一个学科的好的学者,对于这个学科的"本体"必须"常有"、"常知",对于"运用"不能停留在过去的"有"和过去的"知"上。用禅宗和王阳明心学的话来讲,就是"有而不有谓之真有,知而不知谓之真知",这两句话中的第一个"有"和"知"是对"本体"的认识,第二个"有"和"知"则是"本体"的道理在特定条件下的"运用"。其实赫克曼讲的是同一个道理。

● **李荻**:在应用数学还是语言研究的问题上,我们存在一个困境,即如果应用语言,容易不精确,但如果应用数学,则受到数学发展的限制,一般只有在良好性质的假设下才可以得到自己需要的结论(甚至只有在特定的条件下才有确定的结论),所以容易为了得到结论而设定假设,而这样的假设很可能与现实差别很大。因此我想问,如何平衡"不精确的准确性"和"有偏差的精确性"的问题?

■ **林老师**：首先，我认为语言也可以很严谨，只是大部分人用得不严谨。其次，标准都是一样的，无论用语言还是数学，都要求内部逻辑一致，一环扣一环，而且推论必须和所要解释的现象一致。用数学必须把所有条件说清楚，推导一步紧接一步，自己比较不会不严谨，别人也容易检查是否不严谨，有它的优点。但是确实像你说的，用数学也有一定的代价。例如，如果预算固定，价格下跌，那么对某一商品的需求会产生两个效应，一个是相对价格效应，另一个是收入效应。相对价格效应必然是正的，但是，收入效应可以是正的（一般商品），也可以是负的（例如吉芬商品）。所以，除非经济学家自己对这种商品的收入效应的特性作了事先的规定，否则，单从数学模型来说，价格下跌对这个商品需求的影响是正是负是无法确定的。如果经济学家能作这样的事先规定，代表经济学家即使不用数学也已经知道价格下跌对商品的需求的影响，那么使用数学和不使用数学其实没有什么差异，因为两者靠的都是经济学家的直觉判断。而且，经济学家如果能够对现象产生的主要原因有很好的直觉判断，那么经济理论无非讲有关的决策者在一定的条件下作了决策者自己认为是最好的选择，要考虑的主要是收入效应（收入效应决定决策者的选择范围）和相对价格效应（相对价格效应决定不同选择的机会成本），在大多数情况下，应该用语言也能把这个选择的逻辑讲得很清楚、很严谨。其实在经济学杂志上发表的数理模型的论文，都是必须在前言或是结语中把数理推导的逻辑用语言重复说明一遍的。我认为，不管用语言或用数学都不能有"不精确的准确性"和"有偏差的精确性"。如果像你说的，为了得到结论而设定和现实相差很大的假设，那么，这样的理论模型即使主要的结论和要解释的经验现象是一致的，模型的其他推论也会被其他经验现象证伪，一个理论模型只有在各种推论都不被已知的现象证伪时，才是可以被暂时接受的理论。

● **李远芳**：社会科学和自然科学在方法论上有没有根本的区别？

■ **林老师**：不管社会科学的理论还是自然科学的理论，它们的相同性在于因果性。因果关系必须非常严谨，我觉得在这点上，自然科学和社会科学没有差别，都在讲因果关系，但是不同的地方在于，自然科学解释自然现象，社会科学解释社会现象，自然现象中各个变量本身没有自发的意识，而社会现象要解释的是人，是决策者，而人会受很多主观意志的影响，所以比自然科学要解释的现象更复杂。但是任何理论都不是现象本身，都只是解释现象的工具，只要求能够解释现象的主要特征，所以只是在阐述几个很简单的主要变量之间的关系。如果把理论模型中的变量限定到几个主要变量的话，它的因果关系也就容易说清楚，而且也容易用数学模型来表示。如果包含很多变量的话，数学就会很复杂，在物理学的理论模型中，如果把所有可能有关的变量都包括进去的话，也会变得很复杂，以至于没有办法用数学来表示。经济学也是这样，把变量放多了，变量的影响有正的、有负的，正的影响和负的影响同时存在的话，到最后可能得出的都是不确定的结果，但是我们观察到的任何实际的现象都是确定的。这里难以把握的是，在什么条件下，正的因素影响比较大，以至于可以把负的因素舍掉，反之亦然。举例来说，最近我跟杨小凯争论关于国际贸易现象和理论的问题，在国际贸易理论中有几种解释不同的贸易为什么产生的理论，开始时李嘉图是用技术的不同来解释，俄林是用要素禀赋的不同来解释，克鲁格曼是用规模经济和专业分工来解释，这几种理论都可以用来解释贸易的产生。通常在以技术不同来解释贸易的模型中，一般假定要素禀赋相同；用要素禀赋来解释贸易时，一般假定技术相同，不存在规模经济；用规模经济和专业分工来解释贸易时，一般假定要素禀赋相同。这种情形下，真实的贸易现象到底是哪个原因比较重要？可能都有影响，但最重要的是哪一个呢？如果是一个发展中国家和发达国家之间的贸易，那可能要素禀赋的作用比较重要，因为如果发展中国家是资金稀缺的国家，发达国家是资金密集的国家，发展中国家有没有办法靠专业分工和规模报酬在资本很密集的产品上比发达国家的生产成本低？基本不可能。因为资本很稀缺的情形下，除非政府干预，否则资本价格肯定比较贵，发展中国家能达到的规模报酬，发达国家一定能达到，同样达到最优的规模报酬和专业分工，发达国家的资本比较便宜，那它的产品在国际市场上也会比较便宜。在这种状况下，发展中国家和发达国家的贸易主要是靠要素禀赋结构的不同来解释的。但是如果要解释发达国家之间的贸易，由于各国的发展程度相同，要素禀赋结构相似，当然要素禀赋结构的影响就小了；而任何国家的资本都不是无限多的，因此它不可能在每种产品上都达到最优的规模，那么，同一发展程度的不同的国家可以在不同的产品上达到最优规模经济，从而就会有不同的专业分工，因此可以靠专业分工的不同来进行贸易。所以，具备决定在要解释的现象的模型中放入什么变量的能力，可以说是成为一个好的经济学家的一个基本要求。尤其如果一个经济学家希望提出的理论能够解释所观察到的现象，希望能够推动社会的进步，就必须掌握在模型中应该放什么变量的能力。当然，运用之妙，存乎一心，只有具有这个能力，才能以理论来推动社会和国家进步。当然，发展中国家都想成为发达国家，发达国家一般有资本很密集的产业，但是发展中国家如果想去发展资本密集的产业，就只能靠政府的保护、补贴，那么，市场的作用就要受到干预。我跟杨小凯的争论，不仅是理论的争论，其实是有现实意义的。贸易现象并非不能用专业分工来解释，在发达国家间，这是贸易产生的重要原因，但是他认为发展中国家可以靠专业分工违背比较优势来和发达国家竞争则是不正确的。

● **盛柳刚**：林老师，刚才我们探讨的是经济学和数学的关系，现在我想问的是，就数学在经济学中的应用而言，是不是中国和国际主流经济学界还有相当大的差距？

■ **林老师**：数学是一种人力资本。目前国内经济学家基本上不掌握数学，包括我自己。我到芝加哥大学去的时候，只知道微分，即使微分也只知道一阶微分,二阶微分就经常搞错。国内经济学界在数学的运用上和国际经济学界确实还有差距,所以,你们应该把数学学好。但是数学只是一个工具,而不是目的。你们要掌握数学工具,这样才较容易在一流的经济学刊物上发表文章,被国外一流的经济学家接受。不过,当你们跨过了门槛,成了一位有影响的经济学家的时候,就不能让数学来限制你们的思维,要不断地发掘新的现象。到那时,能够用一般均衡,就用一般均衡,不容易用一般均衡表达的时候,就用局部均衡。现在 Shleifer 的文章,就经常只用一两个等式把最重要的关系表示出来,连解也不解了,但是这样的文章仍然可以在很重要的杂志上发表,为什么?固然是因为他有名,更主要的是他研究的是重要的、别人尚未解释或解释得不到位的现象。所以,你们要掌握数学,但不要为了数学而数学。

● **罗宏**:鉴于国内经济学科发展颇不规范的现状,林老师您在国内与他人讨论的过程中,会不会有感到比较无奈的情形?您对中国经济学科规范性的建设有何设想和建议?

■ **林老师**:这里我讲一个故事。英国到印度殖民的时候,有一个鞋厂派了两个推销员去推销鞋子。一个回来说,印度那里的人都不穿鞋子,所以一点希望都没有;另一个说,印度那里的人都不穿鞋子,如果每个人都买一双,那该有多大的市场。你说的也就是这种现象。我一向是很乐观的。比如说,我和很多人争论,其实他们要是受过比较好的经济学方法论的训练的话,很多问题只要稍加讨论就很清楚的,如果继续讨论,就可以在现在的基础上更深入,但是现在的讨论基本上是在同一水平上重复进行。因此,我很强调经济学理论的接受、摒弃和创新的方法,对于不同的理论观点可以进行争论,而不应以意识形态方式来讲喜欢或是不喜欢一个理论。但是,从另外的角度讲,目前这种情况也是一个很好的机会,中国改革开放中出现了许多新的现象,由于多数人在方法论上的局限,无法进行理论上的创新,这样,你们如果掌握好方法论,对理论发展作出贡献的机会就很多。所以,目前这种情况一方面看起来很无奈,另一方面也是个很好的机会。

目前这种情况**一方面**看起来很无奈,**另一方面**也是个很好的**机会**。

对于中国经济学科的建设,老一辈的经济学家,他们过去的工作主要是解释政府的政策。政府出台一个政策,他们就去马列主义的经典著作中找出论据来支持,所以,马克思说过的话,列宁说过的话,他们的脑海中必须像百科全书一样记住,似乎这样才是好经济学家,对他们来讲,严谨的含义是很准确地引用马克思、列宁的话来解释政府的政策。随着改革开放的发展,新的经济现象不断出现,很多就不是马克思、列宁的原话可以解释的了,但是,我不希望年轻的这一代学生虽然不再从马列主义的经典著作中找根据,却反过来从西方的经济学著作里找根据。如果从国外的经济理论里找根据,就失去了对理论发展作贡献的大好机会。我相信好的方法到最后还是会被大家接受的,我也相信越来越多的人会接受这种比较严谨、能够依据新现象进行理论创新的方法。

● **李远芳**：我想问两个问题。第一，您讲经济学的方法论，是讲一个理性的人，在一定的约束条件下，选择他认为最好的。我们根据这个"体"得出理论来解释现象，然后放到现实中去检验，我们可以说，如果这个理论与现实相符，那么就是被证实了，也可以说，如果与现实不符，就是证伪了。您觉得理论是被证实好还是被证伪好？第二个问题是关于经济学研究的范围问题。如果根据经济学的方法，我们可以将犯罪看做最大化的结果，您怎么看待这个问题？

■ **林老师**：第一点是说证实好还是证伪好？我接受波普的说法，理论不能被证实，只能不被证伪。一个理论的推论和被解释的现象一致，只能说暂时可以接受这个理论来解释这个现象，而不能说这个理论被证实了，认为理论被证实容易把理论当做真理，以为可以放之四海而皆准。不被证伪这种态度和"道可道，非常道"的态度接近。理论不是真理，在决策者是理性的本体论下，每一个决策都会改变下个决策的条件，所以有可能到下个阶段，或是在另外一个环境下，就不能用它来解释了。以国际贸易为例，作为发展中国家，中国跟发达国家的贸易，我觉得用要素禀赋解释会比较好，但是和发展中国家的贸易，是否可以用要素禀赋来解释呢？如果进口自然资源，因为我国的自然资源比较稀缺，还可以用要素禀赋来解释，但是如果我们是跟一个自然资源同样稀缺的发展中国家贸易，更可能的是必须用专业分工、规模报酬来解释。所以，这里理论就不是被证实，而是不被证伪，也就是要用"常无"的心态来对待现有的理论。

关于第二个问题，我是接受贝克尔的看法的。经济学研究的是人的选择的科学，以决策者是理性的为出发点来观察社会经济现象，我认为这是经济学的本体，任何经济理论都建立在这个基础上。理性的决策者所要最大化的目标可以各式各样——可以收益最大化，可以选

**理论**不能被**证实**,只能不被**证伪**。

择风险规避,可以选择内心的满足,也可以选择社会责任等。根据这样的理解,罪犯的行为同样可以用经济学的方法来分析,如果监督比较严,或是惩罚比较重,犯罪的概率就会降低,这同样是理性的选择的结果。所以,凡是涉及决策者的选择的问题,都可以用经济学的方法来分析。

● **颜建晔**:弗里德曼提出的实证经济学中最著名的一条准则就是"假设的不相关性",他认为,只要理论的预测与现实一致,那么理论的基础假设是否真实就不是重要的。然而,科斯的方法论(至少在一些人看来)却是主张找一个"易于处理但却真实的假设"。这里面是否有矛盾之处?

■ **林老师**:首先,理论肯定不是真实的世界本身,因为理论只是分析几个变量的关系而已,而真实世界的变量是成千上万的。弗里德曼讲不能从假设的真实性来检验理论本身,主要原因是理论是帮助我们理解经济现象的产生原因、变动趋势的工具。由于是工具,理论必须相对简单,而且、在能达到同样功能的理论中是越简单的越好。所谓不能用理论假设的真实性来检验理论的真实性,主要是指经济学中有许多标准的简单化假设,例如信息是充分的、竞争是完全的,他所说的是这一类经济学的假设,而不是寻常的假设。弗里德曼也举了几个例子。例如,我们知道,没有一个真的完全竞争的市场,每个厂商都有一定的特殊性,对价格都有一定的影响。到底要不要接受完全竞争的假设?剑桥学派在20世纪三四十年代认为没有一个完全竞争的市场,就致力于不完全竞争理论的研究。引入不完全竞争之后,模型变得非常复杂,但是在多数情况下,例如研究供需变动对价格的影响时,其结论和完全竞争理论的结论基本一致。既然完全竞争理论的结论和不完全竞争理论的结论没有什么差异,那在理论模型里引入不完全竞争这种和现实较接近但是理论模型大为复杂的假设有什么意义?可是,是不是不完全竞争这个概念就一定要被抛弃呢?那就要看要解释的现象是什么。如果完全竞争的假设不能够解释、预测所观察到的现象,就要把不完全竞争的因素放在理论模型里。理论模型中的假设越接近现实,模型就越复杂,要复杂到什么程度,取决于理论模型是否能够解释、预测所观察到的现象。弗里德曼举的一个物理学的例子能帮我们理解他的这个命题的意义:我们知道海平面的气压每一英寸是15磅,如果把一个铅球从20层楼上往下丢,基本可以假设这个铅球在真空中运动没有空气阻力,用$\frac{1}{2}gt^2$的公式就可以预测它往下掉的每一点的速度。如果把羽毛从20层楼上往下丢,那么,假设是真空就有问题。即使是铅球,从2万英尺的高空往下丢,也同样不能假设是真空,没有空气的阻力。也就是说,不能够从约束条件是不是真实本身来说这个理论是不是对现象有解释力。在能解释现象时,理论越简单越好,就像一个地图,不需要那么复杂,如果那么复杂,可能就跟地球一样重了,所以必须简化。但是简化到什么程度?简化到你能够解释现象为止。这就要求我们做理论工作时不能在书斋里面做,而必须对真实世界有一定了解。其实我觉得弗里德曼讲的跟科斯讲的是同一个道理。科斯讲,假设必须具有真实性又易于处理。大气是真空的假设是易于处理的,但是是否具有真实性,则取决于要解释的问题,而不取决于这个假定本身。如果解释铅球从 20 层楼上掉下来,这个假定就是真实的;如果解释羽毛,或是铅球从 2 万英尺的高空掉下来,这个假设就不是真实的。由于理论的假设要易于处理,因此,就不要求越真实越好,例如解释铅球从 20 层楼的高空往下掉,就不要求把空气的阻力放在铅球往下掉的计算公式中,因为这样做虽然较真实但却不易于处理。

假设必须具有**真实性**又易于处理。

● **盛柳刚**:现实很复杂,我们如何判断理论与现实一致呢?对于竞争性的理论,我们如何判断优劣?比如通货紧缩的例子,您强调投资过度导致生产能力过剩是主要原因,宋国青老师则认为是债务链条的加速作用。

■ **林老师**：有时候一个经济现象是可以用好几个理论来解释的。这些理论有些是互补性的，两个理论都是正确的，这是经常有的，当然一个理论所强调的"因"的贡献可能会比另外的一个理论所强调的"因"的贡献大一点。有些理论则是竞争性的，所谓竞争性就是这两个理论的推论跟要解释的现象都是一致的。比如，在通货紧缩的理论里面，不论是投资过度导致供大于求，造成物价下降，还是债务链条致使需求下降，导致供大于求，造成物价下降，两者的机制都导致物价下降，但是这两个不见得是互补的理论，因为一个是需求不变，供给增加，造成供给过剩，而另一个是供给不变，需求下降，造成供给过剩。当有竞争性的理论时，怎么办？这里要求理论的每一个推论都要跟所解释的相关现象一致。如果是需求突然下降造成供大于求的话，那么，国民经济的增长速度就应该是负的，因为我们知道，不计政府支出，国民生产总值等于消费加投资加净出口，如果是债务链条造成的通货紧缩，投资需求和消费需求都会下降，增长速度就会是负的，或是接近于零。但是我们没有看到消费需求的下降，也没有看到经济增长的速度大幅下降，相反，每年有7%—8%的增长。一个好的理论的每一个推论都应该跟我们已经知道的现象一致，这样的理论才是比较好的理论，这是因为：第一，理论是信息节约的工具，一个理论应该用越少的假设解释越多的现象。第二，一个理论所提出的"因"是产生这个现象的主要原因的话，那么这个理论的所有推论跟与这个现象相关的现象都应该是一致的。

● **盛柳刚**：科斯主张找一个"易于处理但却真实的假设"，这里的"真实"是不是逼真而不是事实本身？

■ **林老师**：没错，理论模型不是真实社会，真实社会里有成千上万的变量，每个理论模型都只保留几个变量而已。所以理论本身绝不是真实的社会，这一点要清楚。理论是信息节约的工具，在这里要加入多少变量？复杂到什么程度？并不是越复杂越好，其实越简单的理论越好，但是又不能简单到不能解释我们要解释的现象。在理论模型中要包含哪些变量,你必须对要解释的现象有深入的了解。同样是贸易,要解释发达国家跟发达国家的贸易,与解释发展中国家跟发达国家的贸易,或是发展中国家跟发展中国家的贸易,所要保留在模型中的变量是不一样的。比如交易成本,你要解释不同的制度安排,就必须把交易成本放进去,然后交易成本的变动会导致不同的制度安排的出现,但是如果要解释价格变动对需求的影响,在多数情况下,是不用将交易成本放进去的。

● **盛柳刚**:林老师,刚才您也提到经济学的范畴,我想问的就是经济学的分析方法,也就是您经常提到的经济学的"体"。第一个问题是经济学的分析方法是什么?第二个问题是经济学的分析方法与其他学科的分析方法之间最大的差别是什么?第三个问题就是您怎么看待其他社会科学称经济学搞帝国主义的看法?

■ **林老师**:我想,经济学的"体"的本身就是把各种社会经济理论抽象掉之后,它们之间剩下的共同的东西。这个共同点是一个人在作决策的时候,在他所知的可能选择方案中,总是会作出他认为是最佳的选择,也就是理性人的假设,这就是经济学的"体"。也正是因为经济学有这个"体",它才能跟其他社会学科相区别。比如说社会学或是政治学,其研究方式跟一个人在有选择的时候作最好的选择这一点不同。首先,社会学讲的是不同的社会群体之间的关系,他们会从另外一方面看这一问题。但如果他们研究不同群体中的个人如何作选择,或是群体怎么形成的话,这时经济学就有相当大的作用,所以加里·贝克尔在芝加哥大学既是经济学系的教授也是社会学系的教授。其次,政治学从一开始就是研究国家与国家之间的关系,如果只研究国家与国家之间的关系,它当然会有一套理论体系,可是如果研究决策者怎样作选择,怎样决定国家与国家之间的关系的时候,经济学的研究方式也对它们有相当大的解释力。我想,因为社会现象的产生经常有人的主观能动的因素在内,所以,经济学家使用的这种研究出发点,同样可以用来解释传统上不同社会科学研究范畴里的许多和人的选择有关的现象。因为只要牵涉到人,都会牵涉到人的选择,经济学家能够使用比较系统的、比较深入的、发展比较完善的逻辑体系来解释这些现象,而且也确实能够比较好地提出可以证伪的理论假说,所以它的应用范围也就越来越广,"侵犯"到传统上其他社会科学研究的领域。我想这就是经济学被认为是搞帝国主义的原因。

● **盛柳刚**:我看加里·贝克尔和乔治·斯蒂格勒那篇文章有一个很重要的假设,就是假设偏好的稳定性。为什么要加这个假设?现在行为经济学和试验经济学对偏好进行深入研究,发现个人的偏好有时候是不稳定的,您觉得这会动摇经济学的基础吗?

■ **林老师**:我看这主要是如何理解人追求的是什么,在效用函数中所要最大化的是什么。如果从人的最基本的需求出发来看问题,那么偏好是稳定的。比如,加里·贝克尔在他的那篇文章里提到的冬天人们希望有暖气,夏天人们希望有冷气。如果从人追求的是暖气或冷气来看,偏好肯定是要变的,你不会在冬天开暖气,在夏天也开暖气,偏好是改变了的。但如果从我们追求的是舒适来看,那么偏好没改变,冬天的时候需要暖气才舒适,夏天的时候需要冷气才舒适。贝克尔的例子让我想起了在《传习录》里王阳明和他的学生的一段对话,他的一位得意门生徐爱问到,孝有那么多不同的表现方式,比如说"冬温夏凊",标准是什么?王阳明回答说,这是孝的不同表现形式,都是为了让父母舒适。冬天的时候,就要先跑到床铺里面,把床被睡暖了以后,才请父母亲进来睡,这是"冬温";夏天的时候,先把席擦得凉凉的、干干净净的,才请父母亲进来睡,这是"夏凊"。这不是夏天和冬天的孝的偏好不同,而是在夏天和冬天让父母舒适的方式不一样,目标是相同的,都是为了孝。我同意贝克尔的看法,偏好是否改变在相当大程度上取决于进入到效用函数里面的变量是具体的东西,还是属于人的最基本的需求的因素,如果是后者,偏好是不变的。人类最基本的需求经常不容易直接观察到,而最基本需求的满足经常需要有一些具体的手段,这些具体手段会因为一些外在的因素,如上述所举的气候的变化,或是个人的财富、年龄等的变化,而必须有所变动,才能最好地满足最基本的需求。而且,人的最基本的需求也不止一项,在各项最基本需求之间也有替代。例如财富和社会尊重,一个人的财富多了,财富的边际效用会下降,而社会尊重的边际效用会提高,或者,社会的情况发生外生变化,例如天灾人祸,使在这一个时点上,从事社会公益带来的社会尊重提高,那么,一个理性的人也会在那个时点舍财行善。所以,一个理性的人不会只最大化财富而已。但是在经济学的教科书中和一般理论模型中,为了易于操作、易于衡量,通常把中间的手段变量作为最大化的目标,而且,只最大化一个目标,例如利润最大化。那么,你就会发现有些现象你不能解释,例如在某种情况下,有些人会为了社会公益而放弃利润,于是,就让人认为这是偏好变了。经济学中的任何理论模型,甚至任何社会科学中的理论模型,都只是人类行为本身的某一侧面的一个剪影,而不是人类行为本身。在佛经里,如来经常告诫他的弟子,佛所说法,如指月的手,帮助大家看到月,但是不要把手指当做月。经济学和社会科学的理论也一样,只是帮助我们了解人类的经济社会行为的手指。现在行为经济学中所发现的偏好的不稳定是把满足人类最基本需求的中间、手段变量作为人类需求的最基本因素的结果。

● **宛圆渊**:这一点我有点疑问,如果假设偏好是稳定的,但同时可以假设和偏好相关的"生产函数"是不稳定的,还有就是直接假设偏好在变,这两种变化是不是相互替代的?

■ **林老师**:这是一个很好的问题。首先,经济学是人的选择的行为的科学,那么,从人的选择的最基本的动机出发来建立的理论体系,对人的行为会有最大的解释力,贝克尔的贡献就在这一点上。传统上,经济学把利润、收入、消费等经济变量作为效用最大化的目标,这样经济学的

**佛所说法**，如指月的**手**，帮助大家看到月，但是不要把手指当做**月**。

研究就只局限在生产、消费等领域，贝克尔把人的最基本需求的满足作为效用最大化的目标，这样经济学的研究范畴就扩大到社会、政治范畴。其次，任何一个理论体系，都必须有一个不变的东西，才能建立起一个内部逻辑自洽的理论体系。如果一个理论体系中没有不变的东西，那么，这个理论体系的各个子理论之间的内部逻辑就会经常不自洽。其实，任何大的理论体系都是以一个不变的终极行为动机为目标，而其他达成这个终极目标的手段则是可变的。例如，孔子的儒家哲学体系是建立在"仁"上的，"仁"是不变的，所以，"仁者乐山"。合乎"仁"的行为就是"义"，知道哪些行为是合乎"义"的、是可以实现"仁"的目标的，就是"智"。由于情况和条件不同，达到"仁"的行为方式也就不同，因此，智者的行为像水一样，是要经常变化的，所以，"智者乐水"。水是绕着山转的,因此,"仁者静,智者动"。斯蒂格勒和贝克尔1977年讨论偏好不变的那篇著名文章的德文标题"De Gustibus Non Est Disputandum"的中文正是"不动如山"。最后,到底是假设偏好是稳定不变的,而偏好的"生产函数"是可变的好呢,还是直接假定偏好是可变的好呢?应该从构建经济学理论体系的目标为何来断定。经济理论是用来帮助我们了解社会、经济现象,以推动社会发展、增进人类福利的一个工具。从这个目标来看,哪一种假设方式比较好?如果直接假定人的偏好是可变的话,很多现象用"偏好变了"一句话就解释了,由于偏好不可直接观察,用这样的方式来解释人的行为的变化,并没有增加多少我们对人的行为改变的原因的了解,也不能增加我们预测人的行为,或改变人的行为的能力。例如,如果我们假设人追求舒适的偏好不变,摄氏20度是最舒适的,在这种情况下,在一个决策者有暖气和冷气两种选择时,我们可以作出正确的预测:如果是低于20度,他会开暖气;如果是高于20度,他会开冷气。如果偏好本身是可变的,没有一个不变的目标,手段的变化就难以预测。所以,从工具理性的角度出发,假定人的最基本的行为动机,也就是偏好是不变的,而达到行为目标的手段是随内外在的环境、条件的不同而变动的,这样的假设方式比较好。

● **盛柳刚**:林老师刚才您提到经济学假设人是理性的,我想问的是,经济学理性是指什么呢?西蒙提出"有限理性"的概念,最近罗伯特·希勒出版了《非理性繁荣》。您对这些对人类理性假设的修正有何看法?

■ **林老师**:我个人所认为的经济学的理性是指"一个人在作决策的时候,在他所知的可能选择方案中,总是会作出他所认为是最佳的选择"。在了解这个定义时,有必要对"最佳选择"前的几个关键限定词给予特别的说明:第一,"一个人"说明理性与否是从作出选择的当事人的角度来衡量的,而非从他人或社会的角度来看的,而且,即使所作的选择是关系到群体的公共事务,是否理性也是就决策者自己而非群体的角度来作判断的。第二,"决策的时候"说明理性是就决策当时的情况而言的,情况变了,最佳的选择也可能改变,但并不能因此而否认当时的决策是理性的。当然,一个决策者考虑的不只是即期的利益,也会根据当时的各种条件、状况、过去的经验等,对未来有所预期,从而把对未来的可能影响也放在当时的考虑之中。第三,"所知的可能选择方案"说明理性与否是就决策者当时的认知而定的,而且,仅就当事人可以选择的各种可能方案的比较而言,选择范围以外的方案不是决策者可以有的选择,所以,并不在考虑或比较的范围之内。每个决策者的选择范围会受他自己的认知的影响,认知一方面取决于决策者所拥有的信息,一方面取决于决策者处理信息的能力;选择的范围还会因决策者的预算、时间、能力,以及外在的相关群体、制度的条件、政府的政策、社会的价值标准和意识形态的不同而有差异。第四,"所认为"说明理性是根据当事人自己对各个可选方案的长、短期相对成本和收益的比较而言的,这个比较可能会因为个人的知识、信息、经验的积累不同,或是内、外在条件的变化而改变。

上述对理性的理解是比较接近西蒙所主张的有界理性的,因为,我所谓的最佳选择是就决策当事人所认知的可能选择方案中,他所认为的最佳方案而言的,而非客观存在的所有可能方案中的最佳方案。但是,在实际构建经济学的理论模型时,到底是假定有限理性好,还是假定无限理性好?一般说来无限理性的模型较简单,就像在物理学中,假定落体是在真空中运动一样,如果用无限理性就能很好地解释、预测现象,那么,就无需引进有限理性的假定了。如果用无限理性的假定无法解释、预测现象,那么,在构建理论模型时有两种策略:首先,可以假定信息是不完全的,信息的收集需要成本,而信息的处理能力是无限的;如果这个策略不成功,再放松信息处理能力是无限的假定。中国有句俗语叫"杀鸡焉用牛刀",理论模型只是用来说明现象的一种工具,只要能达到目的,越简单的工具越好。

理论模型只是用来说明现象的一种**工具**,只要能达到目的,越简单的工具**越好**。

至于《非理性繁荣》一书所讨论的美国股市的现象,主要是由于决策当时的情况和事后的情况,以及个人理性与集体理性之间有差异而引起的。就股票市场上的每个人而言,在决策当时的选择是最佳的。也正是因为个人在某一时点上的最佳选择,事后可能不是最佳的,以及对个人来讲是最佳的,对社会来讲可能不是最佳的,社会经济现象的研究才会如此有趣、如此充满挑战。同时,我们学习经济学的最主要目的之一,就是希望能够找到一条途径,去创造一个能使个人理性的选择和社会理性的选择相一致的社会制度环境。

● **盛柳刚**:有一个比较具体的问题,我们在作经济研究时,如果只看经济现象,往往会犯盲人摸象的毛病,只见一斑而不见全豹,从而陷入"支离"的倾向,但如果先看理论的话,又往往把理论绝对化,从而陷入"空疏"的困境。我们如何避免这两种倾向呢?

■ **林老师**:我先来谈如何避免"空疏",再来谈如何避免"支离"。从前面的讨论中我们知道,经济学的任何理论,实际上都是在说明,人们如何作选择,而选择又会受到决策者的认知、内外在条件的制约,所以,在某一种情况下的最佳选择,在另外一种情况下,就不一定是最佳的。用老子的话来说,理性是经济学的本体之道,但这个"道"的表现形式是会随着决策者的内外在条件的变化而改变的,因此,任何一个现有的理论虽然是理性的本体的一种表现,但不是理性本身,因此,不是"常道"。如果误把现有的理论当做"常道",那么,就会犯了不讲条件的"空疏"的弊病。《道德经》中有一段话,对此有非常精彩的批评:"前识者,道之华,而愚之始。"所谓"前识"就是对"道"在先前的条件下所表现的形式的认识,也就是现有的理论,它反映了"道",但不是"道"本身,所以是"道之华",如果把"道之华"绝对化作为"道"本身,就是愚笨的开始。《金刚经》里也说"若菩萨住于法……如人入暗即无所见"。所以,我们在学习现有理论时,必须把任何现有的理论都作为一种"前识"来对待,它"都对都不对"。"都对"是因为它是理性在一定的条件下的表现;"都不对"是因为决策者所面临的条件是不断在变动的,它不是"理性"本身。如果能这样来理解理论,在观察一个现象、解释一个现象时,就会以"常无"的心态,直接去了解现象,从现象揭示它背后产生的原因,就能达到《道德经》里所讲的"以观其妙"和《金刚经》里所说的"若菩萨不住于法……如人有目,日光明照见种种色"的境界。可是,我们多数人,包括许多经济学家,在解释现象时,经常从现有的理论出发,结果就犯了"前识者"和"住于法"的弊病。

"常无"是每一位开创理论新思潮的大师所共有的思维特性,不仅老子强调这点,孔子也同样强调这点。在《论语》中,孔子和他的学生有一段精彩的对话:"吾有知乎哉?无知也。有鄙夫问于我,空空如也。"以这种"常无"的心态,如何来了解现象?孔子接下来说:"我叩其两端而竭焉。"也就是要善于发问、善于比较、善于归纳。就一位经济学家来说,第一,要很快认识到在这个现象中谁是主要的决策者?政府、企业,还是消费者?第二,这个主要决策者所要达到的目标是什么?达到这个目标所面临的限制条件是什么?有哪些可能的选择方案?第三,每个可选择的方案的特性、相对的成本和效益是什么?如果能这样,应该就不难直接认识到现象背后的形成原因、机制是什么。在认识到现象背后的原因、机制之后,再跟现有的理论作比较,这样才能不被现有的理论束缚,也才能对理论的发展作出贡献。

其次,谈如何避免"支离"。既然经济学的理论是决策者在一定的内外在条件的前提下作出的最佳选择,那么,这样的最优都是局部最优的,而不是全体最优的,这些局部最优的理论的共同点是都是"理性"在一定条件下的表现形式。了解到任何现有理论的局限性和共同性,那么,就不至于有盲人摸象,无法从局部去认识本体的"支离"的弊病了。在学习经济学时,如果对"理性"已经有了很好的把握,能够自如地从决策者的最佳选择的角度出发去观察社会、经济现象,那么,下工夫的着力点应该是去了解各种可能成为决策的限制条件的各种外在社会、经济变量和各种选择方案的本质、特性。在分析、解释新的现象时,只要了解了决策者所面对的限制条件和选择方案的本质、特性,也就了解了决策者在那些条件下的最佳选择是什么了。但是,在对从决策者的理性选择为出发点来观察社会经济现象的方法还不能运用自如时,则应该从学现有的理论入手来理解"理性"的运用之妙。就像要成为一位好的画家,必须掌握线条、结构、比例、色彩,这些基本理论讲起来不难,就只有那几点,但是,运用之妙,存乎一心,一位初学绘画的人,在对这些基本原则还没有运用自如前,通常要经过一段临摹大师的绘画的阶段,临摹是为了更好地理解如何掌握、运用那些绘画的基本原则,而不是为了学会画大师画过的画。同样,经济学家学习现有的理论是为了更好地理解经济学的大师们是如何从理性人的角度出发来观察社会经济现象的,从而学会运用这种分析、观察社会经济现象的方法,而不是为了学会运用过去的大师所提出来的理论。如果能以这样的出发点来学习现有的理论,虽然每个现有的理论都是"树",都是《道德经》所说的"前识",但会从树见到林,而不会"只见树,不见林",会由"前识"认识到"道"的本体。

**学习**现有的理论是为了学会运用**大师们**分析、观察社会经济现象的**方法**。

● **盛柳刚**:林老师,您在《经济研究》上提出"一分析、三归纳"方法。下面您能否就把握现象这个方面,给我们举个例子?

■ **林老师**:这个我以前谈过很多。"一分析"指的是要了解谁是决策者,决策者的限制条件、选择范围是什么,选择范围里面每个可选方案的特性是什么,它的相对机会成本是多少。一般经济学教科书里的限制条件,简单地讲,是收入约束。但是除了收入之外,还可能有许多其他限制条件,例如,和发展阶段有关的要素禀赋结构也会影响到这个国家可动用的资源总量和每种要素的相对价格。一个发展中国家的政府可以选择鼓励轻工业发展,也可以选择支持重工业发展。轻工业的特性是什么?重工业的特性是什么?一个发展中国家政府发展战略的最优选择,跟它在每一个决策点上可动用的资源总量有关,也跟每种要素的相对价格,以及轻、重工业技术的本质特性有关。

在找到谁是决策者以后,怎样来理解一个决策者所面对的限制条件和各种选择的本质特性呢?根据我自己的心得体会,主要依赖的是归纳方法。也就是说,你看在同一个时代里面,就同一问题的不同决策者作选择,他们的共同点是什么,不同点是什么。比如说,对于计划体制的产生,大部分人是从社会主义的意识形态来解释的。当然,所有的社会主义国家都采用计划体制,从社会主义国家的意识形态确实也可以推出社会主义国家必须有计划,但是很多非社会主义国家也采用这种体制。比如说印度,它们也有国家计委,它的功能跟我们的国家计委差不多,再如拉丁美洲国家,它们不是社会主义国家,它们甚至是反对社会主义的国家,但是它们对银行贷款、对外汇的使用也有很多计划和行政干预。所以,计划经济的产生应该有比意识形态更基本的东西。这就是我提出的当代横向归纳法,以探讨不同国家、地区的相同现象背后的共同原因。

另外,要解释计划经济体制产生的原因,也可以从时间的先后顺序,即从历史纵向的角度来考察。苏联的计划体制,也就是所谓的斯大林模式,是从1929年开始的,1929年之前是没有这种体制的。那么1929年开始安排这种体制的原因是什么?是为了优先发展重工业,以建立坚强的国防体系。社会主义的意识形态在1929年前后是不变的,但是追求的目标变了,因此,这种体制的产生跟目标追求是相关的。再举一个例子,对于中国的公社化、集体化、农业合作化运动,国内很多经济学家都是从意识形态的角度来解释的。如果是因为意识形态,那么为什么不在土改时把地主的土地没收后就直接合作化,而是先把土地分给农民,到1952年土改完成,1953年才开始搞合作化运动?自建党以来,中国共产党的意识形态没有变,但是从土改到合作化运动是多么大的转变!从时间顺序来看,我们是从1953年开始实行重工业优先发展,因此合作化运动可能和重工业优先发展有关。这就是历史纵向归纳法,从同一个国家、社会的重要现象的变化的先后次序去探索现象发生的原因。《大学》上讲的"物有本末,事有终始,知所先后,则近道矣"说的就是这个道理。

第三个方法是"多现象综合归纳法",也就是将一时一地同时发生的多个现象综合分析,归纳出这些现象背后共同的原因,而不是孤立地分析各个同时发生的现象。同样以计划经济为例,在计划经济体制下,有对金融、外贸、劳动力市场等多方面的扭曲。国外有很多理论解释金融扭曲会产生什么结果,也有很多理论解释外贸扭曲会产生什么结果。它们通常把这些扭曲当做外生给定,但是我们发现很多扭曲现象是同时存在的。我们需要进一步来思考为什么这些扭曲会同时存在,背后是不是有更基本的共同的原因。仔细分析在社会主义国家和许多发展中国家存在的各种扭曲就会发现,它们是和在资金稀缺的条件下去优先发展资金密集的重工业的意图有关的,因为要优先发展的产业中的企业在开放竞争的市场中没有自生能力,因此,就只能靠对资金、外汇等市场的扭曲和干预来保护、支持这些企业的发展。所以,经由对这些同时存在的扭曲的分析归纳,可以更好地找到造成这些扭曲的共同外因。

在这里,我跟各位交流一下我观察、思考问题的心得。我有一个习惯,当我看见别人把几个变量并列的时候,我绝对不会停留在那里,我一定会进一步思考这几个并列的变量是不是等价的,当中有没有更为根本的外生变量,而其他变量则是这个外生变量的内生变量。我们知道,一个外生变量的内生变量肯定会和这个外生变量同时存在,但是外生变量是"因",内生变量则是"果",理论研究的目的是揭示现象背后真正的原因。而且,并非只有发展中国家有很多扭曲现象同时存在,以我最近讨论的比较优势和竞争优势理论的关系为例,主张竞争优势的学者认为比较优势理论现在已经过时,认为现在应该强调竞争优势。竞争优势理论的内容有四点:第一,按照这个国家相对比较丰富的要素来选择产业;第二,发展国内市场规模较大的产业;第三,发展能产生群聚的产业;第四,发展有市场竞争力的产业。但是在这四个条件中,除了市场规模外,其他三个条件取决于是否按照第一个条件,也就是是否按照比较优势来发展产业。因为如果不按照比较优势来发展产业的话,企业就没有自生能力,而企业如果没有自生能力,就不会形成群聚。比如说,如果在中国发展资本过度密集的产业,那么企业就没有自生能力,而且由于资金稀缺,可以发展起来的资本密集型的企业数量肯定有限,所以不可能形成群聚。企业没有自生能力,需要国家保护,而国家保护就没有竞争了。所以,产业发展能不能形成群聚,有没有竞争优势,取决于是否按照比较优势来发展。因此,不能把竞争优势中的四个条件并列,等价对待,也不能说竞争优势取代了比较优势,竞争优势其实是内含于比较优势的,顶多是比较优势的补充。

再举一个例子,比如我最近经常讲的最优金融结构理论。目前没有最优金融结构理论,因为目前的金融学理论中把金融体系动员资金、配置资金、分散风险的功能并列。当这三个功能并列而且这些功能不可得兼时,就不会有最优金融结构理论。比如要最大地规避风险,就可能要牺牲动员能力,等等。我的习惯则是碰到几个因素并列的时候,总是要想想这些因素是不是同一个层次的。仔细想一下,金融体系的这三个功能当中哪一个是最基本的?配置资金的功能应该是最基本的。因为给定现在的金融资源总量,如果配置是最优的,那么,产生的剩余就最多,而且,有了最优的配置,资金的回报率就最高,在剩余中可用来作为积累的就最多,因此,下一期可以动员的资金就最多,所以,动员的功能是从属于配置的功能的。如果作了最佳的配置,失败的概率应该最低,风险应该最小。所以,在一般所讲的金融体系的三个基本功能中,配置的功能是最基本的功能,其他两个功能是从属的功能,有了最优的配置,其他两个功能自然能达到。当只有一个变量要考虑时,就可能有最优金融结构理论。最优的配置是什么?就是把资金配置给经济中最有竞争力的产业中的最有效的企业。在不同发展阶段,最有竞争力的产业是不一样的。比如说在发达国家,它最有竞争力的产业应该是资金密集、技术密集的,企业的资金需求量大,而且,主要是在新技术、新产品研发的 R&D 区段,新技术、新产品研发成功与否不知道,研发成功了,市场是否接受不知道,所以要面临很大的技术风险和市场风险。发展中国家有后发优势,资金相对稀缺,所以最有比较优势的、最有竞争力的是劳动力密集型产业,其中的企业以中小型为主,对资金的需求规模比较小,而且,生产的是成熟的产品,应用的是成熟的技术,基本上是没有市场风险、技术风险的。所以,不管在发达国家还是在发展中国家,金融市场都要面对资金使用者也就是企业家的经营能力风险和道德风险,但是相对来说,发达国家要面对更多的技术风险和市场风险,而对发展中国家来说,因为市场风险和技术风险相对较小,企业家经营能力风险和道德风险就变成主要风险。一个国家的金融结构包括直接融资和间接融资,间接融资中包括大银行、小银行,各种金融安排在单位资金的交易成本和风险承担的能力上不一样,所以从上面的推论就可以得出在不同发展阶段最优的金融结构是不一样的。比如像处于中国这种发展阶段的国家,要承担的风险主要是企业家经营能力和道德的风险。那么,哪一种金融安排最容易解决企业家经营能力和道德的风险?当然就是面对面的金融方式,也就是说非正规的金融借贷和以地区性的中小银行为基础的金融借贷,资金的贷方可以较好地了解当地的企业家,所以,任何国家在发展阶段早期都侧重于非正规金融和以中小银行为基础的金融。等到经济发展,产业提升,资金需求量大,而且,技术和市场风险成为主要矛盾的时候,大银行、股票市场,甚至二板市场就必须成为一个国家金融结构中的主要安排。

我再次强调,当碰到几个同时并列的因素的时候,一定要仔细想想看,这几个并列的变量的特性是什么。内生变量和外生变量一定是同时出现的,但是它们不是等价的,抓住外生变量才能把问题分析得更透彻一点。实际上我对计划经济体制产生的认识也是这样的。别人看到了共生的内生现象,从内生的现象切入来分析,比如从预算软约束切入,或者从金融扭曲切入,或者从外贸扭曲切入,但是我去看这些共生现象背后更根本的外生因素。我发现这些干预、扭曲背后的共同原因是发展中国家的政府要优先发展的重工业的特性与发展中国家资金稀缺的特性之间的矛盾。从这个矛盾可以把整套的扭曲都推论出来。可是一般学者只是看到这些扭曲,没有看到背后更根本的外生动因,只是从内生现象出发构建理论。如果从内生现象出发构建理论,则会有以下缺陷:第一,这样的理论不彻底;第二,根据这样的理论推论所得到的政策建议基本不可行。因为如果不改变外生的原因,而直接去改变内生的现象,就会出现我们经济学中常说的从 second best 到 third best,可能造成的经济结果比原来预期的结果还差,例如国有企业的预算软约束,是内生于国有企业的政策性负担的,如果不消除政策性负担,即使把国有企业私有化了,预算软约束的情形可能会更严重。

● **盛柳刚**:在转型经济研讨课上,您提到"休克疗法"在玻利维亚的成功和在苏联的失败,主要的原因在于玻利维亚没有自生能力的企业数量少、比重小,因此转型相对容易,而俄罗斯追求重工业优先发展已经有几十年,大部分企业是没有自生能力的,当然私有化以后情况会更糟糕。这里面就需要把握质和量的关系,您能谈谈您自己在这方面的心得体会吗?

■ **林老师**:赶超战略是一个靠大量动员资源来投资于没有自生能力的产业的战略,这个战略推行的深度和时间的长度与实行这个战略的国家能动员的资源总量成正比。玻利维亚是中美洲的一个小国,能动员的资源少,建立起来的没有自生能力的企业的数量也就少。实行"休克疗法"后,这些没有自生能力的企业破产,因为数量少,对社会的影响不大,而政府的干预、扭曲消除后,有自生能力的中小企业就发展起来了,创造了很多就业,社会发展很快,所以,"休克疗法"在玻利维亚取得了成功。可是苏联、东欧国家,国家大,自然资源多,靠国家动员政策建立起来的赶超产业规模非常大,没有自生能力的企业数量和就业人数非常多,真要取消政府的所有扭曲和补贴就会造成社会动乱,所以,即使政府实行了"休克疗法",为了避免社会动乱,还是必须给那些没有自生能力的企业补贴、保护,而且,企业私有化以后,以各种政策性负担为理由向政府要保护、补贴的积极性会比国有时更高,但是,在"休克疗法"后,国家的税收能力低,所以,只能用发行货币的方式来补贴私有化以后的企业,造成了高通货膨胀和经济的崩溃。所以,同样是要解决政府赶超所带来的扭曲和低效率,问题的性质是相同的,解决的方法也是相同的,但是,因为问题的量的不同,所以"休克疗法"在玻利维亚是成功的,在苏联和东欧是失败的。同样的情形,到现在为止,我国改革中最成功的是农村推行的家庭联产承包责任制。推行了家庭联产承包责任制以后,农民"交足了国家的,留够了集体的,剩下都是自己的",成为剩余的所有者,积极性很高,农业发展很快。中国一开始实施家庭联产承包责任制时,是每年签订一个承包合同,后来承包期变成3年到5年,然后逐渐延长到15年,而苏联一开始实施家庭联产承包责任制时就签了50年的承包合同,所以应该讲,其家庭联产承包责任制更彻底,可是苏联的农民不接受家庭联产承包责任制。问题是苏联的具体条件与中国不一样:苏联的农场规模大,必须机械化生产,设备投入多,单个家庭买不起,而且,机械用的油料、零部件需要到市场上买,生产出来的产品也要卖到市场,可是农场和市场距离很远,必须有交通运输工具,交通运输工具很贵,不是单个家庭可以拥有的,因此,在这种状况之下,个体农户的积极性再高也克服不了这些困难,所以,在苏联,家庭联产承包责任制的条件虽然比在中国优厚,但农民并不欢迎,结果不了了之。相反,越南也学习了中国的家庭联产承包责任制,越南和中国同样,人口密度高,农场规模小,和市场接近,所以家庭联产承包责任制的推行在越南也很成功。

在这儿我要特别提醒各位：一个理论只能告诉我们，在理论模型的特定假设条件下，"因"如果变动，对"果"会产生正的或负的影响，但是理论模型本身不能告诉我们影响的量有多大，这个量要多长的时间才能完全实现，以及除了理论模型中所导致的"果"之外，这个"因"的变动是否还会有其他附带的"果"，这些"果"的量有多大等。在运用理论于现实世界时，量的大小、时间的快慢以及是否有其他作用等却是至关重要的，"淮南为橘，淮北为枳"的情形经常有，对量的大小、时间的快慢、是否有其他作用的判断只能依靠经济学家的直觉，这种直觉又来自经济学家对经济环境的整体把握，所以，要成为一位好的经济学家，必须关心人、关心社会、关心历史。

淮南为**橘**，淮北为**枳**。

● **盛柳刚**：我提一个有关理论创新的问题：我们应该如何对待现有的经济学理论？如何对待历史经验，这从根本上是关于如何处理现象和理论之间的关系的问题,您怎么看待这个问题?

■ **林老师**:我个人主张把任何现有的理论都当做一种《道德经》里所说的"前识"。任何现有的经济学理论都是经济学本体,也就是对一个理性的人在一定的前提条件之下所作选择的一种因果关系的描述。但是现有的经济理论并不是真理本身,它们是经济学的"体"在一定条件下的表现形式。我们现在想要解释的现象的限制条件以及可选择的范围和现有经济理论模型中的限制条件、选择范围可能不同,因此经济现象产生的机制也可能不同。所以,对于任何现有的理论,都应该将其视为可能对、可能不对的"前识",要解释一个现象的时候,要以"常无"的心态,从现象本身出发,去发现谁是决策者,他面临的限制条件和可能有的选择是什么,说明他为何在这些条件下,作了我们观察到的选择。

如果抱着"常无"的心态,那么学习现有的理论有什么作用呢?我想,学习现有的理论,最重要的是要学习其他有成就的经济学家是如何构建理论的,学习著名的经济学家的思维方式,以及从经济现象中抽象出关键限制条件的能力。我们可以将对现有理论的学习当做在方法论上的训练。当我们在面对真实的经济现象时,是按照从现有理论的学习中领悟到的分析方法而不是按照现有的理论本身进行分析和解释,那么,学习现有的理论就会对我们理解真实的经济社会现象有所帮助,而不会使我们成为现有理论的奴隶。

对于历史经验,我个人的看法是,现有的理论是从过去的历史经验中总结出来的,需要通过历史经验来检验,才能知道哪些理论是可以被暂时接受的,哪些理论是可以被暂时舍弃的,所以,我们必须给予历史经验足够的重视。在面对未来的时候,同样必须以"常无"的心态来对待历史经验,才不会受到历史经验的束缚。比如,最近我在上海经济学年会上讲到,中国经济的高速增长至少还可以持续30年,这也是目前大家讨论的很热门的一个问题。但有不少经济学家认为这是不可能的，因为历史上从来没有过这种先例，他们发现，到目前为止，历史上维持40年高速度增长的经济体只有三个，而且，它们只是前20年维持将近10%的增长，后20年只能维持3%到5%的增长。从历史经验来看，确实没有一个国家曾经维持超过40年接近10%的高速增长，可是我们可以从另一个角度来看这个问题。比如说，工业革命之前，一个国家的经济规模要翻一番，可能要花200年到300年的时间，工业革命以后，英国是第一个用50多年时间实现经济规模翻一番的国家，如果在工业革命刚开始时间大家，英国需要多长时间能够实现经济规模翻一番，从历史经验来看，可能需要好几百年，但英国只用了50多年；在英国之后，当美国开始发展时，美国的经济学家如果单从历史经验来看，会认为美国不可能在少于50年的时间内实现经济规模翻一番，可是，美国经济只用了40多年就翻了一番；当美国经济实现了40多年翻一番后，日本经济开始发展，如果日本经济学家考虑日本经济最快多少年可以翻一番，他们一定会说，不能短于40年，但日本只用了20多年；后来亚洲"四小龙"开始发展，如果根据历史经验来预测，它们不可能在短于20年内翻一番，可事实上它们在十几年内就翻了一番；再来看中国，不到10年就实现了翻一番。所以，历史经验可以给我们一定启发，但我们不能完全被历史经验束缚，应该从历史经验中得到有用的信息，提出自己的看法。比如说，我的分析方式是，一个国家维持经济高速增长最重要的因素是技术的变迁，如果技术变迁的速度加快，则经济增长的速度也会加快。后发展的国家在开始发展的时候，同以前的国家一样，也会进行技术变迁，同时它会发现引进技术比自己发明技术成本更小，风险更低，因此它的经济发展能比以前的国家更快。所以，在预测中国未来的发展时，我相信中国有潜力再维持30年的快速发展，而且这只是保守的估计，因为历史经验给我们提供了最起码、最低的界限。比如，当日本的经济学家在考虑日本经济多长时间可以翻一番时，他们可以参考美国的经验，美国40年翻一番，日本则可能比美国快,他们可以认为至少40年就可以翻一番。再来考虑中国的情况,我相信中国经济至少还可以维持30年的快速增长,因为中国现在的发展阶段与日本在1960年的发展阶段相同,到1988年日本的人均收入就赶上了美国。日本当时依靠的是引进技术,如果中国也是靠引进技术,由于现在中国能够引进的技术比日本当时能够引进的技术更多、更便宜,因此中国至少可以和1960年的日本一样,再维持30年的快速增长。日本从1960年到1988年用了近30年的时间人均收入赶上美国,我可以保守一点,认为中国在30年以后人均收入至少达到美国的一半。我也可以用理论分析的方式推论我的观点:上面已经说明中国至少可以维持30年的高速增长——维持每年8%到10%的增长率,平均起来每年9%。美国属于技术最前沿的国家,它的经济增长率平均起来大概每年只有2%,中国的经济增长率每年能比美国高出7%,中国现在的人均收入按照美元计算是美国的3%,按照这样计算,30年以后,中国的人均收入将大约是美国的24%。同时,人民币会升值,因为所有高速发展的国家的货币一定会升值。在1960年,日元对美元的汇率约是360日元兑1美元,到20世纪80年代变为150日元左右兑1美元,这是日本的人均收入在1988年赶上美国的一个原因。现在人民币对美元的汇率是8.27元人民币兑1美元,我相信中国再维持30年强劲增长以后,汇率很可能是4元人民币兑1美元,这样,我国的人均收入就会是美国的一半左右了。我以上的分析有理论分析,也有历史经验,但历史经验只是一个参考系,并不是说历史经验一定会重复发生。

我想,用禅宗或者理学的一句话来讲,对待理论,必须"有而不有",对于历史经验,必须"知而不知"。"有而不有,知而不知",好像非常抽象。禅宗的学习有所谓"口头",学习者经常通过理解"口头"来体悟禅理。经济学也是这样,当体悟到经济学的本体以后,也可以提出像"口头"一样的东西。在经济学中所谓"有而不有"可以这样解释:第一个"有",就是必须有对经济学本体的把握——一个决策者在面临选择的时候,总会选择对于他来说是最好的,而且要将其作为分析一切社会、经济现象的出发点和归宿,这就是"有";所谓"不有",即要对任何理论持"常无"的心态,不能将理论当做真理本身。所谓"知而不知",第一个"知"即要知道经济学的本体是什么,"不知"即对于任何新的经济现象都要有"不知"的态度,这样才能用所"知"的经济学的本体方法来揭示所要解释的经济现象产生的原因。只有这样,才是真正地知道了经济学的本体,也才是真正地掌握了经济学的精髓,才能真正解释所看到的每一个经济现象。

● **盛柳刚**:林老师,这是邢兆鹏同学曾经提过的一个问题,在讲经济学的方法论时借用东方哲学语言如"体一用殊"等,会不会导致这种哲学语言的原意与引用意的差别?那些原来学习东方哲学的学者会不会认为您是一种误用,或者是一种不适当的引用?比如说对于您所讲的经济学的"体"与"用",是不是用"理一分殊"这样的说法更好?因为熊十力讲"体用不二"而不是"体一用殊"。

■ **林老师**:语言本身是活的。比如"理一分殊"被提出时,其内涵也是有几次变化的。"理一分殊"最初被提出时,是用来说明儒、释、道三家之间的关系,宋明理学的不少创立者最初都受到佛学、道家很大的影响,后来又转归到儒学。例如,朱熹刚开始用"理一分殊"的时候是指儒、释、道三家所追求的道是相同的,但它们各有侧重点。但后来比较常用的说法是,"理"是相同的——比如在儒家的理学里,有"五伦"之说,即君要仁,臣要忠,父要慈,子要孝,朋友之间要有信,但随着身份的不同,究竟是仁,是忠,是慈,是孝,还是信,其表现又各不相同,也就是说对于"理"的表现方式会因为身份的不同而有不同的侧重点。从这里可以看出,最初所讲的"理一分殊"和后来所讲的"理一分殊"的含义是不一样的。同样的一个词在不同的情况下,可以有不同的含义,重要的是在用这个词的前后文的情境下,内涵是否清楚。

再者,关于"体一用殊"和"体用不二"。"体一用殊"是指一个体在不同的状况下会有不同的表现形式;"体用不二"则是指一个悟了道的人的境界,把握了本体,在任何状况下,他的行为都是合乎道的。比如"仁义礼智信","仁"是体,"义"、"礼"、"智"、"信"其实是"仁"在不同情形下的用。所谓"义者,宜也","义"与否的根据是"仁",合乎"仁"的行为就是"义";所谓"礼",是说仁者以万物为一体,在一体中,还有君、臣、父、子、夫、妇、兄、弟、朋友的亲疏远近的差别,根据这个差别的要求所表现的行为准则就是"礼",所以,"礼"的依据是"仁";所谓"智",是指每一行为的选择都符合"仁"的要求,如果不符合"仁"的要求,就是"不智";所谓"信",《论语》里讲,"信近于义,言可复也",就是说,承诺是否符合"仁"的基本要求,如果违背"仁"的要求,行为不合乎"礼义","信"就不可能实现。所以说,"义"、"礼"、"智"、"信"的本体是相同的,都是"仁",但"仁"有不同的表现形式——"义"、"礼"、"智"、"信",所以,"体一用殊"。而"体用不二"是指真正掌握了"体"的人,也就知道在各种情况下该怎么行为,达到孔子所说的"从心所欲而逾矩"。在六祖惠能的《坛经》里,也有"定慧一体,体用不二"之说。如果真正掌握了"慧",就一定是"定"的;如果是"定"的,就一定有"慧"。在讲"慧"的时候,"慧"为体,"定"为用;在讲"定"的时候,"定"为体,"慧"为用。"定即慧故,体不离用","体用不二"。我在讲"体一用殊"时,也可以说是"体用不二",对于一个读通经济学的经济学家来说是"体用不二"的,但是,任何写出来、表述出来的理论都是"体一用殊"。因为如果真正掌握了经济学的"体",每一次分析经济现象都是经济学的"体"在这种状况下的表现形式,所以是"体用不二"的;但当将这个"体"在一定条件下的表现形式表示出来以后,它就变成一个特定的东西,就是"体一用殊"。就像《道德经》所讲的"道可道,非常道;名可名,非常名",这个"名"和另一个"名"是"殊"的,因为其条件不同。但作为一个真正好的经济学家,是"体用不二"的,因为"体"都是相同的,"用"则是"体"的表现形式,亦即"体用不二"。

至于使用中国传统的智慧的语言来表示究竟好不好,我自己是思想很解放的,我认为好的东西都可以用,包括外国的东西。现在的情形是,我们在使用外国的东西比如亚里士多德、柏拉图的语言时,人们不会觉得有什么不好,但如果用到老子、庄子、禅宗以及理学的东西,就会被认为思想很顽固,我认为这还是思想不够解放的体现。真正的思想解放应该是不管它是我们传统的东西还是外国的东西,只要它是好的东西,就应该接受,这才是真正的思想解放。

● **邢兆鹏**:我们看50年来发展经济学的发展,一个最突出的特点就是过去有很多发展经济学家提出各种发展理论来指导发展中国家的发展,但是,那些按发展理论来发展经济的发展中国家,经济发展的绩效都很差。20世纪80年代开始,发展经济学开始消亡,有的人说发展经济学的衰败恰恰是发展中国家的幸运,因为没有理论的束缚,它们可以更加准确地根据自己的实践经验选择适合自己的发展道路。我认为在发展经济学理论指导下发展经济实际上是"知"在"行"之前,才导致了这种结果。我想问林老师,我们现在都在强调"行"在"知"之前,实践在前,理论只能是解释现象,那么您对理论对实践的指导作用有什么看法?

■ **林老师**:关于这一点,我刚才在讨论怎样对待现有的理论和历史经验的时候已经部分回答了你的问题。我同意现有的经济学理论,包括发展理论,对于现在发展中国家的指导作用是很有限的,而且,就像你刚才所讲的,基本上按照20世纪50年代发展经济学理论的主流思想来制定经济发展政策的国家都不成功。转型也是一样,按照主流的"华盛顿共识"来制定转型政策的国家,虽然发展经济学中认为重要的变量,经过转型以后,已经得到了改善,但这些国家的经济发展绩效同样不好。这是因为,当前的经济理论包括发展经济学的理论,是由发达国家的经济学家发展出来的,他们的理论来源于发达国家的经验。发达国家自工业革命以来,一直处于技术、产业的最前沿,它们经济的进一步发展有赖于新技术的不断发明,而发展中国家的经济发展所需要的技术创新却可以通过引进的方式取得,在引进技术时必须考虑哪种类型的技术较合适,所以,发达国家和发展中国家所要解决的问题在特性上是不同的,我们不能被现有的在发达国家发展出来的理论牵着鼻子走。但是,任何经济现象背后一定有经济逻辑,经济现象都应该能够用经济学的方法来分析,任何经济问题也应该可以从对问题的特性的分析中得到对问题的解决有指导意义的政策建议。对于真正掌握了经济学本质的经济学家,"体用"是"不二"的,由"体"就会知道怎么"用"。当信息产业、互联网非常热的时候,我一直持有保留的意见,后来事实证明果然如此。在北京,有一个亦庄开发区,有一个中关村高科技园区,刚开始时,中关村高科技园区非常热,但现在亦庄开发区非常热,中关村高科技园区则非常冷,为什么呢?因为亦庄开发区发展的是传统产业,符合我国的比较优势,中关村高科技园区发展的是高科技产业,不符合我国的比较优势。所以说,经济现象并不是不能够被预测,只要真正对经济学的本体有认识,"体用"是"不二"的,"知"是可以在"行"前的,只不过这里指的"知"是对经济学本体的认识,而不是对现有的由发达国家的经济学家发展出来的理论的了解。我们必须有信心,要成为一位有真知灼见的经济学家并不难,同时,发展中国家的经济学家不要把自己对经济学的理解局限在发达国家的经济学家所提出的理论上。上次在上海开经济学年会时,有位教授呼吁经济学家要多看书,我并不反对经济学家要看书,但我反对经济学家只看书,书上的理论也许可以帮助我们理解现有的经济现象,但如果把握不好,也可能妨碍我们对现象的理解,产生"如人入暗即无所见"的结果。作为一个经济学家,最重要的是自己按照经济学的基本方法来分析经济问题,解释经济现象,预测经济现象。

● **邢兆鹏**:您现在提出很多想法,在外人看来是可怪之论,但我们认为是非常有道理的。因为您是从一以贯之的逻辑出发的,但是我们想知道的是,您在20世纪80年代初次提出按照比较优势的原则来发展经济的理论时,让您产生这种想法的源泉究竟在哪里?

■ **林老师**:"扣其两端而竭焉",我是从改革前中国经济发展不好,改革后却快速发展,亚洲"四小龙"经济发展迅速,而其他发展中国家的经济发展却困难重重的现象中比较、分析、归纳得来的。

● **邢兆鹏**:您是一开始就有这种想法,还是在这种方法论的指导下一步一步地分析才得到的?

■ **林老师**:借用禅宗里"顿悟"和"渐修"的区别来说明,这是一个从"渐修"到"顿悟",从"顿悟"再到"渐修"的过程。对一个现象真正的理解首先需要对这个现象感兴趣,开始去关注这个现象,但是提出一个新的理论,则需要有一个"顿悟"的飞跃。如果单单有对现象的关注,资料的收集、分析、归纳的"渐修",没有"顿悟"的飞跃,并不一定能够直指人心,见性成佛,在成千上万的各种可能的社会、经济变量中,认识出造成这个现象发生的最重要的外生变量,提出对现象背后形成的逻辑真正有解释力的理论。然而,在提出了一个理论后,还要有一个"渐修"的过程,也就是需要将这个理论作各种推论,然后看这些推论是否与各种已知的和新收集的经验事实一致,如果都一致才能说是提出了一个新的理论,如果不一致就代表提出的理论有问题,必须再去寻找其他可能的外生变量和解释。1988年我初次提出比较优势战略的理论体系,固然有先前对改革前后发展绩效差异,以及亚洲"四小龙"发展迅速而其他发展中国家困难重重的多年思考,但是,这个理论体系的提出并不是靠理论模型一步一步地推导得来的,而是在那年秋天应邀在一个新的时事杂志的出版发布会上做讲话时悟出的。当时国内经济一放就活,出现过热,我在准备会上的讲话时,为了解释这个现象,灵机一动,突然悟到要素禀赋结构、产业与技术选择和各种制度扭曲之间的关系。其实一位经济学家提出一个能够解释新的经验现象的新理论时,通常是这位经济学家先悟到了这个现象背后的决定性外生

理论的提出是一个从**"渐修"**到**"顿悟"**,从"顿悟"再到"渐修"的过程。

变量,然后才根据这个变量来构建和其他给定的外生变量以及内生变量之间的逻辑关系,而不是靠某些模型一步一步推导出来的。如果没有这种见性成佛的"顿悟",一个理论模型中可以有各种不同的变量,只要保留在模型中的变量或某些假设的条件不同,理论模型是可以有任何不同的结论的,从而是难以提出有意义的新理论的。

至于需要由多少的"渐修"才能产生"顿悟"的飞跃,可能因人而异。《中庸》里把"知"分为"生而知之、学而知之、困而知之"。"生而知之"的人不需要靠大量的数据收集、归纳的"渐修",一见到现象就能够明心见性,直接产生这种认识的飞跃。我在芝加哥大学学习时,那里的训练特别强调对问题的直觉(intuition),直觉也就是从现象中直接认识背后的重要外生变量和因果关系的顿悟的能力,我有幸直接观察、学习那些知名教授怎样提出问题、思考问题。在直接认识现象的能力上,也许我比你们"先知","先知觉后知"嘛!为什么要一而再、再而三地和各位谈方法论的问题?就是希望你们从"学而知之,困而知之"入手,逐渐培养"生而知之"的能力。《中庸》里又说"及其知之一也",不管是通过什么方式得到的"知",只要你"知"了以后,就能真正地做到"应用之妙,存乎一心"。用经济学的方法来认识、分析问题不是很难的,哪里还有比经济学的方法更简单的东西呢?(同学笑声)构建数学模型是有一定难度,但是,要将现象背后的逻辑讲清楚是很简单的。

● **盛柳刚**:我们学生进行经济研究的时候,一般需要阅读文献、观察经济现象,写出内部逻辑一致的模型,但是我们的着力点应该在哪里?

■ **林老师**:在不同的阶段,着力点应该不一样。在目前阶段,你们作为学生,首要的着力点应该在于作好经济学和数学的基本训练,将各种基本训练作好,各种理论、文献尽量多学、多看一点,我想学生阶段相当大程度上应当是做这些工作。通过日积月累,就像朱熹在讲"格物致知"时谈到的"用力日久而一旦豁然贯通",我希望你们有一天能够达到豁然贯通。要达到豁然贯通,必须在心里有一定的追求,要去了解经济学到底是什么,经济学所学为何,这些问题必须时常放在心里。如果内心没有这种追求,没有像孟子所说的"必有事焉",不时常将这些问题萦绕在心里,就很可能难以有豁然贯通的一天。

毕业后,应该在什么地方用功?一位好的经济学家,对于任何一个经济现象,应该有能力很快认识到谁是决策者,决策者的选择对象是什么,选择对象的特性是什么,几种选择之间的机会成本、相对效益等。所以,要成为一位好的经济学家,必须在认识各种社会、各种群体、各种选择对象的特性上多下工夫。比如说农业生产有不同于工业生产的特性,农业生产散布的空间大,受自然因素的影响较大,生产周期长,而工业生产是在工厂里,时间短,随时有产出。我们在读各种理论时要特别注意这些特性的描述,在日常生活工作中也要特别注意周遭的各种事物的特性。如果平常对各种条件、环境、选择对象的特性非常注意,在观察新的现象的时候,就可以从已知之理去推测未知之理,从已知的现象去推测未知的现象,这样就会比较容易构建一个可能能够解释现象的理论模型。

一位好的经济学家必须具备四种能力和一种心态。这四种能力是指:第一,要知道经济学的本体是什么;第二,观察一个现象时,要有能力很快掌握住和这个现象相关的决策者是谁,以及决策者所面对的各种约束条件、各种选择的特性;第三,要有能力构建内部逻辑一致的理论模型,最好是简洁的数学模型;第四,要有用计量方法来检验理论模型的推论的能力。如果具备了以上四种能力,就可以写出很好的、可以解释经济现象的经济学论文,而且是可以推动社会进步的经济学论文。我想,构建模型和计量检验的能力是你们现在学得最多的,但是,能不能从构建模型中体味出千变万化的模型背后共同的东西,能不能将这一部分认识转化为真正存于心里的东西,这也就是所谓"知道"和"悟道"的差别所在。"知道"和"悟道"之间有什么差别?"知道"就是把经济学理论作为一种知识,"悟道"则是把经济学的本体变成思维的方式。"知"是放在口里面的,你会说;"悟"是放在心里面的,"悟"是"吾心",也就是说,真的"悟"了以后,你自然就这样思维了。我希望你们能够真的"悟"了——学现有的有关经济学的文献时,从有关经济学的文献中悟经济学的本体;学理论模型时,留意各种事物的特性、每种选择的风险和机会成本等。等到能够把经济学的思维方式运用自如时,真正需要用功的地方是了解各种现象的特性,而不是学经济学的理论。

除了上述四种能力,要成为一位好的经济学家还必须有一种"常无"的心态,这是一位学者所需要具备的最重要的素质。作为学者,我们不能不学习现有的理论,也不能不从观察到的现象中不断总结出理论,但是,一个学者在学习现有的理论时要有批判的态度,去观察一个现象时,要不被现有的理论,包括自己过去提出的理论束缚,才能真正地了解事实,提出真正可以解释现象的理论。这个道理在《道德经》中讲得最好。《道德经》开宗明义地讲"无"(尚未认识的现象)和"有"(可以解释现象的理论):"此两者,同出而异名,同谓之玄。玄之又玄,众妙之门。"意思就是说,"有"和"无"同样是"道"的表现形式,都可以称之为"玄",了解一切现象的法门(众妙之门),就是不断从"无"中去发现"有",但"道"是生生不息、不断变动的,所以,需要"玄之又玄",也就是要"有了又无,无了又有"。换句话说,就是不断地以"无"的心态去观察世界、认识世界以达到"有"的境界,但是又要不断地放弃现在"有"的认识,重新抱着"无"的心态去观察世界,才能不受"前识"的束缚,而真正认识到"道"的奥妙。我发现,在经济学的学习中,这是一种非常重要的态度。同样一个选择,在一个国家是最佳的,但是在另外一个国家却可能是很糟的。以发展战略的选择为例,日本在20世纪60年代中选择汽车产业优先发展是一项符合其要素禀赋结构所决定的比较优势的决策,因此取得了很大的成功,但是印度和中国在50年代选择同样的汽车产业优先发展政策却是失败的,因为印度和中国当时的要素禀赋结构水平低,这样的战略是赶超的,所以是失败的。同样,在一个国家里,在一定约束条件下,作了一个最佳的选择,而到了下一期约束条件可能变化,可能就不再是最佳的选择。例如,同样是乡镇企业,在我国刚开始改革开放的20世纪80年代取得了很大的成功,农村地区有"无工则不富"之说,但是到了90年代末,乡镇企业越多的村镇则负债越重,原因在于:20世纪80年代我国还是一个短缺经济,乡镇企业虽然在公司治理、技术水平、产品质量上有许多问题,但是"皇帝的女儿不愁嫁",取得了很大成功;而到了20世纪90年代末,我国出现了生产能力普遍过剩,市场竞争激烈,乡镇企业的产品难以和新建立的三资企业、民营企业竞争,因而纷纷破产。所以,一位好的经济学家必须把过去所知的各种现象以及根据这些现象提出的理论都视为"前识",永远以"常无"的心态来观察现象,才能真正掌握"理性"的奥妙。

● **盛柳刚**:我们可以通过观察经济现象获得直接经验,比如通过考察国有企业获得对国有企业的直接经验,也可以通过间接资料获得对事实的了解,这个主要是靠阅读文献,那么我们如何从文献中获得无偏的事实性资料?举例说,关于中国1959—1961年的农业危机,我们对于当时现实的了解很大程度上是基于您对农业危机的理解,也就是说,我们所了解的农业危机的"事实"在一定程度上是经过您加工了的,我们如何区分这种经过加工的"事实"与事实本身?

■ **林老师**:任何理论都属于"瞎子摸象",每位经济学家所提出的理论都建立在他所摸到的事实的基础之上,但是,经济学家所摸到的事实不一定是事实的全貌,所以,做学问要"常无",要在不疑处有疑。如何才能在不疑处有疑?当你看到一个理论时,首先要根据理论的逻辑作一些推论,除了主要的推论,还要看次要的第一层、第二层、第三层……的推论是否和作者提供的以及你自己所知的事实相符合。如果有不符合的地方,那么,就不应该接受这个理论,而应该根据自己的理解提出可以和这些事实都相符合的新的解释。而且,即使现有的理论的各种推论都和已知的事实相符合,也应该想想看有没有其他可能的竞争性假说,然后,进一步收集资料来检验现有的和新提出来的假说。

不仅学习现有的理论要有"常无"的心态,直接去考察事实时也必须有不受现有理论束缚的"常无"之心。例如,有许多企业理论讲,一个企业如果有预算软约束或是公司治理的问题就会没有效率。去考察国有企业时,不难发现许多国有企业确实有预算软约束和公司治理的问题,因此,许多学者就认为国有企业的问题在于预算软约束和公司治理。但是,国有企业的预算软约束和公司治理问题是内生于国有

**任何**理论都属于"瞎子摸象",经济学家所摸到的**事实**不一定是事实的**全貌**。

企业的政策性负担的,在考察国有企业的问题时如果不能有"常无"的心态,而是从现有的企业理论出发来考察,那么,就很难看到更深层的政策性负担的问题。所以,直接去观察事实时,也要从谁是决策者、决策者面临的约束和选择出发来考察问题,而不是从现有的理论出发对号入座来考察。

● **邢兆鹏**:我认为把握经济学的本质之后去观察事实的话,是主体在一定限制条件下的提炼,如果我们提炼的限制条件和所作的假设能够解释这种现象,就说明我们的知识是正确的,如果我们过一段时间再去提炼它的限制条件,就有变化,可能完全不同。

■ **林老师**:对,一个理论在一种状况下可能是正确的,在另外一种状况下可能就不正确。随着时间的变动,条件约束和目标选择可能发生变化,我们就应该根据新的状况重新作分析,提出新解释。这就是我前面所说的"玄之又玄"、"常无"、"常有"的态度。

● **盛柳刚**：做经济学研究，不仅仅需要方法论的指导，也需要一种发现问题的目光。我们看林老师写的好多文章，不仅文章写得好，而且选题也非常好，比如说三年农业危机。我们在做研究时，有时候发现问题不错，可是觉得没有能力把握，但自己有能力把握的问题，有时候却显得很没有意义。您觉得如何才能达到两者比较完美的结合？

■ **林老师**：首先，这跟眼光和胸襟有关。王阳明在还是小孩时写了一首诗："山高月远觉月小，便道此山大于月；若人有眼大如天，还道山高月更阔。"如果没有大如天的法眼，即使看到了月亮，也发觉不到月亮比山大。只有关心国家、社会、人类命运的人，才能把握住大的历史、时代的机遇。其次，能力取决于个人的先天禀赋和后天的努力，如果从小就有直接观察现象、从现象中自己找答案的训练，那么把握现象的能力就强，如果从小都是从书里面去找答案，遇到问题就去查书，那么，碰到

"山高月远觉月 小，便道此山大于 月；若人有眼大如 天，还道山高月更 阔。"

实际问题肯定是束手无策。不过,只要有心去学,从任何时间开始都不迟,从"困而知之"变成"学而知之"嘛!等到一旦豁然贯通以后,对现象的骨骼和枝节就会一览无余了,就可以掌握全局,变成和"生而知之"一样了。孔子自己说是到七十岁才"随心所欲,不逾矩",达到"生而知之"的境界,有人说孔子这是谦虚,他应该是"生而知之"。但至少他自己讲"三十而立,四十而不惑,五十而知天命,六十而耳顺,七十而从心所欲,不逾矩",是逐渐在生活实践中不断提高才达到"生而知之"的境界。你们现在就有直接从对现象的观察中提出理论的能力最好,如果没有也不用着急,只要有心,可以从"困而知之"开始,到"学而知之",到"生而知之","及其知之一也"。不过,必须要有心学习才可以,孔子说"不愤不启,不悱不发",如果你们不是有心学习,那么,老师再怎么努力也无法帮助你们达到豁然贯通的境界。

● **盛柳刚**:我想问一个关于经济学家的良心的问题,也就是实证经济学和规范经济学的问题。目前国内经济学界尊称吴敬琏为"中国经济学界的良心",因为他比较关心福利问题。那我们前面的讨论是从实证经济学理论方面的创新和贡献来讲的,但对于现实来讲,规范经济学也非常重要。您能不能谈谈经济学家的良心问题?

■ **林老师**:我们作为社会中极端幸运的少数人之一,应该有张载所说的"民胞物与"的胸怀,关心社会的弱势群体、社会的公正、社会的收入分配等问题。作为有社会责任的经济学家,我们对于社会不公的现象不能只停留在口头的批评上,也不能像有些社会活动家那样有"反富"的心态,主张用劫富济贫的方法去帮助穷人,那会牺牲效率,最后穷人也得不到好处,因为如果富人的钱得不到保障,就不会去努力工作,没人努力工作,经济就不会发展,那么,即使把富人的钱都分配给穷人,穷人花光了钱后还是穷人。我认为,有社会责任感的经济学家,应该通过对人的理性的掌握和现实问题的实证研究来倡导一个制度环境,使每一个人的理性选择也同时达到社会理性的目标。我们知道穷人可以用来赚钱的只有他自己的劳动力,而富人除了劳动力之外还有资本,在像中国目前这样劳动力相对多、资本相对稀缺的发展中国家,如果按照我在《论经济发展战略》中所阐述的那样,创造一个充分竞争的市场环境和有关的其他制度安排,那么富有的资本家为了追求他个人财富的增加,就会多发展劳动密集型的产业,这样穷人仅有的劳动力就能得到最大的就业的机会,就能分享经济发展的果实,而且,整个经济在国内、国际市场就会有最大的竞争力,能够创造最大的剩余,进行最多的资本积累,这样劳动力就会逐渐从相对丰富变为相对稀缺,资本从相对稀缺变为相对丰富,劳动力的价格会逐渐提高,资本的报酬逐渐降低,那么,穷人和富人的收入差距将会随着经济的发展而逐渐缩小。比较优势的发展战略以产品和要素市场的充分竞争为前提,所以,创造一个能够按比较优势来发展经济的政策环境,是"授人以渔",而非

**创造**一个能够按比较优势来发展经济的**政策环境**,是"授人以渔",而非"授人以鱼"的**办法**。

"授人以鱼"的办法。在这样的制度环境中,再鼓励创造一些政府的和非政府的机构,去照顾那些没有工作能力或是失掉工作能力的鳏寡孤独,这样就既能兼顾效率,又能兼顾公平。反之,一个经济学家如果鼓吹赶超战略,而政府接受了这种意见,那么这个战略所要发展的产业资本过度密集,投资很大,创造的就业机会很少,只有劳动力的穷人就不能得到充分的就业机会,工资水平难以提高,不能分享经济发展带来的好处。而且,政府所要优先发展的产业不符合这个经济的比较优势,这些产业中的企业在开放竞争的市场中没有自生能力,只能靠政府的保护和补贴来生存。由于投资规模大,除非这些产业全部由国家来投资,否则能投资到这些产业中的人必然是富人,而政府保护和补贴这些没有自生能力的企业的钱,只能来自不被保护的产业的明的税收或暗的价格剪刀差,在这些不被保护的产业中的人是收入较低的人,这样赶超战略不仅减少了穷人的就业机会,而且还要用低收入人群的税收来补贴富人的企业的发展,收入分配将会更为不平均。不仅如此,赶超战略还是不可持续的,最后经济必然停滞,发生危机、崩溃,而在经济发生危机时,穷人是最大的受害者。我国有句成语"扬汤止沸不如釜底抽薪",对穷人的救济、扶持是必要的,但是这样的行动只是扬汤止沸,我认为经济学家的最大良心在于推动一个让每个人的能力都能够得到充分发挥,每个人在追求自己的福利增加的时候也同时增加了整个社会的福利的制度环境。

● **盛柳刚**:您提出的经济学家的社会良心在于创造一个制度环境以让每个人在追求自己的利益的同时也创造社会最大的利益的看法很新颖,可是在苏联、东欧的转轨中,流传的一个笑话说,美国国防部所拥有的最具破坏力的秘密武器是经济学家。这固然是一个笑话,但是也反映了一定的事实。我们如何才能成为一位对社会进步作贡献,而不是一位破坏社会进步的经济学家?

■ **林老师**:确实,在这个社会中"好心干坏事"的情形很多,就像《老残

"扬汤止沸**不如**釜底抽薪。"

游记》当中有一句话:"天下大事,坏于奸臣者十之三四;坏于不通世故之君子者,倒有十分之六七也。"作为一位转型中国家和发展中国家的社会精英,我们负有推动这个社会的变革和发展的责任,但是一位社会精英如果不通世故、不明事理,那么知识越多、能力越强,对社会的破坏力也会越大。在推动社会发展和变革时,过于保守将会一事无成,过于激进则"过犹不及",产生的破坏可能比保守还大,但是要做到朱熹在《大学集注》中提出的"处之无有不当",必须做到"知之无有不明"。"读书所以明理",作为一位以天下为己任的知识分子,一定要把书读通,在追求社会变革时应该把握住以下四点:

第一,要分清楚内生变量和外生变量的差别。在推动社会进步时,要有效地改变内生变量,必须从改变决定内生变量的外生变量着手,如果不改变外生变量而想去直接改变内生变量,那么,不仅会事与愿违,而且很可能把事情搞得更糟。例如,发展中国家在产业、技术结构上以及社会、政治制度上和发达国家有很大的差距,发展中国家的产业、技术以及制度看起来都比发达国家落后,一个发展中国家要成为发达国家,产业、技术水平的提升以及社会、政治制度的变革都是必需的,但是,一个国家的产业、技术结构是内生于这个国家的要素禀赋结构的,如果不提升这个国家的要素禀赋结构而试图直接去提升这个国家的产业、技术结构,结果就是拔苗助长的赶超。第二次世界大战以后,许多社会主义国家和发展中国家为此付出了巨大的代价。同样,一个国家的社会、政治制度确实对一个国家的经济发展、社会公正有巨大的影响,但是,诺贝尔经济学奖获得者诺斯和麻省理工学院的 Acemoglu 和加州大学洛杉矶分校的 Sokolof 等人最近的研究说明,一个国家的社会、政治制度是内生于这个国家的文化传统、收入分配等的,如果不从这些外生变量着手,那么,即使移植了发达国家的先进制度也顶多是"淮南为橘,淮北为枳"的结果。很多人把美国的强盛归功于美国的宪法,诺斯有篇文章谈到拉美国家的宪法是照搬美国的宪法的,但是并没有产生同样的作用,讲的就是这个意思。那么,作为有责任感的知识分子,我们到底怎样才能有效地推动社会、制度的变革?文化传统当然不是可以在短时间里产生质的变化的,所以,能够比较有效改变的应该是收入分配,而收入分配的改变,也不在于剥夺富人的财产将之重新分配给穷人,这样会把婴儿和洗澡水一起倒掉。我想,有效的办法是利用发展中国家在技术上的后发优势,按照比较优势来多发展劳动力密集的产业,这样,低收入人群的收入和其在总分配中的份额会随着经济发展而增加,收入分配趋于改善,社会、政治制度的变革也就水到渠成。弄清内生和外生变量不仅在推动一个发展中国家的发展上至关重要,在推动一个计划经济国家向市场经济国家的转型上也同样重要。转型中国家的许多制度安排是效率很低的,但是这些扭曲的制度安排是内生于赶超战略下扶持没有自生能力的国有企业的需要的,因此,如果不从解决国有企业的自生能力着手,而想以"休克疗法"一下子把所有制度扭曲都消除掉,就会产生"经济学家是美国国防部的最秘密武器"那样的好心干坏事的结果。

第二,在外生变量中还要分可变动的外生变量和不可变的外生变量,要有效地改变内生变量,只能从可变的外生变量中着手。以第一点讨论的制度问题为例,一个国家的制度内生决定于这个国家的收入分配和法律、文化传统等,法律、文化传统是给定的、不可改变的,而收入分配则是可以通过不同的发展战略、技术选择来改变的,所以,要有效地改变一个国家的内生制度,应该从可以改变收入分配的发展战略选择入手。由于每个国家都有一些对内生制度的形成有影响,但是不可改变的外生变量,如法律和历史文化传统,而不同的国家有不同的不可改变的外生变量,所以,一个发展中国家变为发达国家以后,其社会、政治制度和英美等发达国家的社会、政治制度还是会有许多差异的。相同的道理,一个国家的产业、技术结构除内生决定于该国的要素禀赋结构外,还取决于该国过去的产业、技术的选择,所以,当产业、技术结构随着要素禀赋结构的提升而提升时,也会出现路径依赖的情形,但是,过去的产业和技术是不可以改变的外生变量,所以,要最快地提升内生的产业、技术结构,只能从选择能够最快地积累资本、提升要素禀赋结构的发展战略着手,而同一要素禀赋结构的国家的产业、技术结构会有不同则在于过去的产业、技术的差异和产业技术发展的路径依赖。

第三,一个变量到底是内生的还是外生的,并非一直不变,必须根据要分析的问题以及所在的环境、条件等而定。以要素禀赋为例,就每一个时点的产业、技术选择而言,它是外生给定的,但是,要素禀赋提高的速度是由这个经济中每一期生产的剩余量的多少以及储蓄倾向的高低决定的,所以,从动态的角度来看,要素禀赋结构的高低又是内生的。又如,发达国家现在所用的技术已经处于世界可用的技术的最高水平，它们只有自己投资于技术的研发，才能推动技术边沿往外扩展，取得新的、更好的技术，所以，对于发达国家来说，技术可能边界取决于它们的研发的力度，是内生的。但是，对于一个利用后发优势的发展中国家来说，技术的创新主要来自利用和发达国家的技术差距，以引进为主，由于技术可能边界是由发达国家的研发力度决定的，而不是由发展中国家自己的努力决定的，所以，对于发展中国家来说，技术可能边界是给定的、不可改变的外生变量。但是，对于发展中国家来说，在技术可能边界内的各种可能技术中到底该引进哪种技术才合适，取决于其要素禀赋结构和现有的产业结构的特性，所以在技术的采用、引进上又成为内生的。

第四，经济学的原则必须变为具体的经济政策才能发生作用，但是一个具体的经济政策是否合乎经济学的基本原则，并不能从这个政策本身得到结论，而必须根据该政策所运用的国家的具体状况而定。在上一个问题中，我强调了发展中国家遵循比较优势来发展经济对改变要素禀赋结构和收入分配，以及由改变要素禀赋结构以及收入分配来提升产业结构，改善社会、政治制度环境的重要性，但是，和一个变量是外生的还是内生的不能先验地决定一样，具体的产业发展政策是否符合比较优势也不能先验地决定。以我在《论经济发展战略》中所举的汽车产业优先发展战略为例，日本在20世纪60年代中提出该战略时，其人均收入按购买力平价计算已经达到美国的40%，是符合其要素禀赋结构的提升所要求的产业结构的提升的，是属于比较优势发展战略的，所以，虽然日本的通产省只支持日产和丰田两家汽车厂，本田等其他十余家企业不顾通产省的反对，在没有任何政府扶持的情况下进入该产业，也能够获得成功；而同样是汽车产业优先发展战略，中国和印度在20世纪50年代提出时，其人均收入按购买力平价计算只有美国的5%左右，这个战略却是赶超的，所以，中国和印度的汽车厂直到现在还只有在政府的高关税保护下才能生存。同样，在经济转型过程中,也有许多在一个国家非常成功的政策,在另外一个国家不成功,甚至带来灾难性的后果。例如,我国在1978年开始推行的家庭联产承包责任制取代了集体的生产队制度,极大地提高了农民生产的积极性,农民增产增收,对我国改革的成功产生了重大的作用。1988年戈尔巴乔夫也在苏联推行同样的制度,条件比中国更优惠,承包期长达50年,但是苏联集体农场的农民竟然无人接受,原因是苏联的农场规模大、和市场距离远,每个农场必须要有大量的耕作和运输的资本投入才能运行,单家单户的农场没有这些资本投入,即使变为个体农场后积极性提高也无法经营,所以无人接受这一制度。再如"休克疗法",20世纪80年代在玻利维亚推行得非常成功,但是90年代却带来了苏联、东欧经济的崩溃,原因在于玻利维亚是一个小国,政府能够支持的没有自生能力的企业少,"休克疗法"以后,这些企业破产带来的社会冲击小,而苏联、东欧没有自生能力的企业数量多、规模大,"休克疗法"带来的冲击超过了社会的可承受程度,从而造成巨大的混乱和生产力的破坏。不仅在一个国家成功的政策在其他国家不见得成功,在同一个国家先前成功的政策在后来也不见得成功。例如我国的乡镇企业,20世纪80年代曾经非常辉煌,创造了农村"无工则不富"的经验,90年代初被作为典型经验在全国推广,可是,后来建立起来的乡镇企业到了90年代末大量破产,造成了农村大量的负债。原因在于80年代我国是一个短缺经济,乡镇企业的技术水平低、产品质量差但是不愁没有市场,到了90年代末,我国由短缺经济变成了生产能力普遍过剩的经济,在激烈的市场竞争下,乡镇企业难以和技术水平高、产品质量好、产权明晰、公司治理结构较好的三资企业、私营企业竞争,所以纷纷破产。

由于以上第三、第四点原因,一个经济学家在推动社会经济发展和社会变革时和在从事经济研究时一样,对现有的理论和经验必须有"常无"的心态,只有这样,在分析问题时才能达到朱熹所提的"析理则不使有毫厘之差",提出的政策主张达到"处事则不使有过不及之谬"。在人生追求理想时,谈谈主义是需要的,但是在具体处理问题上,我很赞成五四时期胡适提出的"多研究些问题,少谈些主义"的主张。如果能够对经济学的本体有很好的把握,并秉持这种态度来研究问题,就不难达到"体用不二"、"即体即用"的"无过不及"的境界。即使达不到这样的境界,只要不照搬理论和经验,不以意识形态化的方式来处理问题,那么,任何问题背后都有造成这个问题的逻辑,只要能够以实事求是的态度去分析这个问题产生的前因后果,那么,提出的解决方案、政策就会沿着应有的逻辑前进。以我国从1978年年底开始的改革开放为例,虽然当时我国并没有称得上是大师级的经济学家,绝大多数的变革又是由没有受过经济学训练的政府官员和普通工人、农民根据小平同志所说的"摸着石头过河"的哲学来进行的,但是,现在回顾起来,我国的改革却是非常有效率地沿着向完善的市场经济的方向迈进的。苏联、东欧在改革时虽然请了许多哈佛大学、麻省理工学院大师级的经济学家去帮它们设计,但是,用"休克疗法"的结果却是导致了社会经济的崩溃,即使到今天,有不少国家的经济发展还达不到10年前尚未转型时的水平,你讲的笑话说的就是美国的一些经济学大师在苏联、东欧改革中所产生的实际效果。所以,作为一位有责任感的社会精英,我们一定要从你讲的这则笑话中吸取教训,不要书越读越傻、越意识形态化。

● **盛柳刚**:作为这次对话的结尾,我想向您请教您曾说过的一句话——"21世纪是中国经济学家的世纪",为什么您如此乐观?

■ **林老师**:21世纪是中国经济学家的世纪,为什么我这么乐观呢?这是从经济学理论的特性推论来的。理论是用来解释现象的一套几个变量之间的简单逻辑关系,既然是简单的逻辑关系,那么怎么知道哪个理论是重要的?哪个是贡献大的?其实,理论贡献的大小取决于理论所要解释的现象的重要性。我的这个看法是根据经济学科发展的历史经验归纳得来的。从亚当·斯密出版《国富论》，经济学成为一门独立的社会科学以后一直到第一次世界大战，世界上绝大多数的经济学大师不是英国人就是在英国工作的外国人；到了20世纪30年代以后，领导世界经济学思潮的大师，绝大多数不是美国人就是在美国工作的外国人。这种经济学大师产生的时、空的相对集中，其实是因为从工业革命以后，一直到第一次世界大战，英国是世界的经济中心，而第一次世界大战以后，世界的经济中心逐渐转移到美国来。发生在世界经济中心的经济现象对全世界经济的影响比发生在其他周边国家的经济现象的影响大，因此，解释发生在世界经济中心的经济现象的理论的影响也就大，而在世界经济中心工作的经济学家对这个中心的经济现象的观察和理解有近水楼台之便，所以，领导世界经济学思潮的经济学家，绝大多数是在世界经济中心工作的当地学者或是外国学者。我相信中国很可能在21世纪再度成为全世界最大、最强的经济体，发生在中国的经济现象也就会成为世界上最重要的经济现象，到那时，解释中国经济现象的贡献就像现在解释美国的经济现象或是第一次世界大战以前解释英国的经济现象一样，会被认为是对经济学科的发展作出的最重要的贡献，所以世界经济学的研究中心将会随着中国经济在全世界经济中地位的提高而逐渐转移到中国来，我们将会迎来世界的经济学大师辈出于中国的时代的到来。

一般我把经济学家分成三个层次：第一层次是"经济学教授"，第二层次是"经济学家"，第三层次是"经济学大师"。一位好的经济学教授必须对现有的理论、文献非常熟悉，能作很好的归纳、总结，并能够很好地讲解。如果对现有的文献不熟悉，理解得不透彻，那就不是好的经济学教授。一位经济学家则必须能够根据新的现象提出新的理论，对经济学科的发展作出贡献。经济学教授和经济学家的差别就像画匠和画家的差别一样。画匠能够把别人的画重新绘制得非常好，或者说能够把传统的技巧掌握得非常好。画家则必须能够推陈出新，不管是

经济学教授和经济学家的**差别**就像画匠和画家的差别**一样**。

在意境上还是在构图上,都应有所创新。经济学教授和经济学家的差别也是这样的,学习现有的文献、理论只能够成为经济学教授,要成为经济学家必须从研究现象开始,从那些不能被现有的理论解释的现象中提出新的理论来。和经济学大师相比,经济学家的贡献是一个个小理论,从每一个小理论来看是内部逻辑自洽的,而且理论的推论和所要解释的现象也是一致的,但是各个理论之间经常会打架,无法形成一个一以贯之的体系。经济学大师的贡献则是创建一个新的理论体系,这个理论体系里面包容很多新的小理论,这些小理论分开来可以解释这个时代的许多新的现象,合起来则成为一个一以贯之的内部逻辑自洽的理论体系。只有掌握了导致一个时代变革的最外生的变量,并以此作为逻辑出发点,才能构建一个既能解释这个时代的许许多多的现象,又是内部自洽的理论体系,而只有具有大的胸襟和眼光,才能够从各个不同的现象中去发现这些现象背后共同的具有决定作用的外生变量。中国的改革发展中出现了很多现有的理论无法解释的现象,随着中国经济地位的提升,这些现象的重要性越来越大。这是一个呼唤大师的时代,我真的希望你们能够抓住21世纪中国经济为大家提供的机会,成为领导世界经济学思潮的大师。这样的努力既有利于自己的事业和经济学科的发展,也会有利于中华民族的复兴。

# 加里·贝克尔教授对《本体与常无：经济学方法论对话》（英文版）的评论[*]

首先祝贺 Justin Lin 60 岁生日快乐。我相信这将是一次非常棒的祝贺活动。很抱歉我无法亲自到北京参加这个祝贺活动。

Justin Lin 于 20 世纪 80 年代早期来到芝加哥大学读研究生。在那个时候，芝加哥大学拥有一个强大的经济系，有 T. W. 舒尔兹（T. W. Schultz），是他的导师和博士论文委员会主席，以及乔治·斯蒂格勒（George Stigler）、詹姆斯·赫克曼（James Heckman）、舍温·罗森（Sherwin Rosen）、鲍勃·卢卡斯（Bob Lucas）、D. 盖尔·约翰逊（D. Gale Johnson），还有其他很多人，我一时无法一一记起。在这个杰出的学术殿堂，他充分利用资源学习经济学。他选修了我的博士生一年级的价格理论课。我必须承认，当时我对他并不是十分熟悉。所有在芝加哥大学上过这门课的人都知道，选修这门课的学生很多，有 70—100 人，所以我很难熟悉班上的学生。但是从他开始写博士论文的时候，我的确开始了解他了。他的博士论文是关于家庭联产承包责任制的，当时这项改革在中国刚刚实行了不过几年时间，目的是提高农业生产率和增加农场的产出。Justin 证明，提供合适的激励对于农业产出具有重要的影响。同时，他也证明了他具备从事一流经济学研究的能力。

从芝加哥大学毕业以后的 30 年时间里，他出版了很多著作，我记得是 18 本书，还发表了数百篇论文。他创立了一个经济研究中心，这

---

[*] 王勇根据贝克尔教授的视频录音翻译，该视频由芝加哥大学博士生李楠帮助摄制，摄制时间为 2012 年 9 月 22 日。

次会议就是由这个中心主办的。① 他是一位国际公务员,曾担任世界银行的副行长,并且还担任很多国家政府的顾问,其中当然包括对中国政府的经济政策提供咨询和建议。在这个视频中,我将讨论他众多著作中的一本,其中文书名为《本体与常无:经济学方法论对话》。虽然我不懂中文,但是我知道这两个词的意思。"本体"指的是基本的假设,在经济学中,基本的假设是理性,而这本书坚持将这一点作为基本假设。"常无"指的是有一个开放的心态,用事实来决定应该如何利用这一假设,应该建立怎样的理论。所以这本书从根本上来讲是一本关于经济学方法论的著作。书中讨论了很多主题,例如,现有的主流理论是否对现代中国的发展具有很强的适用性。这本书以学生与老师(即Justin Lin)之间对话的这种中国传统教育的形式撰写。学生提问,老师作答,然后老师也会向学生提出进一步的问题,所以这是一种非常好的形式,可以用来探讨很多问题。这本书极其充分地利用了这种形式的优越性。

在回答学生问题的时候,他提到理性假设是经济学的基础性的原则。我完全同意这种看法。他还指出,"理性"对于中国的适用性和对于其他任何国家都是一样的,所以他认为"理性"是经济学的"本体"。他还提出,约束条件在不同的情况下可以差别非常大,尽管人们的行为都是遵循理性原则的。同样,一个理性的人在不同的情况下会选择非常不同的行为,这正如他在他的博士论文里所阐述的那样,如果给中国农民更多的激励去生产更多的东西,那他们就会生产更多的东西;如果不给予激励去生产得更多,那他们就真的不会生产得更多。这就是对理性假设的一个很简单的也很重要的运用。这本书多次阐述了有关"约束"和"机会"在经济学中的作用。再一次地,我完全赞同,

---

① 这个中心指的是北京大学中国经济研究中心,现已升级为北京大学国家发展研究院。这次会议指的是 2012 年 10 月 13 日至 15 日在北京大学国家发展研究院举办的新结构经济学国际研讨会。——译者注。

这是区分经济学的不同方面和不同问题的基础。他回答学生们问题的时候说，所有的理论都只是关于行为的模型，而不是对行为的最为现实的描述。这种说法当然是对的，但是这对于整个社会科学、物理学、生物学也是一样，没有什么理论是对行为的完全真实的刻画。他在回答学生提问时还提到，偏好可以被认为是稳定的，只要对这种偏好可以作出比较合理和全面的经济学解释。他还正确地提出，要区分"个人理性"，即经济学的"本体"，以及"结果是否理性"，亦即我所说的"群体理性"。每一个人都理性地行为，有时候会导致非常糟糕的结果。他探讨了很多这样的情况。再一次地，我觉得他是完全正确的。

稍微再复杂一些的，他论述到，一个理论在某些情况下是正确的，但在另一些情况下就是不正确的。比如最基本的完全竞争理论，即使应用于某一个特定的产业，你还是可以解释该产业的很多方面的问题，比如航空产业。而对于该产业的其他一些问题或许就需要用寡头垄断或者垄断的理论来解释。所以理论可能总是在某种情形下部分适用。经济发展理论也是如此。他非常强调，经济发展理论也许对于一些西方国家比较适用——后面我将会对这一点表示质疑——但是对于现在的中国却并不非常适用。在这本篇幅简短的书中（这本书的基本篇幅只有大概60页，再加上附录里几篇有趣的文章），他提出了很多问题也回答了很多问题。他还提出，社会科学要比物理学更加复杂。对于这一点我不同意。一个学科有多么复杂，这取决于你对这门学科的理解有多么清楚。当我们对社会科学，尤其是经济学，有了更好的理解时，经济学看上去也就更加简单了。物理学并非天然就简单，只是因为伟大的物理学家们使得它显得简单。所以我并不觉得社会科学天生就更为复杂。

基本上，这本书显示出 Justin Lin 接受新古典经济学的大部分假设，但并非接受全部的假设。在这本书的附录中，他对新古典经济学中的"自生能力"假设提出了质疑，即企业需要获得利润方能生存。但是我并不认为这在新古典经济学中是一个基本性的假定。事实上，在我现在的价格理论课的讲义中（在Justin Lin 上我的课时还没有这样的讲义），我提到了非营利性目的政府企业。我认为即便是政府企业，只要是有效率的，也可以完全与新古典经济学统一起来，并没有矛盾。我发现他对新古典经济学的大部分假设都是认同的，但是对于新古典经济学，特别是在对中国发展问题进行解释时，提出了尖锐的批评。他说，发展经济学理论——他指的是西方经济理论，或者说新古典经济学，因为它是西方经济理论发展的顶点——对于经济发展的过程给出了糟糕的政策建议和糟糕的理论预测，他这里所指的发展基本上指的是中国的发展。这也是这次会议所要探讨的问题。他引用的一个给出糟糕政策建议的例子就是被有些经济学家称之为"休克疗法"的东西，它提出俄罗斯和东欧其他很多国家应该如何快速地进行转型。我同意他说的，"休克疗法"的结果相当糟糕，比如俄罗斯的情况，但我不同意这些主张是新古典经济学理论的必然推论。

在我接下来的讨论中，我将变为Justin Lin 教授的一个学生。Justin 在芝加哥读书时我是他的老师，现在正好对调一下角色。我将本着"本体"和"常无"的精神进行提问。当然，现在我是在视频录像中提问，所以他可能无法直接回答我的问题，但是在这次会议的进行中，我相信他会很有效地对这些问题进行回答。

让我开始问第一个问题：是的，"休克疗法"的确经常失败，但它是否是西方经济学理论的必然推论？以我这位谦卑的学生的理解，它不是。我认为，"休克疗法"只是某一些经济学家的直觉性的信念，而并非基于新古典经济学的一套应该如何最好地从共产主义转型出来的理论。"休克疗法"并不是根据新古典经济学的基本原则得出来的，理由是新古典经济学并没有一个非常令人满意的经济发展理论。所以你可以说，迟迟没有一个经济发展理论，是新古典经济学的不足，但如果说"休克疗法"是新古典经济学的一个好的理论，而这个理论又是失败的,那我就要问教授:事实的确是这样的吗?我并不这么认为。进一步而言,是否存在一个从新古典经济学或西方经济学中推演出来的令人信服的表述清楚的经济发展理论?很多发展经济学家宣称他们有这样的一个理论,但是他们的论断大都被证明是错误的,因为他们的理论是基于一些另加的假设之上的,而这些额外的假设并不真正符合新古典经济学。这些额外的假设只是被放进来,然后得出某种行为模式,从而得到一些他们想要得出的结论。

当然,在新古典经济学中的确有一些重要的关于经济发展的工作,而且是具有根本性贡献的工作。我想教授您也会同意这一点,譬如:比较优势理论,抑或是动态的比较优势理论;国际间的技术转移,从发达国家转到发展中国家,就像发生在中国的情形那样;人力资本和教育等的重要性;政府作用和政府治理结构的重要性;领导者的重要性;利益集团之间的竞争,等等;还有其他很多方面。我认为这些都是经济发展理论的重要方面,但它们本身并不是一个经济发展理论。我想问的是,如果将这些方面结合到一个好的经济发展理论中,是否还具有广泛的适用性?教授您是否同意这一点呢?

如果我再进一步提问:新古典经济学是否可以解释很多西方国家的经济发展?为什么大不列颠当时就发展了?为什么大不列颠曾是世界上最发达的国家?我不认为有一个非常令人满意的理论来解释这一点。有一些理论的要素讨论到大不列颠的政府治理结构、对政府控制的分权、产权,等等,这些可能都是有关的,但要是说我们已经有了一个很好的令人满意的理论能够真正让我们完全理解为什么大不列颠在17世纪首先发生工业化,恐怕还不能这么讲。所以即使现在仍然还有一些人在研究这个理论。就像有些人还在研究为什么中国曾经在好几个世纪里都领先于欧洲,但是突然就落后于欧洲了。欧洲曾经相对于中国而言是落后的,但后来超过了中国。我不觉得我们对于这些问题已经有了很深刻的理解。

到目前为止，在经济发展的过程中，中国也许有一个很好的政府领导作用。学生我对于中国没有太多的研究，但是对教授您想提两个问题，第一个问题：如果没有一个重要的改革来大大降低国营企业的作用，大力削弱政府主导的干预作用，那么这种发展还会继续吗？我所说的发展的继续，指的是当中国超过了中等收入国家的发展阶段以后。现在中国已经达到了这一阶段。我想说的是，此时中国已经不再有那么多的先进技术可以从西方借来用，因为自身的技术水平也在提高；也不再有这么丰裕的廉价劳动力，从而也无法升级劳动，升级产品，升级这些过程，以作出更多的自行创新。当中国发展到这样一个新的阶段时，中国自20世纪70年代末至今的这种发展模式是否仍然是一个令人满意的模式？我有我的怀疑，但是我很想听听在这次会议过程中您对这个问题的回答。第二个问题：中国的模式是否对于其他很多国家也适用？比如巴基斯坦、尼日利亚，或者埃及，还有其他一些国家，这些国家都想获得发展可是却没有一个有效的来自领导者的政府推动和有效的政府治理。再一次地，我必须承认我对此持有怀疑。

我还有很多其他的问题要问 Justin Lin 教授，但是时间有限。作为发言的结束，我感谢您组织了这个会议，让我也能参加讨论，尽管只是间接地通过视频的方式参加。Justin Lin 在经济发展理论方面作出了杰出的贡献，庆祝他 60 岁生日而举办这次会议是一次非常值得的活动。他在过去的 30 年中取得了非常巨大的成功，我对他接下来的 30 年的期望值也一点都不会少，尽管我可能无法保证整个这新的 30 年里我都一直在世，但是他会在，而且我相信他的学术研究将会依然非常高产。我也希望能够继续作为他的学生，从他的著作里以及在与他的个人交往过程中——无论是在美国还是在中国——都能学习到更多的东西。谢谢。

# 林毅夫教授对加里·贝克尔教授评论的回复

加里·贝克尔教授是对我的研究生涯影响最大的一位老师，1982年我到芝加哥大学读书时，他正值盛年，并且以对人力资本的研究和将新古典经济学运用于传统上不属于经济学研究范畴的种族偏见、犯罪、生育、药物上瘾等社会学领域而名声大噪，被尊称为经济学帝国主义的创立者。我第一年上他的微观经济学时，对现代经济学的了解甚浅，是他的教导开启了我领悟到任何事物和现象只要涉及人的选择，都可以用新古典经济学的分析方法来进行研究，这一领悟让我终身受益。1987年我回到国内来工作，成为改革开放后第一位从国外拿到经济学博士学位回来工作的学者。当时，遇到许多以前的经济学家所未见的现象和问题，简单地搬用现有的理论难以解释，甚至会导致错误的政策结论。所幸，贝克尔教授的教导让我懂得采取新古典经济学的方法，从弄清楚谁是一个现象背后的主要决策者，决策者所要达到的目标为何，达到这个目标的限制条件是什么，有何可选方案，这些可选方案对达到所期望的目标来说成本和效益各为何等，来进行独立的分析和研究。按此方式一步一步地理清问题，研究所得，用通俗易通的语言写出来的报告就会是对症下药的政策建议，用严谨的逻辑或数学模型写出来，并加上经验数据检验就会是具有新观点的学术论文。如果说在过去的25年中我的政策分析对中国的经济发展曾作出一点贡献，发表的学术论文对经济学科的进展曾有所推进，那么这些成绩的取得主要得益于贝克尔教授的教导和启发。中国的学者常讲"授人以鱼不如授人以渔"，从贝克尔教授的教导中我深深地体会到这句话的真谛。

《本体与常无：经济学方法论对话》一书是我抱着"野人献曝"的心

情,将我从贝克尔教授那里学到的新古典经济学的研究方法加上我自己的体悟,通过对话的形式和我所教的学生分享我的心得的一个记录。为了答谢贝克尔教授对我的启迪,这本书的英文版出版时,我将其敬献给他。我很高兴贝克尔教授发现在这本书中,我对新古典经济学的"本体"——理性假设——的认识是正确的,我没有误解他30年前所传授内容的真谛,他也赞许我用"常无"的态度来面对出现于周遭的各种现象和问题。但他对书中的一些观点提出了质疑,对新古典经济学在中国和其他发展中国家的可运用性提出了商榷,最后,他还就新古典经济学本身和中国的经济转型、发展提出了两个重要问题:其一,西方发达国家的经济学家所倡导的"休克疗法",在社会主义国家转型实践中的失败是否为新古典经济学的失败?其二,中国能否以其到目前为止持续了30年成功的经济发展模式继续保持未来的成功?中国的发展模式是否也适用于其他发展中国家?这些问题对新古典经济学、对中国和其他发展中国家而言,都是关键的问题,我想利用这个机会逐一阐述我的立场和观点。

贝克尔教授不同意我对社会科学要比自然科学更加复杂的说法。他认为一门学科有多么复杂取决于我们对这门学科所要研究的现象的认识。他说"当我们对社会科学,尤其是经济学,有了更好的理解时,经济学看上去也就更加简单了。物理学并非天然就简单,只是因为伟大的物理学家们使得它显得简单"。我同意自然科学的现象在尚未被了解之前和社会科学的现象一样是非常复杂的,了解以后就简单了,这一点在社会科学也一样。例如,在经济学里,任何理论所要解释的现象到最后都可以归结为所得效应或相对价格效应,或是这两个效应共同对决策者的选择所产生的作用的结果。

然而,社会科学研究的是人的主观选择,而自然科学研究的是自然规律,自然规律不受不同的收入水平、政府的政策和制度等因素的影响。所以,在发达国家发展出来的理论,在发展中国家也同样适用。

社会科学的理论则未必是,由于决策者的收入水平和面对的相对价格不同,实体经济的特性和制度环境有异,在发达国家发展出来的理论不见得适用于发展中国家。而且,即使在某一状况下对发达国家适用的理论,也可能会因为条件的变化而被扬弃。例如,现代金融学理论主张发展现代化的大银行、股票市场、风险投资等。这对处于世界技术、产业前沿的发达国家而言也许是合适的,因为它们的实体经济中主导产业一般资金需求规模大,面对的技术和市场的风险也高,上述的金融安排适合这些企业的融资需求和资金拥有者风险分散的需要。但是,在发展中国家,绝大多数的生产活动和就业是由资金需求规模小、使用相对成熟的技术以生产相对成熟产品的农户,以及制造业和服务业中的中小型企业来进行的,能够给这样的生产者提供资金服务的是地区性的非正规金融和地区性的中小银行。发展中国家若按现代金融理论去发展现代化的大银行、股票市场等,导致的结果是绝大多数的生产活动得不到金融的服务,抑制了它们的发展。另外,在现代金融理论中放松金融监管曾是具有广泛影响的理论思潮,但是在全球金融、经济危机发生以后,这种思潮已引起了许多反思。同样的情形,由发达国家发展出来的现有新古典经济学理论反对政府给企业提供保护和补贴,认为政府的这些干预会扭曲价格信号,降低资源配置效率,所以是不好的。这样的理论在正常情况下也许是正确的,但是,在转型经济中,由于政府过去的政策而存在大量的缺乏自生能力的企业,如果以"休克疗法"一下子把各种保护和补贴都取消掉,这些企业将会破产,带来大量的失业和社会的不稳定,其结果不管从经济增长率还是社会福利来衡量可能都会比以双轨制来进行的渐进式的改革差。我所说的社会科学比自然科学更复杂其意在此,提醒学者不能因为一个理论在一定的状况下成立,就认为这个理论放之四海而皆准。

其次,贝克尔教授对于我认为的现有的新古典经济学理论是建立在企业具有自生能力的暗含假设上的看法表示质疑。他认为这并不是新古典经济学中的一个基本假定。在他新的研究中发现,有效率的、不以营利为目的的政府企业的行为也完全可以与新古典经济学中私营企业的行为统一起来。在这一点上,贝克尔教授没有完全理解我对"自生能力"一词的定义。他认为我的定义是"企业需要获得利润方能生存",但我实际上的定义是"在没有外在的保护和补贴下,一个有正常管理的企业在开放竞争的市场中获得社会可以接受的正常利润的能力"。这种正常管理的企业在竞争性的市场中获得正常利润的能力取决于其所在的行业是否符合这个经济的比较优势。贝克尔教授新的研究发现,新古典经济学的理论也适用于不"以营利为目的"的企业,而我对自生能力的定义强调的不是企业经营的目的,而是在正常管理下是否具有"获得可接受的利润的能力"。如果不具有这样的能力,即使有正常的经营管理,也需要有外在(主要是政府)的保护和补贴才能生存。显然,在贝克尔教授所研究的非营利性的政府企业所在的行业也是符合该经济的比较优势的,在开放竞争中只要有正常经营管理就可以获得社会可接受的正常利润的能力,而不需要政府的保护和补贴,也就是这些企业是有自生能力的,即使这些企业不以营利为目的。

我完全赞同贝克尔教授认为政府的企业也可以有效率的看法,但其前提必须是企业具有自生能力,同时市场是竞争的。这是因为市场竞争可以给具有自生能力的企业的所有者,提供企业管理者经营好坏、是否称职的充分信息。企业的所有者只要从企业获得的实际利润率高于、等于、低于市场的平均利润率上就可以看出这家企业管理者的经营是好是坏,并可据此来对企业的经理人员进行奖惩,使其激励和所有者的激励相容,其所有者可以是私人也可以是政府。反之,只要是没有自生能力,即使是私有企业,在政府为了就业的目的或是国防安全的目的要其继续经营下去时,它们的生存就只能靠政府的保护和补贴,由于缺乏企业经营好坏的充分信息,企业可以以帮政府承担责任为借口不断向政府要更多补贴,形成企业的预算软约束。此时私有企业可能会有更大的激励去向政府要保护、补贴,现在俄罗斯私有化以后的大型企业就是那样。对这些观点,我在和蔡昉、李周合著的《充分信息与国有企业改革》(上海三联书店与上海人民出版社1997年版)以及和谭国富合写的《政策性负担、责任归属和预算软约束》(《美国经济评论》第89卷第2号)中都曾详细论证过。

贝克尔教授对于新古典经济学在转型中国家和发展中国家的适用性上和我有歧义,这个不同的看法源于对"新古典经济学"一词所指的内容有不同的定义,到底所指是一种研究人类选择行为的方法,还是根据这个方法所进行的各种现有理论研究的存量?作为研究的方法,新古典经济学以理性人为基本假设来研究人的选择行为,我认为这是新古典经济学的"本体",不会因为研究的是发达国家的现象,或是转型中、发展中国家的现象而有所差异,从这层意义上来说,我赞同贝克尔教授所认为的新古典经济学也适用于发展中、转型中国家的看法。但是,作为现有理论模型的存量则是经济学家运用理性人的假设对这个那个现象的研究的成果,是老子所说的"前识",不是放之四海而皆准的,我主张应该以"常无"的心态来对待。现在的新古典经济学中的各种理论主要由发达国家的经济学家发展出来,并且不断在进展,也就是这些理论在发达国家也不是一成不变的真理。由于发展中国家的发展阶段不同于发达国家,决策者所面临的总预算和相对价格也就不同于发达国家,这些由发达国家所发展出来的现有理论,不能简单照搬。尤其在转型中国家起始条件是 second best 或是 nth best。转型经济是一个在20世纪80年代才出现于社会主义国家的现象,发达国家的经济学家先前没有研究,他们的理论模型大多数以 first best 为前提,因此,这些理论模型在转型中国家的适用性就更应该存疑。当然,就是在一个发展中、转型中国家发展出来的理论,是否适用于其他发展中、转型中国家,以及是否一直适用于这个国家也必须抱着怀疑的态度,这也是为什么我在方法论对话中反复强调经济学家在面对任何真实世界的问题时,必须有"常无"的心态,"要从真实世界的现象来想背后的逻辑,而不能从现有的理论来看真实世界的现象"的原因。

把新古典经济学区分为一种研究问题的方法和现有理论的存量两个层次,就不难回答贝克尔教授所提出的"休克疗法"的确经常失败,但这种政策主张是否是西方经济学理论的必然推论的问题。"休克疗法"在实践中的失败,反映的是现有的新古典经济学的理论模型以企业具有自生能力为暗含前提,没有认识到存在于转型经济中许多政府的政策扭曲和对市场的干预是内生于企业不具有自生能力的事实。提出这个疗法的经济学家也未能深入去了解转型中国家那许许多多大型的赶超企业存在的原因,他们也未认识到,基于国防安全和社会就业的需要,未必能让那些企业破产,或是即使让其破产劳动力也未必能及时转移到其他产业就业的实际困难。但是,新古典经济学作为研究问题的方法,则同样适用于转型经济问题的分析。我在《中国的奇迹:发展战略与经济改革》、《充分信息和国有企业改革》两书以及后来的马歇尔讲座《经济发展与转型:思潮、战略与自生能力》和《解读中国经济》中都是试图把自生能力的概念引进转型问题的分析,以解释为何"休克疗法"失败了,而渐进的双轨制曾被西方很多经济学家认为是最糟糕的制度安排,在转型的过程中反而比"休克疗法"的效果好。我在这几本著作和其他相关论文中所作的分析都是严格地按照新古典经济学的方法来进行的。所以,新古典经济学作为现有理论存量在解决转型问题上失败了,但并不能因此否定新古典经济学的方法在分析、研究转型问题上的适用性。

对于发展经济学,我也同意贝克尔教授所认为的这些年来西方国家的研究进展让我们对经济发展的许多侧面有了不少新的认识,但是缺乏一个合适的统一框架的看法。就像诺贝尔经济学奖获得者迈克尔·斯宾塞教授在2008年发表了著名的《增长报告》以后常用的一个比喻:现在的发展经济学理论库里藏有许多一个国家经济发展成功所需的素材(ingredients),但是尚缺乏做菜的食谱(recipe)。没有食谱,不知哪些素材应该多用一些、哪些应该少用一些,哪些应该先放、哪些可以后放,因此,单有素材也难以做出一道美味佳肴来。例如,在发展经济学中,教育被普遍认为是一个国家长期经济发展的最关键的决定因素。但是,一个国家如果没有不断升级的且有竞争力的产业,那么,教育水平提高后,一些受到良好教育的年轻人可能成为外流的人才,不能直接对国家的经济发展作出贡献,另一些则可能留在国内,缺乏合适的工作而成为不满分子,影响到社会的稳定。北非最近所发生的事情其实和此有关。

以我的浅见,目前发展经济学理论的最大问题是忽视了现代经济发展的本质是一个技术、产业、软硬基础设施不断创新、升级、完善的结构变迁的过程,以致在政策制定中漠视发展中国家的现实,直接以发达国家为参照系来制定发展的目标。例如发展经济学的第一波思潮——结构主义,主张发展中国家应该去发展和发达国家一样的产业,认为发展中国家未能有这样的产业是因为市场失灵,建议以政府的直接干预克服市场失灵,用进口替代战略来发展这些产业。这种思潮忽略了发展中国家的要素禀赋结构和发达国家的差异,以及由此产生的比较优势的不同。作为发展经济学的第二波思潮,以新自由主义为主要内容的"华盛顿共识",则认为发展中国家的问题源于政府失灵,应该采用"休克疗法",同时推行私有化、市场化和自由化,以引进发达国家行之有效的市场制度安排。这种思潮忽视了发展中国家存在的许多扭曲是内生于保护和补贴许多不具有自生能力的企业的需要,以及经济发展是一个技术不断创新、产业不断升级、基础设施不断完善的结构变迁过程,市场失灵必然存在,因此,发展中国家的经济发展,除了需要有市场作为基础制度外,也需要政府发挥因势利导的作用以克服市场失灵。另外,经济增长理论也有同样的情形,不管是新古典增长理论还是新增长理论大都采用一个部类、单产品甚至单要素的模型作为分析的框架,这样的模型根本无法讨论结构变迁的问题。例如,在新增长理论中,很多模型就只有一种产品,而其唯一的投入要素是人力资本,这样的模型当然会得出人力资本的投资是经济增长的唯一动力,且越高越好的结论。可是现实经济中,高人力资本的生产活动通常也需要有高的金融和物资资本与其配套。在金融和物资资本相对丰富、这类资本不会成为增长瓶颈的发达国家,把这些投入要素舍象掉或许不会影响这种理论模型对发达国家经济增长的解释力。但是,在金融和物资资本相对短缺的发展中国家,舍象掉这些投入要素就会忽略了人力资本和金融、物资资本必须相适应,才能形成有效的生产力,创造就业,推动经济增长。根据这样的理论所制定出的政策,实行的结果可能会事与愿违。

我最近致力倡导的新结构经济学,作为发展思潮的第三波,就是想从经济发展的本质和发展中国家的现实出发,把经济发展作为产业、技术以及各种软硬基础设施的结构不断变迁的过程来研究。根据不同经济发展水平的国家其实体经济的不同特性给市场、政府和各种不同的制度安排,在经济的发展、结构不断变迁的过程中如何扮演合适的角色提供一个较为全面的新古典经济学的分析框架。目前这还只是一个框架,需要有许多学者的共同努力去把这个框架充实成一个较为成熟的体系。对于发展中国家的经济学家来说这是一个机遇也是责任,是机遇是因为只要他们能够从真实世界的现象出发来研究问题,他们对发展中国家经济现实的了解就有"近水楼台先得月"之便;是责任乃因为这样研究出来的理论对于发展中国家的经济发展会较具参考价值,较可避免好心干坏事之缪。

贝克尔教授关于现有的新古典经济学理论对于为何工业革命率先出现于大不列颠,为何大不列颠曾是世界上最发达的国家,为何中国在世界经济史中由领先变为落后,而欧洲由落后变为领先等尚未有非常令人满意的解释的观点,我也非常赞同,并且对他的坦诚深感敬佩。实际上,学者的研究都是根据具有相关关系的已知事实来构建理论模型以解释所观察到的现象的。大不列颠有分权的政治体制、私有产权的保护,不少学者就根据这些事实来构建理论模型以说明为何工业革命产生于大不列颠。但是,就像在这本对话中我一再强调的,一个现象可以用一个内部逻辑自洽的理论模型来解释,也必然可以由其他许多同样内部逻辑自洽的理论来解释。所以,一个现象有了一个逻辑自洽的理论可以解释时,不能就以为这个现象一定就是由这个理论所阐述的因而导致的果。当一个现象同时有许多不同的理论可以解释时,应该对各个理论作多个推论,当一个理论的各种推论都不被已知的事实证伪时,只能将之视为暂时不被证伪的理论,不能把它当做是真理来接受。当有更多新的事实出现,原有未被证伪的理论未能被新的事实支持时,就应该摈弃原有的理论而去寻找新的能说明过去已知和现在新知的事实的理论。

最后,关于贝克尔教授提问的,中国能否以其到目前持续了30年成功的经济发展模式继续保持未来的成功,以及中国的发展模式是否也适用于其他发展中国家的问题,我的看法是:首先,中国从20世纪70年代末开始改革开放以来所采用的经济发展模式应该说到现在总体而言是成功的。因为谁也不能在持续了32年年均9.9%的增长,其间6亿多人摆脱贫困的事实面前说这种模式不成功。当然任何模式都不会是十全十美的,中国改革开放以来采用的这种模式也存在一定的问题,主要是收入分配越来越不平均,消费和储蓄的比重越来越不平衡,对外贸易的盈余越来越大。根据我在《解读中国经济》一书中的分析,取得这么大的成功的原因主要是中国政府采取了渐进的双轨制改革:一方面继续给原有优先发展产业中不具自生能力的企业必要的保护和补贴免其破产以维持稳定;另一方面则提高农民、工人、企业的积极性,并采取因势利导的措施鼓励民营、合资和外资企业进入符合中国比较优势、原来受到抑制的劳动力相对密集的产业,并充分利用后发优势来加速技术创新和产业升级以取得经济的快速发展。但是,为了保护在旧体制下优先发展产业中没有自生能力的企业,经济中还保留了一些扭曲,包括:金融以能为大型企业提供廉价资金的大银行和股市为主体,接近于零的资源税费和少数服务业的垄断。这些措施导致了收入分配向富人和大企业倾斜,不仅恶化了收入分配,而且因为富人和大企业的消费倾向低于中下收入水平的家庭,因此,这种收入分配格局也抑制了消费、增加了储蓄和投资,造成了投资和消费的不平衡。投资多,形成的生产力大,而国内的消费受到抑制,也就扩大了外贸盈余。

改革开放初期,之所以需要继续给予原有的优先发展产业中的企业保护和补贴是因为中国是一个资金相对短缺的国家,那些优先发展的产业资金密集,不符合中国的比较优势,企业在开放竞争的市场中缺乏自生能力。经过三十多年的快速发展,中国已经从一个极端低收入的国家变为一个上中等收入国家,资金的相对丰富程度提高了许多。许多原来不符合比较优势的行业,现在已经变为符合比较优势,不具自生能力的企业也已经有了自生能力。因此,给予这些企业保护和补贴的理由已经不存在,原来的双轨制转型模式已经完成了其历史使命。同时,因为收入分配差距的扩大、投资和消费的不平衡以及外贸的不均衡成为中国经济稳定发展的障碍,继续保留双轨制所遗留下来的扭曲已经从改革开放初期的利大于弊,转变为弊大于利。中国已经到了应该深化市场取向的改革,消除双轨制遗留下来的剩余扭曲,完善市场经济体制,以消弭内外的不平衡的时候。

展望中国未来的发展,作为一个上中等收入国家,必然有一些产业其产品、技术水平仍处于世界产业前沿的内部,另外有一部分产业已经接近,或因为更发达的国家已经退出而居于世界产业的前沿。不管是前者还是后者,中国的企业若想具有自生能力,亦即其投资和继续经营不需要政府的保护补贴而是靠自己改善经营管理的水平,那么,那些产业的发展都应该遵循比较优势的原则来进行。充分竞争的市场则是企业有积极性,自发按照比较优势的原则来进行产业选择的前提。对于那些产品和技术仍然处于世界前沿内部的产业,中国可以继续发挥后发优势,以引进、消化、吸收来加速技术创新和产业升级的速度;对于产品和技术已在或已接近世界前沿的产业,其技术创新、产品升级则需要企业进行自主的研发。然而,不管是前者还是后者,在产业升级和技术创新中,政府都应该发挥因势利导的作用,只不过其方式会有所不同。对于前者,政府的作用在于给先行企业所创造的信息外部性一定的补偿,以及提供或者是协调各种相关企业的投资以完善伴随产业升级所必要的软硬基础设施的改善,以降低企业的交易费用。而对于后者,中国政府可以以其他发达国家为榜样,用专利、支持基础研究、政府采购等方式来支持企业的产品、技术创新。政府在上述两类产业的升级中所发挥的各种因势利导的作用,除了专利是事后给予的奖励,政府不必对产业作出事先的选择之外,其他的措施,由于资金和执行能力有限,政府都必须对所要支持的产业作出事先的选择。

只要按照比较优势的原则来发展产业,这些产业中的企业就应该具有自生能力,不需要依靠政府的保护、补贴来生存,产业升级的投资所需的资金和要素禀赋中资本相对丰富程度的特性也相适应,不需要政府利用行政手段来动员。因此,这些产业应该以民营企业为主体。当然,作为一个国家,尤其是像中国这样的大国,必然有一些和国防安全有关的资本很密集、超乎中国现阶段要素禀赋所决定的比较优势的产业。这些产业中的企业不具有自生能力,其生存只能靠国家的保护和补贴;另外,也还会有一些自然垄断的行业。对这两种类型产业中的企业,政府必须直接监管,可能国有比民营好。

中国的模式,或者说成功地在一两代人间实现从低收入升级到中等收入再到高收入的东亚经济体的发展模式,根据我在新结构经济学中的总结,其特点是以市场经济为基础,政府发挥积极的因势利导的作用,在经济追赶发达国家的过程中按照比较优势的原则发展产业,并在产业升级中充分利用后发优势。由于各个国家的起始状况不一样,因此,具体的政策措施可能会有所不同。但是,上述原则可以说是一个发展中国家经济取得快速、持续发展所必须遵守的基本原则。

至于贝克尔教授所提的巴基斯坦、尼日利亚、埃及等发展中国家是否也可以按照这样的模式来加速经济发展的问题,首先要看这些国家的政府有没有能力来执行上述基本原则,其次要看它们的政府领导人有没有意愿这样做。就能力而言,我在新结构经济学中所开出的因势利导的药方不会比在"华盛顿共识"下所开出的加强教育、消除扭曲、改善市场竞争环境、改变利益集团结构、完善宪政体制等不一而足的药方难;并且,容易有立竿见影、创造就业、加速经济发展的功效。而且,和结构主义的进口替代战略比,这些因势利导的措施不必扭曲各种价格信号,不需要由政府直接动员和配置资源,因此,应该是容易多了。第二次世界大战以后几乎所有发展中国家,包括贝克尔教授所提到的巴基斯坦、尼日利亚和埃及等都推行了结构主义的进口替代战略,因此,它们也应该有能力推行我在新结构经济学中所倡导的按照比较优势发展的因势利导的战略。英国剑桥大学张夏准教授所讲的一个故事最能说明我的上述观点。在 20 世纪 70 年代初,美国的国际发展署曾提供援助给韩国政府派人到菲律宾和巴基斯坦去学习怎样发展经济。所以,当时,巴基斯坦政府的能力被认为比韩国政府的强。

其次,关于政府领导人的积极性的问题,就像我在马歇尔讲座中所论述的,其目标:一是长期执政;二是在长期执政不受威胁的前提下,青史留名。达到这两个目标的最好方式是给国家带来长期的繁荣和人民生活水平的不断提高。但是,从亚当·斯密到现在的两百多年间经济学家作了无数研究,但尚未能给政治家在发展经济的问题上提供一套行之有效的理论指导。虽然对哪些因素可能有利于经济发展有所认识，也就是有了许多做好菜的素材，但是还没有怎样把这些素材搭配起来做出美味佳肴的食谱。尤其第二次世界大战以后，根据第一波和第二波发展思潮来制定发展和转型政策的国家的经济都发展得不好，而发展和转型好的国家其政策从当时主流的经济理论来看则是错误的。从这些经验事实来看，不是发展中国家的政府领导人没有去推动其国家经济发展、改善其人民生活的意愿，而是经济学界尚未能提供给他们可资参考、可以有效推动经济发展的理论。结果，许多国家的领导人在这些有问题的理论指导下，经济搞不好，人民不满意，长期执政的可能性受到威胁。为了能继续执政，有些领导人就不惜采取各种加强其个人和统治集团的控制，但不利于经济发展的措施，结果陷入到"经济发展不好，就加强控制，加强了控制，经济更发展不好"的恶性循环之中。新结构经济学作为第三波发展思潮，希望在总结各个发展中国家经济发展成功和失败的经验基础上，提出一套可以有效帮助发展中国家实现经济快速发展的理论框架。许多发展中国家对这个理论框架已经表现出了强烈的兴趣，但是，是否真能带来这些国家的发展，只能由将来的实践来检验。

贝克尔教授出生于 1930 年，如今已 82 岁高龄，从 1955 年以 25 岁的风华正茂的年龄获得芝加哥大学的博士学位，至今半个多世纪的时间孜孜不倦于经济学的研究和教育，为一派宗师。我有幸受教于他的门下，从 1982 年至今整整 30 年，并蒙厚爱，多方提携。当我新树新结构经济学旗帜时，我所倡导的观点和他长期秉持的自由市场的主张多有相左，然而贝克尔教授不以为意。2009 年秋我到芝加哥大学访问，贝克尔教授特在家设宴，并邀诺贝尔经济学奖得主弗格尔、赫克曼及芝加哥大学经济系主任尤利格等多位教授作陪，饭后，贝克尔教授要我报告新结构经济学的要旨，大家讨论热烈，直到晚上将近 11 点才结束。2011 年 10 月贝克尔教授到北京大学国家发展研究院访问，我们两人加上芝加哥大学经济系的另外一位诺贝尔经济学奖获得者迈尔逊教授,在朗润园万众楼就新结构经济学中我主张的政府在经济发展过程中应该发挥因势利导作用的观点,进行了一场唇枪舌剑、你来我往的激烈公开辩论。尤其这次,贝克尔教授大病初愈、在家疗养之时,精心准备评论,并以诺贝尔经济学奖得主之尊,又作为我的授业之师,不耻屈尊提问,让我深深感动。高山仰止,景行行止,作为学生仅能以先生对学术的专注、对学生的提携为榜样,在未来的岁月中不懈努力,以不辜负先生的厚爱。

**本体与常无**
经济学方法论对话

# 学生的感悟

# 再读"与林老师对话"有感

王勇*

我相信几乎每一个从北京大学中国经济研究中心毕业的学生都能对林毅夫教授的发展经济学理论很自信地从容道来,就像每一个芝加哥大学经济系的毕业生都会对人力资本、理性预期稔熟在胸一样。作为林老师众多学生当中的一个,我总是莫名其妙地觉得对林老师的思想观点与方法论已完全了然于心,以至于为了赶作业而没有去听林老师前年冬天在芝加哥大学的演讲。现在想来,我的这种"自负"大概是因为自己曾在林老师的"中国经济专题"课和"发展经济学"研讨课上的成绩还算不错;大概也是因为自己曾采用林老师英文版的《中国的奇迹:发展战略与经济改革》作为教材为伯克利的本科生主讲过一学期"中国经济专题"的课程;大概还是因为曾花了较长的时间向林老师、鞠建东老师学习合作写论文。就连我的经济学启蒙恩师、复旦大学

---

* 王勇,现为香港科技大学经济系助理教授,2003年硕士毕业于北京大学中国经济研究中心,2009年获芝加哥大学经济系博士学位。目前通讯地址:Department of Economics, HKUST, Clear Water Bay, Kowloon, Hong Kong,电子信箱:yongwang@ust.hk,电话:(852)-23587625。本文写于博士二年级并发表于复旦大学主办的《世界经济文汇》2005年第6期。林毅夫老师让我为"与林老师对话"系列丛书写一篇书评,作为学生自然倍感荣幸又有些惶恐。既然我自己还是学生,写"读后感"更为合适,所以将读者也就自然定位在国内对林老师发展经济学的学术观点已有基本了解的经济学学生,并主要侧重于我对林老师在书中所提到的研究方法的个人主观感悟而非对其具体学术观点的理解,既是一种自我总结,也希望能够抛砖引玉。在写作过程中,我的很多同学和好朋友都阅读了初稿并提出了中肯的建议和善意的批评,使我自己成为这篇文章最早也是最大的受益者(如果说有受益者的话)。我要真诚地感谢他们:白金辉、陈志俊、胡伟俊、赵莹、李志赟、陆铭、柯荣住、黄毅、王鹏飞、黄卓、何英华、李韶瑾、李荻和柴桦,并感谢郭凯提供的帮助。我祈祷本文的观点不要太具误导性,尽管也许在所难免,希望大家能够原谅。所有文责由我本人承担。

的韦森教授在书评中都说对"毅夫"的观点熟悉得、同意得"下笔甚难",更何况作为林老师嫡传弟子的我。

然而从中心毕业整整两年以后,当我翻开林老师所赠送的图文并茂的《论经济学方法》和《论经济发展战略》两本书时,就立即被这套系列丛书的"总序"深深吸引,特别是其中关于林老师从芝加哥大学求学以来20年研究心路的自述。也许部分是因为林老师当年在芝加哥大学求学四年也就住在这同一栋国际公寓里的缘故吧,马上就要进入三年级开始独立研究的我,读着读着便有了一种身临其境般的感觉。呀,原来林老师自己当年读博士三年级的时候开始也是"以经济学界普遍接受的理论为出发点来考察中国的问题的",可是为什么他后来又不这样了呢?为什么现在有不少中国学生数理功底很不错却写不出好的论文,我自己的一篇关于增长与发展问题的投稿不久前也被一家国际杂志用三篇很长的审稿报告给"枪毙"了,而林老师发表在 AER 和 JPE 上的那两篇数学并不复杂的论文却会成为引用率最高的研究中国问题的经典文献?林老师作研究写论文的"核心硬技能"是什么呢?为什么林老师的《中国的奇迹:发展战略与经济改革》会被翻译成六七种语言自动成为全世界研究中国发展问题的经典教材?显然,林老师一贯的分析工具就是我在加里·贝克尔和凯文·墨菲(Kevin Murphy)两位教授的 ECON 301 上所学的芝加哥独特的经典价格理论,林老师的很多时事政策分析隐约间好像也是米尔顿·弗里德曼教授开创的那种应用价格理论导向宏观政策分析的"拳路",可是为什么林老师会得出与主流理论不一样的结论呢?芝加哥那么多价格理论的宗师都说激进改革比渐进改革好,企业私有化是唯一出路,而林老师居然会不同意,"胆子"可真大。看着这里很多 workshop 上演讲者被台下的教授们批得体无完肤的尴尬相,我心里不禁要问:林老师这种学术自信心的来源是什么呢?

这些问题在我心中又岂止曾徘徊过十次!然而这个暑假马上开

始要写二年级的研究论文,真的要正式从过去的GPA崇拜的课堂学习"转型"到publication崇拜的独立研究,我是应该系统地好好反思反思自己的"发展战略",认清自己的"比较优势"了,可千万别闯进没有"自生能力"的研究歧路。不止我,还有很多很多同学急切地阅读"与林老师对话"系列丛书,大概也是出于这种原因吧。在重温林老师的这些对话时,在芝加哥大学求学的这两年的点点滴滴也在我的脑海中不断地涌现,这才发现以前我在很多地方其实并没有真正理解林老师的一些话。这里就不揣浅陋地结合自己在芝加哥大学的学习感触和同学们聊一聊我的读后感吧。

**价格理论与数学建模**

在中心的毕业生中,我大概是属于那种数理倾向比较严重的一类,对经济学中一个个美轮美奂的经典模型痴迷得有些"顽固不化",要是在自己的论文里突然发现能用上一条在实变函数课上学到的定理会兴奋得跳起来,套用鲁宾斯坦(Rubinstein)教授2004年国际计量经济学会主席演讲的最后一句话就是:"这真是太美了!不是吗?"至今仍清楚地记得萨金特(Sargent)教授在其《宏观经济学》前言中充满遗憾地回忆到当初他自己仍苦苦挣扎于凯恩斯静态宏观分析框架时,他在卡内基·梅隆的同事卢卡斯(Lucas)却大踏步地学习并系统引入动态优化这一整套数学分析工具,进而占得了研究上的先机。通观来自印度、欧洲、拉美、日本甚至土耳其等非美国本土的主流学界最著名的经济学大师,有几个人不是数理建模的高手并以此出道?就此我经常与志同道合的同学辩论,但只限于在好朋友之间。辩到激烈处,我颇为"撒泼"地来一句:"你说的这些基本上也都是林老师和我说过的。"然后再不无炫耀地引经据典地搬出一大堆诺贝尔奖得主的方法论自述,从他们的生日开始讲起。基本上每一次的结果都是我的好朋友们看我"蛮横"的样子无奈地笑着摇摇头不说话了,可过了几天又开始和我辩论。林老师和中心的其他好几位老师,包括复旦大学的韦森老师对我的顽固与"不悟"倒没有绝望,苦口婆心地一再告诫我要更重视经济学思想本身与实证研究,但是我心里知道我是很有保留意见的。

然而在芝加哥大学上了两年课以后,我才慢慢地更能体会到林老师在《论经济学方法》中提到的很多观点。在上一年级第一学期的课时,我就被深深地震动了。ECON 301 的价格理论 I 课的每周作业是贝克尔教授和墨菲教授各出一道长题,题目中用文字交代一些经济学问题或者社会现象的背景知识,从恐怖主义到健康问题,从国际贸易到贩毒和住房问题,从投资到经济增长问题,什么都有,然后接二连三地问一堆问题。每个周二傍晚出题,当周周五上午交作业。我有生以来第一次为完成作业而熬夜就是第二次作业的那个周四。怎样分析这些现象,怎样回答这些问题,完全由自己选择分析方法,而我总想把问题抽象成一个严格的数学模型来求解,取怎样的假设显然也得完全由自己定夺。可是经常是好不容易用建好的模型能回答第一个小问题 $a$,突然发现很难再用这个模型来回答第二个小问题 $b$,不是求不出解析解就是出现太多不合理的多重解。于是只好回头修改我的模型,然后不得不再另加一些技术性假设,当然需要再配上为何作如此取舍的经济学理由。如此反反复复,最终发现窗外已经发白,而自己却只能眼巴巴地望着求解问题 f 时出现的那 12 个非线性方程和 12 个未知变量,心灰意冷地继续写道:"假定这个系统的解是存在的并且是唯一的,那么……"将近 25 页的作业发下来,10 分的满分我只得了 3.7 分,助教的批语是我采用的是科布—道格拉斯函数型的效用函数,而忽略了分析非齐次性(non-homothetic)偏好这一重要情况。于是我"耿耿于怀"地去仔细对照那将近 20 页的标准答案。读完后我真的完全惊呆了:真没想到这么一个个二维平面分析图会那么厉害,所给的分析全是替代效应与收入效应的变相综合,所用的也全是诸如正常商品(normal goods)这样的通常假设,没有太"漂亮"的数学,但是在逻辑上分析得明显要比我的模型完整得多、严密得多、深入得多,也更加具有一般性。虽然我的数学建模能力属于"菜鸟"级别而且时间太紧了,但是对比之下,我突然深深地觉得有些领悟了真正的价格理论的美感和经济学直觉的巨大力量,竟有些相见恨晚的感觉。

其实回头想想第一次读林老师《中国的奇迹:发展战略与经济改革》的情形,我是花了一整天就读完了,当时心中最大的感触是这本书逻辑上浑然一体一气呵成,让人欲罢不能,完全可以归纳为一个逆向递归的动态优化的数学结构,这在我所读过的中文经济学著作中是多么稀罕和久违的感受啊。现在才意识到这原来竟是一本林老师他们自己给自己出的 ECON 301 的作业然后运用价格理论进行分析的习题答案!! 亲自比较和欣赏过由价格理论的真正旷世高手所作的缜密分析之美后,我才恍然大悟:难怪在国内林老师包括张五常教授总是那么推崇价格理论[①],那么强调"收入效应"和"相对价格(替代)效应"! "与林老师对话"系列中林老师在回答学生关于经济学分析语言的提问时说道:"我认为(文字)语言也可以很严谨,只是大部分人用得不严谨。标准都是一样的,无论用文字语言还是数学,都要求内部逻辑一致,一环扣一环,而且推论和所要解释的现象一致",又说道:"数学的严谨性(rigorousness)和有用性(relevance)之间有一定的替代(trade-off),为了严谨性可能失去一些有用性。"对此,以前我只是在原则上同意,现在则是从心坎儿里认同了。大概国内还有不少人想当然地以为价格理论就是散发着芝加哥古董气味的杂文式的毫无数学难度的落后文字叙述呢。在国内像林老师这样真正在价格理论上很有造诣并能将之运用到严格的学术分析中去并在世界顶级杂志上发表的经济学家实在太少了,因此能够有幸真正认识到价格理论这门既玄乎却又

---

[①] 芝加哥大学的价格理论传统的另一项重要内涵是对实证计量分析的重视,有兴趣的读者可以浏览新近由 Steven Levitt 教授担任主任的芝加哥大学价格理论促进会(The University of Chicago Initiative on Chicago Price Theory)的网页说明:http://pricetheory.uchicago.edu/。

真实的"内功"力量的学生实在太少了,至少以我自己的学习经历来看,这大概也很大程度上解释了为什么现在有很多国内学生"自选择"地那么规避和反感非数学语言的分析而多少有些盲目地倾向于数理模型了。在上 Chiappori 教授的"价格理论Ⅲ"时,这位能弹一手好钢琴数理实证都很过硬的法国经济学家有一句话让我至今印象深刻:经济学推理往往要比数学推理难得多挑战也多,因为后者在进行过程中只依赖于数学运算法则,而前者则需要深厚的经济学直觉以辨别思维过程中最重要的经济力量。

林老师在"与林老师对话"中特别强调经济学直觉的培养,并提到芝加哥大学的老师们对于这方面的训练高度重视。① 这实在千真万确,即便是很数理的经济学家也是如此,太让我惊讶了。很清楚地记得"价格理论Ⅱ"的 Phil Reny 教授在运用 Brower 不动点定理证明纳什均衡存在性的时候,有个学生提问说:"你给了我这样一个函数我再用不动点定理当然很容易,可是这个函数到底是怎么构造出来的呢?"结果 Reny 教授当场就用完全直觉性的经济学语言解释这个复杂无比的函数的构建过程,让我们瞠目结舌。我也一向喜欢宏观。"收入理论Ⅰ"的 Fernando Alvarez 教授是明尼苏达大学毕业的 Prescott 教授的高徒,明尼苏达大学一年级博士课程中实分析和泛函是必修课,数理要求之高是出了名的。可是我真没想到 Alvarez 教授说得最多的一句话就是"这个方程背后的经济学直觉是……"考试的时候也是出这样的题,要求对运算结果给出经济学直觉解释。Casey Mulligan 教授给我们上"收入理论Ⅱ",他是个只花了两年时间就获得芝加哥大学经济学博士

---

① 值得一提的是,好像有不少同学都有一个误解,以为经济学直觉是天生不可培养的,事实上 Becker 教授曾指出:"经济学直觉也需要不断学习才能获得。"林老师对此也很赞同。还有一种观点认为数学弱的人经济学直觉才会好,似乎也是过于片面和极端的。建议大家不妨读一读大师迪克希特(Dixit)教授最近为庆祝 MIT 的老师萨缪尔森教授90大寿的文集 *Paul A. Samuelson, The Economics Wunderkind* 而撰写的一些心得体会。

学位的神话人物之一,他认为弗里德曼的《消费函数研究》一书是迄今为止最好的经济学著作,特别重视实证检验现有的经济学理论,其分析理路竟然也是价格理论!在第一节课上,他在屏幕上给我们演示了一只可爱的玩具猴子,问我们:"这是一个模型还是一只真的猴子?"然后继续说我们需要这个模型,因为它的好处在于易得,给小孩子玩的时候没有危险性,等等,既然是模型,我们就需要抽象掉一些对我们的目的来说并不重要的东西,然后指了指这个玩具猴子的某个部位,我们大家哄堂大笑。你说,老师这样教我们,我们怎么会忘记模型与现实的异同点和建模的原则呢?

### "从具体问题出发"的研究导向

深深陶醉于萨缪尔森、阿罗、德布鲁等诺奖大师的经济学理论的数学公理化的美感之中,我曾经很纳闷林老师为什么总是那么坚持"以具体问题导向"的研究方法论,也一直琢磨着为什么年逾七旬的贝克尔教授每个星期都能自己想出一道数学上看似"简单"却把我们所有人都折磨得半死的新问题,现在回头看看 ECON 301 的习题风格,我已经悟出了一些道理。Steven Levitt 教授说经济学家的工具箱里所装的分析工具已经非常五花八门了,但是研究的有趣的问题往往少得可怜。哈佛大学的 Edward Glaeser 教授和墨菲教授都是贝克尔教授的高足,前者与 Daron Acemoglu 和 Andrei Shleifer 是当今发文章速度最快的三个年轻经济学家,这些明星们似乎有写不完的题目与超人的分析和写作速度,让我实在不得不相信他们的确都已练就了一套林老师所说的那种"以具体问题为导向的"真功夫。我是实在太想学学这套硬功夫了,但这又岂是一套易学的外家拳脚?第二学期我受宠若惊地应邀给贝克尔和墨菲当助教,说实话这比作其他的数理技术要求较强的课程的助教更让我心里觉得没有底。于是暑假里便常常读贝克尔教授的专栏文章,这才明白 ECON 301 题目的背后原来蕴涵着他长达 20 年为《商业周刊》和《华尔街日报》当特邀专栏作家的捕捉问题的经验,更不必说他超过半个世纪的价格理论"内功"修为了。即便如此,最近听以前的助教说,贝克尔教授和墨菲教授自己也承认,每周出一道题对他们来讲也是很费脑筋的。我心里终于有了一丝的平衡感。

林老师"语录"中有一句话:与接近制度稳态的西方社会不同,中国不断地有很多新的、重要的且未被现有理论解释的现象出现,中国的经济问题是一座"金矿"。我现在也深信自己脑海里永远都走不出中国经济的背景,在卢卡斯教授的经济增长课上的讨论中,我总是不知不觉地就讲到中国的制度背景,在写论文的时候一联系到现实经济也必然是中国的问题。撇开纯理论研究不说,以我个人的愚见,在进行中国问题研究方面无论哪个分支都要求对现实经济与制度结构的良好把握,而在作应用微观研究特别是微观劳动力经济学研究时,中国经济学家的优势似乎更加明显,因为在分析方法上这似乎并不需要花大力气构建新的理论分析框架,需要的主要是对制度中性的计量方法的掌握和运用,以及数据收集与整理问题。而在作宏观和发展经济学理论研究时,虽然现在国际比较研究越来越多,但是如何从本国的特殊现象中归纳出好问题并正式地表达出来,在方法上显然更具有挑战性,拉美、印度和欧洲的很多宏观经济学家和发展经济学家为此作过很多努力,成功的似乎并不多。所以,虽然听起来好像林老师的"从具体问题出发导向"的方法更容易直接上手,我自己的感觉却是对不同经济学分支从技术难度和要求上来说是有挺大差异的。国内有很多同学和学者,包括不少中国经济研究中心的毕业生,经常把林老师的"从经济现象出发提出问题"的方法论完全简单等同于"放弃数理建模"或者"放弃理论研究",我认为这也是对林老师的严重误解。事实上,在"与林老师对话"中以及平时的授课中,对于理论创新的重要性和学生数学训练的必要性,林老师一直都非常强调,他批评的只是主流学界"盲目迷信权威和为数学而数学"的倾向。林老师还认为,国际主流经济学界的形式化趋势在一定程度上是研究方法规范化然而经济学内容贫瘠化的必然结果之一,而当今的中国经济学界在规范化上还有很长的一段路要走。我个人觉得国内目前在理论经济学方面,若与美国主流经济学界相比,其实真正有能力"滥用数学"的人恐怕要比没有能力"使用数学、欣赏数学模型"却又盲目拼命抵制数学的人要少得多。所以我们学生在学习的时候不能走极端,重视现实问题思考的同时也应该加强数学训练。

其实"从具体问题出发"的研究导向,林老师更想强调的是理论的开创性问题而不是技术上的易处理性问题。林老师在"与林老师对话"中说,经济学发展史上有很多结构很优美的而且也曾很有影响力的经济学模型和理论被不断地摒弃和推翻,基本上绝不是因为这些模型内部逻辑上不自洽,而是因为这些模型与理论没有能足够好地解释一些新出现的重要现象。来芝加哥大学学习以后渐渐亲眼看到有很多理论经济学大家,如 Townsend 教授、Hansen 教授等,对于具体实证问题极其重视的态度,因此对这一点我也越来越认同了。以前,我总是觉得经济学纯理论的使命就是提供逻辑思维的参照系,就像理论物理学模型一样,既然只是参照系,作逻辑推理时就不一定非要总考虑着对应到现实,那样不是太碍手碍脚了吗?说不定理论突进的速度会在某些时点上超越现实的发展速度呢,就像有个诺贝尔经济学奖得主给过的比喻:一万年的时间在现实中是多么漫长,可是在人脑中对这个时间长度的跨越只需要不到几秒钟就完成了。在自然科学史上这方面的例子固然有很多,即便是经济学中"欧元"与"期权期货市场"不也是因为先有几个诺贝尔经济学奖得主的理论而后才从现实中构造出来的吗?这就是演绎思维的魅力。

我觉得,如果说博弈论以及高度相关的机制设计和契约理论、一般均衡理论甚至计量理论等纯理论研究中的演绎推理倾向于逻辑上工具理性的先验主义的话,那么"从具体问题出发"则更像是一种归纳思维的经验主义,更像很多实验物理学家的工作。如果是以此为基础来构造具有一般性的经济学新的理论而不只是解释个别现象的假说,我想这似乎就更需要敏锐的类比能力、良好的概括能力以及大胆的想象力,就像阿克罗夫和斯蒂格利茨等人将不对称信息引入经济学、凯恩斯创立革命性的凯恩斯主义宏观经济学体系那样。① 林老师很强调经济学研究的本体就是"现实经济问题"而不是现有的理论模型本身,这也是为什么他经常引用孟子的"尽信书则不如无书"并主张研究者心中要"常无"。林老师还特别倡导研究中国问题的潜在重要性,这不但是中国经济学家的比较优势,而且更重要的是,林老师根据自己亲身对中国经济问题和政策以及对经济学科学发展史的长期研究,坚信中国经济问题有很多新颖之处和特殊动态,并且相信中国经济最终将会成为世界上最重要的经济,所以其经济问题也会成为国际性的经济问题,而经济学理论的重要性则主要取决于所研究和解释的问题及现象的重要性。这正是林老师主张在研究"规范化"的前提条件下要"本土化"和"国际化"的根本原因。这些观点有很多经济学家赞成也有不少经济学家不完全赞同②,但我坚信这些都是林老师从事严肃科学研究后得出的因而自己也全心信奉的结论,而且作为林老师的弟子,我个人还觉得林老师的这一系列"内部逻辑一致"的观点在某种程度上"内生于"林老师本人在所有经济学家当中乃至在所有中国知识分子当中那种少有的对国家和社会的"舍我其谁"的强烈责任感和使命感。

---

① 顺便说一句,我认为称"凯恩斯创立了现代宏观经济学"是完全不正确的说法。费雪才是真正的现代宏观经济学的创始人,当然那是古典宏观经济学。

② 我猜测其中有一些不同意的经济学家主要是担心当前中国经济学界"规范化"问题要比"本土化"更迫切、更严重,甚至觉得目前强调"本土化"会影响"规范化"和"国际化"。在交流时柯荣住兄提到研究中国问题要注意"local experience, universal sense",我很认同,这也是我所理解的林老师所说的"本土化"与"国际化"的关系。另一部分经济学家对中国经济发展的前景的看法则不像林老师那么乐观。

### 尊重但不迷信现有理论和权威,坚持己见

林老师根据自己的研究在《论经济发展战略》等书中提到的很多观点与主流经济学界都有不一致的地方,但林老师总是很自信,在芝加哥大学纪念 D. 盖尔·约翰逊讲座上的首场演讲以及其他无数国际性的研讨会上舌战群儒,在国内也会与持不同学术观点的代表性经济学家进行学术辩论。最常见的就是有一些学者仅仅因为林老师的观点与主流意识①不一样就引经据典地批判林老师的观点,这恰恰犯了致命的逻辑错误,让我都感到很遗憾,甚至偶尔还很气愤。林老师曾多次严正指出"不能用一个经济学理论去推翻另一个经济学理论,只要内部逻辑自洽,只能用该经济学理论对现实问题的解释力强弱来判定,比如运用计量方法来量化现有理论假说的推论与现实数据的拟合度",这与弗里德曼的"假设无关性"的实证主义方法论和卡尔·波普的证伪主义是完全一致的。

我觉得,不尊重现有的理论和权威是无知和狂妄的表现,但是依据自己规范和严谨的研究,敢于在权威面前表达不同意见并且坚持己见则需要惊人的理论勇气和学术自信力,是令人敬佩的品质。在这一点上我真的很佩服林老师,这也是我需要学习的地方。"与林老师对话"中也有学生问林老师如何将自己的学说融入主流的问题。事实上,别人不说,单说那些在芝加哥大学毕业或任教的很多诺贝尔经济学奖得主的观点,现在看来都已经毫无疑问成了经济学主流,但实际上我仔细一想,弗里德曼、贝克尔、卢卡斯、西蒙、布坎南、斯蒂格勒、马科维兹、舒尔茨、蒙代尔、科斯、普雷斯科特,等等,他们哪一个不是从与当时的主流观点搏斗中奋力冲杀出来的?让我印象最深的就是创

---

① 这里所说的主流意识不仅包含主流经济学意识,也包含独立知识分子就必须"只能批评政府经济政策"而不能"支持政府的任何一项经济政策"的"潜主流"意识。

立了贝叶斯计量经济学并担任过美国统计协会主席的 Arnold Zellner 教授①,我相信他是很有可能拿诺贝尔经济学奖的。他给我们上"实证分析 I"的时候总是提到贝叶斯计量经济学在主流计量学界遇到的阻力以及他与别人的论战。他也是林老师当年的授课老师。这样一想,芝加哥大学有很多权威也有很多离经叛道的人,并且他们经常是同一个人。林老师在"与林老师对话"中叮嘱我们"在分析问题的时候不要跟着主流意见人云亦云",现在想想真是中肯之至啊,因为这对于受过系统经济学训练的人来说常常反而是一件比较困难的事了!大概在这一点上林老师也深受他在芝加哥大学的老师们的影响吧,我猜。

**与老师对话、辩论演讲以及做助教**

我是个喜欢与老师对话的学生。到了中国经济研究中心以后,我以只有当学生才有的"特权"几乎闯遍了所有老师的办公室去"对话",学到了很多很多课堂上学不到或者没学透的东西。中心的老师大都喜欢与学生对话,而林老师无疑是其中最愿意与学生对话的老师了。课前课后自不必多说,研究生们的发展与转型经济学 workshop,理论宏观 workshop,中心研究生学刊的 workshop,林老师虽然极忙,但总是一脸笑容地尽量抽时间参加学生的各种学术活动,大家也总是围着林老师问个不休,结果不知不觉到半夜了,林老师就请我们边吃夜宵边接着对话。有一次下大雨可所有的研究生还是都主动来参加"对话",林老师看到了很高兴,掏出钱包对我说"王勇,你去给大家买一些棒冰来吃"。林老师曾说"得天下英才而教之,一乐也",虽然不是当着我们的面说的,但大家觉得林老师说我们是"天下英才"了,于是就很兴奋地

---

① 这位年逾八旬但仍十分高产的和蔼可亲的教授主张建模的时候要"KISS",就是 keep it sophisticatedly simple。这位创立了 *Journal of Econometrics* 的教授很有幽默感,列参考文献时喜欢逆向字母排列以使得他自己的名字变成第一个,并在母亲节的时候发明了 BMOM 方法(Beyesian Method of Moments)。

更想"与林老师对话"了,直接的后果就是大家的研究热情空前高涨,在国内我想象不出还有什么地方的研究生会像我们这样幸运了。"与林老师对话"只不过收录了其中很小的一部分。

不必再去赘述这种师生对话能如何促使教学相长,使学生学习得更加主动、有针对性,等等,单就培养学生研究与思考的兴趣以及自信力,提高学术辩论能力,训练竞争思维速度就很值得大力提倡了。尽管师徒辩论的教育形式古已有之,但是在国内目前的经济学教育中却不多见。刚到芝加哥大学上课时,我就发现这里的老师上课有一个共同点:喜欢邀请学生问问题。经常是一开始上课老师就问:"大家有什么问题吗?"讲着讲着又满怀期待地问一句。要是学生不问,老师就会反过来问学生问题。有时候我甚至感觉老师在"挑衅"我们学生,特别是墨菲教授和 Chiappori 教授。问题问了没多久就催促我们回答,以前我可从来没有上课觉得这么跟不上老师的思维节奏的,见一时没有学生回答,老师就说:"Come on, guys! This is University of Chicago!!"别的学生怎么想我不知道,反正我自己是脸上发烧低下了头,觉得好像自己侮辱了芝加哥大学经济系的学生这个身份似的。卢卡斯教授曾回忆上弗里德曼的价格理论课时的情形,说他上课时经常就时事公共政策提问题并常常将某一个学生"套牢",不断地追问,直到把这个学生"逼得"心服口服为止。要是这位学生说"好吧,让我再想一想",弗里德曼就会说"那就现在想吧"。卢卡斯教授分析到,在这个过程中那个学生的思维进展情况完全暴露,而作为老师的弗里德曼其实思维也是完全暴露于大庭广众之前的。现在想想,在中心的时候我们和林老师对话辩论,总觉得会在双人思维"决斗"中处于下风,哪怕之前好像觉得自己已经很有道理了。现在我才终于明白,林老师在平时的学术讨论、演讲尤其是辩论中的那种充满自信的"杀手风格"大概也是在芝加哥大学学生时代在与他的老师对话中训练出来的吧。一问,果不其然,林老师曾对我说,他对于学术研究的真正的自信力最早是在上贝克尔教授的人力资本课时形成的,因为在那门课上林老师几乎垄断了作为学生与老师的对话权。

上学期我应邀给 Nancy Stokey 教授当收入理论 III 的助教,每周都要给比我只低一级的博士生讲解习题。下面的那群自信的个别还挺"嚣张"的学生经常会问一些比较难的问题,而我必须短时间内作出回答,真够有挑战性的。学期结束时我感慨地对 Stokey 教授说觉得自己在准备和讲解过程中对很多习题的理解比以前都大大加深了,讲解与回答问题的能力自我感觉也有了提高。Stokey 教授听了,也告诉我说,她也很清楚地记得当初她在哈佛大学当高级宏观的助教时最担心的就是遇到如今已是哈佛大学校长的 Larry Summers 在下面的提问和对质,因为 Summers 当时可是全校的辩论比赛冠军,无论怎么辩论,好像 Summers 总是处于胜利的上风地位。啊,Stokey 教授现在无论上课还是作讲座都是如此挥洒自如,女教授的典雅气质更是芝加哥大学女生们崇拜的偶像,原来也是这样慢慢锻炼出来的。芝加哥大学 workshop 的恐怖和残忍算是出了名的,去年冬季一场接一场的求职演讲,workshop 上汇集了当年应该是全世界最优秀的经济学博士毕业生,其中还是有不少人被下面的老师盘问得十分被动,其实再有名的教授也常常被问得十分没有面子。有时想象如果自己有一天也会面对着这些老师们作报告会是怎样的狼狈相。为了克服自己的心理障碍,在选修卢卡斯教授的经济增长课程时,我鼓足勇气报名第一个作论文报告。后来卢卡斯教授成了我二年级论文的指导老师,事后他对我说,"那次作报告你一点都不紧张嘛"。我心里想:你哪里晓得那是我装出来的。就假装你是林老师,而我是在中心的发展与转型经济学 workshop 上作报告。当然,这次我报告的只是别人写的已经发表了的文章,即使文章出现逻辑问题我也无须承担责任,台下也只有一个老师;真要是同时向多个老师报告自己写的文章,那可就又远远不同了。

现在我相信,学生与老师对话,对学生固然是一种难得的综合训练,对老师其实也是一种动态的挑战。据我的悲观估计,在当今国内,愿意不断地与学生进行学术对话的老师大概已不算很多,敢于不断地与学生进行学术对话的老师更是少见,而善于不断地与学生进行学术对话的老师恐怕还要少,至于乐于不断地与学生进行学术对话的老师……林老师是一个。突然我又觉得自己很幸运,不知中心的师弟师妹们还有所有通过"与林老师对话"而与林老师"对话"的读者同学们,你们觉得呢?

# 回忆林老师教授我们经济学方法论的点点滴滴

徐朝阳*

## （一）初入北京大学中国经济研究中心

我是2004年就开始读林老师的《论经济学方法》的,当时这本书还未正式出版,只是以课堂笔录的形式公布在北京大学中国经济研究中心的网站上。我读这本书带着明显的功利目的,因为我已经以第二名的总成绩通过经济中心博士生入学考试的初试,正在等待林老师对我的面试。多读读林老师的最新著作,我想多多少少会给我的面试表现加点分,增加被最终录取的概率。

这本书当时给了我非常大的震撼。之前我反复读过林老师和蔡昉、李周老师合著的《中国的奇迹:发展战略与经济改革》,也拜读了经济中心网站上公布的林老师几乎所有的学术论文和媒体采访文章。在我眼里,林老师是一位典型的海归派经济学家:经济学功底深厚、逻辑性强、以理服人,听说过他数理功底一般,但也知道他经济学思维能力强大,擅长用简单的理论解释复杂的经济社会现象,而且还经常提出语惊四座但细细思考又让你不得不至少部分接受的观点。我肤浅地认为,林老师这么牛,是因为他是芝加哥大学毕业的,经济学功底自然不是同时代那些仅仅自学过萨缪尔森经济学原理的"土鳖"经济学家们可以比拟的;跟其他"海龟"相比,他回国时间更早,关注和研究中

---

\* 徐朝阳,2004—2009年师从林毅夫教授攻读经济学博士学位,现任对外经济贸易大学国际经济贸易学院副教授。本文写于2012年9月下旬,完成初稿后,林毅夫教授曾提出过宝贵的修改意见。

国经济问题的时间更长,近水楼台先得月,因此对中国经济现象理解得比别人深刻也是理所当然的。然而,读完这本对话录,我立刻发觉自己对经济学和经济学家的理解完全是小儿科级别的。我一直认为把邹恒甫老师从国外复印过来的那些经济学教科书啃熟啃透就有了好的经济学功底,也就自然而然地具备了像林老师那样指点江山的能力。从这本书中,我首次明白经济学绝不仅仅是教科书传授的一个个理论模型,也有类似武侠小说中讲的"内功"一样的东西:它"玄之又玄",难以捉摸,不能用语言清晰、准确、完整地说出来,用林老师喜欢的话说,叫做"道可道,非常道",所以主流教科书和课堂教学一般不会论及这些内容,靠啃教科书、做作业等常规训练方法我们是修炼不出"内功"的。但没有这种"内功",你书啃得再多,充其量也只能做个经济学工作者,始终是难登大雅之堂的。当时我才突然意识到,有可能成为我博士生导师的这位著名经济学家,拥有深不可测的"内功",同时我也隐隐担心,这种没有固定招式和套路的玄妙本领,我这种经济学门外汉能学会吗?林老师作为大忙人,有精力和耐心去一点点传授他的这些绝学吗?

虽然这本书当时读得云里雾里、似懂非懂,但意外的收获还是有的。从这本书中,我感觉林老师很喜欢学生提问,尤其喜欢辩论,学生的问题越尖锐、越针锋相对,他就越喜欢,似乎很享受把对方驳得哑口无言直至举手投降的感觉。为了确保我的感觉无误,我托人咨询林老师当时的博士生孙希芳师姐,问她这些对话录是不是真的录自课堂讨论,里面林老师信手拈来引用那么多《道德经》、《论语》甚至佛教经典中的语录,太神了,不会是后来加进去的吧?孙希芳师姐告诉我,对话录是他们从录音中整理出来的,后期仅做了些文字编辑工作,内容上几乎没有什么实质性的修改,林老师的课堂就是这种对话和辩论的风格。心中有底后,我反其道行之来为即将来临的面试作准备,我没有多想林老师会问我什么问题,而是针对当时还比较火的国有企业改革大讨论,就林老师认为国有企业改革的关键在于剥离政策性负担的学术观点,准备了三个我本人持异议的问题。面试在晚上进行,白天林老师忙了一天,看上去很疲惫,简单地问了我的硕士背景以后,我就找到机会把三个问题抛出来了。奇妙的事情发生了,林老师听到我的问题后,疲惫的面孔露出了笑容,感觉有点昏昏欲睡的眼睛突然放光了,然后开始阐述他对国有企业问题和国有企业改革的看法,并一一解答我提的三个问题。对话完全没有压迫感,林老师还给了我不少插话和反驳的机会,并挑了我的几条观点予以肯定,但也毫不客气地指出我并没有完整地理解他的学术思想以及我的观点中存在的漏洞。就这样,面试持续了四十多分钟,因为后面还有别的学生等着面试不得不终止,结束前我说我还不能完全理解林老师的意思,意思是说还有点保留看法,林老师笑着说以后还可以继续讨论。这话让我眼前一亮,是否意味着我通过了面试?果不其然,第二天经济中心的研究生教务主管行桂英老师就告诉我林老师已决定录取我。

经过漫长的暑假,开学刚到经济中心,我就彻底打消了林老师太忙没工夫指导学生的疑虑。开课前一周,借教师节给老师献花的机会,我和另外一名博士生李飞跃跑到了林老师的办公室,询问林老师对我们学习的要求和安排。林老师看到两名新弟子来报到,非常高兴,叮嘱我们要好好学习,多向师兄师姐们请教问题,然后要我们必须上他给二年级博士生开的"转型经济学研讨"专题课,每周二晚上他还有一个workshop,我们也必须参加。当时我和李飞跃面面相觑,立刻提出异议说我们有恐怖的"三高"课程,要做大量的作业,还有期中、期末考试的压力,现在就上二年级的课恐怕早了点,而且这课我们一年级也选不上,只能旁听没有学分。林老师马上正色说道"我的学生上我的课谁不是上了好几遍,都没学分,压力大就刻苦点,少睡觉多学习"。

就这样,在经济中心的第一个学期,我每周见林老师两次:一次是周五上午的专题课,另一次是周二晚上的workshop。专题课按照课表大概两个半小时,但林老师几乎没有不拖堂的,拖到一点钟下课是常有的事情;workshop 不是正规课程,没有课表限制,林老师更是想搞到什么时候就搞到什么时候,晚七点开始到十一点结束是正常情况,碰到林老师高兴,可以拖到午夜一点甚至两点,这还不包括散会后吃西门烤翅的时间。平均算下来,我每个星期大概要见林老师六至七个小时。因为林老师向来都是一大早就上班深更半夜才回家,所以我老是怀疑林老师的儿女们可能也没有我们这些学生跟他待在一起的时间长。我跟林老师见面的这种频率一直保持到 2007 年我去美国哥伦比亚大学访问才终止。坦率地讲,有时候我们这些学生都觉得疲惫,感觉跟不上林老师的节奏,想偷下懒减少见面的次数。偶尔碰到林老师有重要事情取消 workshop,大家会像过节一样高兴。但没高兴多久,林老师的秘书陈曦或者大师兄张鹏飞就传来林老师的最新指示,workshop 会在周六或者周日补上。

经济中心作为中国现代经济学教育和研究的发祥地,一直是青年学子心目中的"圣地"。能够到这里聆听各位名师的教诲,哪怕只有一天甚至一两个小时,绝大多数人都会有不虚此行的感觉。而我现在居然成为经济中心的一员,成为林老师名下的弟子,可以天天在经济中心聆听各位名师的教诲,可以每周跟林老师面对面地讨论好几个小时,甚至还可以经常跟林老师以及经济中心的其他名师坐在一起吃饭聊天。这种感觉非常美妙,尽管学习很累,但我们每天都过得很充实,都沉浸在我们是中国经济学界最幸福的一群学生的奢侈享受中。很多经济中心的学生曾回忆说,进入经济中心后很长一段时间,他们经常会做梦笑醒。我也是如此,不过我不光做美梦笑醒,有时候还做噩梦惊醒,梦见自己莫名其妙地重新参加博士生入学考试,结果考试失败失去了成为经济中心一员的机会。可以说,经济中心是我们的精神家园,这是每个经济中心毕业和没有毕业的学生们的共同心声。

## （二）林老师的经济学方法论

林老师给研究生开的课,有的叫"转型经济学研讨",有的叫"高级发展经济学专题",有的也叫"中国经济研讨"。我们则不管听过没有,也不管听过多少遍,统统都要上。我的师兄张鹏飞在林老师门下读完了硕士、博士和博士后,他上过某同一名称的课程就达五六遍之多。我们之所以要重复上课,是因为林老师开的课,不管叫什么名字,他每年都会大幅度修订课程大纲,教学完全以开放式的讨论进行,每次的内容都不一样。不过,在我看来,这些课程虽然名称各异,课堂具体内容和侧重点每次也都不一样,但内核基本上都是三块:一是关于比较优势发展战略的思想体系,也即林老师现在精炼和升华出的"新结构经济学";二是增长理论和发展经济学的经典文献阅读和点评;三是关于经济学方法论的思考。

林老师非常强调经济学方法论,他经常讲"授人以鱼不如授人以渔",这个"渔",林老师明确讲过就是经济学方法论。不过,他很少撇开具体的经济学理论和文献去专门讨论方法论,我仅记得在经济中心的第一学期"转型经济学研讨"课上我们曾用过一两次完整的课堂时间去讨论过,之后再就没了。平时林老师上课,大部分时间都花在比较优势发展战略的研讨上,其次就是增长理论和发展经济学文献的讨论及点评,方法论都是零散地穿插在这些内容中的。在林老师看来,方法论属于"道可道,非常道"的东西,市场上找不到真正具备教学价值的教科书,不可能对学生进行标准化和系统化的训练。即使有很多专门论述经济学方法论的经典著作,仅靠研读这些著作本身,学生也是难以真正领会的。只有在平时的理论学习和文献阅读过程中,由老师去点拨学生细心体会这些具体理论和文献背后体现出来的方法论思想,再通过老师和学生的反复对话,润物细无声地去改造学生的思维方式,学生才能慢慢进入"渐悟"状态,并一步步地将这些抽象的方法论转化为实实在在的经济学素养和研究能力。至于学生是否有造化由"渐悟"逐步臻于"顿悟"的境界,则主要看学生的悟性以及自身的修行程度,即所谓的"师父领进门,修行在个人"。

"内功"原来是要这么修炼的!我后来得知,林老师当年在芝加哥大学攻读博士学位期间,舒尔曼、贝克尔、福格尔等经济学大师就是用这种对话的办法一步步地将林老师领进经济学殿堂的,林老师也是在经过多年的艰难求索和卓绝修行后,才终于达到今天"顿悟"之境界的。林老师如此重视跟学生的对话和交流,原来是源自芝加哥大学的传统。

林老师再版的这本书叫做《本体与常无:经济学方法论对话》,"本体"和"常无"这两个词对我们这些林门学生而言,大概听了上千遍都不止,它们基本上概括了林老师经济学方法论的精髓。熟悉这两个词含义的人,应该很容易看出林老师的经济学方法论受贝克尔思想影响非常之深。贝克尔认为从人类最基本的需求来看,人类的偏好是稳定有序的:无论人们在种族、出身、性别、贫富、教育背景等方面的差异有多大,反映在同一种基本需求上,他们在偏好上的表现不会有太大的差异。基于这种稳定偏好的假设,贝克尔很自然地将传统上只用于分析经济现象的最优化原则扩展到对人类几乎所有行为的分析上来,并取得了巨大成功。林老师在芝加哥大学曾经上过贝克尔的课,据说他每次上课都要坐在第一排,以便"霸占"跟贝克尔对话和交流的机会。显然,贝克尔的思想已经打动了林老师,林老师不仅认同贝克尔稳定偏好的假设,还进一步认为理性人假设是整个经济学的"本体",并把这个"本体"概括为"一个人在作决策时,在他所知的可能选择方案中,总是会作出他认为最佳的选择"。在林老师看来,经济学区别于其他学科的根本性标志,就在于是否坚持理性人假设这个"本体":即使你研究的对象不是传统经济学所涉及的,只要从理性人假设这个"本体"出发来研究它,那也是经济学;如果你不从理性人假设这个"本体"出发来研究问题,即使你研究的对象百分之百地属于经济学研究的传统领域,那也不是经济学。

真正将林老师的经济学方法论跟贝克尔思想区分开来的是"常无"思想的提出。林老师认为,理性不仅仅是最优化原则,他还特别强调任何决策者都是在一定限定条件下去作最优化选择的。因此,我们要理解一个经济现象,首先就必须搞清楚该现象产生背后的决策者所面临的一系列决策条件,然后才能从决策者面临的限定条件出发,去思考决策者的理性选择的机制和过程。而要做到这一点,就必须摒弃一切固有的理论和思维模式的束缚,也即林老师定义的"常无"心态。如果我们没有"常无"心态,只是拘泥于现有理论,从模型中观察世界,哪怕你是从理性本体出发去思考经济现象,你也可能根本就抓不住问题的本质,甚至还有可能会犯方向性的错误,即林老师反复念叨的"前识者,道之华,而愚之始也"。林老师认为,一个好的经济学家,必须以"常无"的心态来观察变动不居的社会和经济现象,也只有坚持"常无"心态来观察社会和经济现象的经济学家,才能够透过纷繁的现象抓住问题的本质,从而作出原创性的理论贡献。

林老师对"常无"的强调,固然是要我们破除教条主义思想,打破书本迷信,更重要的是指出了如何有效地从经济学的"本体"——理性思维出发去观察和分析千差万别的各种经济社会现象。这里的关键有两个:一是要敏锐地抓住现象产生背后的决策者面临的主要约束变量;二是要坚持经济学的"本体",用理性思维去分析决策者的行为。用林老师的话说,"常无"和"常有"必须有机结合,"常无,欲以观其妙","常有,欲以观其徼"。

林老师还举了很多例子来说明"常无"和"常有"的重要性。比如,他说他曾观察到美国家庭住房宽敞,但往往使用破旧的家用电器,日本家庭住房狭小却喜欢使用先进和高档的家用电器。一般人看到该现象,可能首先就想到这是文化和消费习惯的差异,不是经济学可以解释的。而林老师从"常有"出发,首先就排除了这种否定理性的思维方式,再从"常无"出发去思考美国家庭和日本家庭各自面临的约束条件。结果,他很快就把这个问题想清楚了:美国和日本家庭收入相似,但美国国土辽阔,房子的价格便宜,家用电器的相对价格就高;日本人多地少,房子的价格昂贵,这样家用电器的相对价格就低,导致他们行为差异的显然就是这种相对价格替代效应。从这个简单的例子中,林老师鼓励我们,当你看到一个有意思的社会现象时,不要首先就想着去翻书看别人的解释,而要去想想这些现象背后的约束条件,不断锤炼透过现象看本质的能力。

在林老师眼里,几乎所有经济学理论上的重大突破,都是从经济学"本体"出发观察到别人没有注意到的约束条件开始的。比如斯蒂格利茨对信贷配给的研究,在他之前,主流经济学无法解释银行家故意降低贷款利率制造客户排队的现象,这似乎完全不符合利润最大化的理性原则。但斯蒂格利茨将信息不对称导致的逆选择这个前人没有注意到的因素考虑进银行家的约束条件后,这个问题就迎刃而解了,貌似不理性的行为依然是理性选择的结果,斯蒂格利茨也因为这个重大贡献而获得诺贝尔经济学奖。林老师还经常举他导师舒尔茨的一个例子。在国际援助中,落后国家的农民经常拒绝使用发达国家免费援助的高产种子,对此现象,发达国家的学者无法理解,认为这些农民愚昧无知。而舒尔茨研究后发现,这些种子的产量固然高,但对气候、环境、配套设施的要求也高,产量很不稳定,而落后国家的农民非常贫穷,抗风险能力差,所以他们拒绝使用高产但风险巨大的援助种子完全是理性选择的结果。每次举完这类例子,林老师总是会强调,当我们观察到某个现象看上去很不合理、很不符合理性原则的时候,可能恰恰就是我们进行理论创新的大好机会,但前提是你要具备"常无"的心态。

现代经济学高度依赖数学工具,因此关于数学和数学模型的讨论也是我们学习林老师经济学方法论经常涉及的一部分。关于这方面的思想,林老师受弗里德曼的影响很大——他也是芝加哥学派的。弗里德曼有个非常著名的提法,叫做"假设的不相关性",认为只要理论具有强的解释能力,就不必纠结于假设是否真实。这个提法在学术界引起很大争论,不少人抨击弗里德曼,认为他应该为现代经济学数学模型越来越脱离现实经济负责。而在林老师看来,这些人并没有准确地理解弗里德曼的思想。林老师反复强调,理论是节约信息的工具,在具备同样解释能力的情况下,越简单的理论越具备优越性,我们不能用理论假设的真实性来检验理论的真实性。一个比较真实的假设,如果导致理论不易于处理,而解释能力却没有任何提高的话,那这样的假设并没有实际意义,也丝毫不会增加理论的真实性。对于科斯提出的要"真实而易于处理的假设",林老师认为所谓的"真实",要看解释的问题。如果研究铅球落地,真空的假设就是真实的;如果研究的是羽毛落地,真空的假设就不是真实的。很多人喜欢把科斯的论断跟弗里德曼的论断对立起来,在林老师看来这是没有必要的。所谓真实都是相对的,只有跟研究的问题联系起来看才有意义。从这个角度看待所谓弗里德曼与科斯之争,林老师认为两人讲的实际上都是一个道理,只是侧重点不同而已。

### (三) 感悟

由于我们跟林老师的对话和交流是如此频繁,而林老师又是如此地强调方法论,几乎每说十句话最后都要落脚到方法论上来,以至于我们这些林门弟子每个人谈起经济学方法论来都能说出点名堂来。在这种高强度的"思想轰炸"下,林老师的经济学方法论不灌进我们头脑中一点点、不对我们的潜意识多多少少产生点影响是无法想象的。

由于林老师的影响,我们这些林老师的学生,很少有人不接受理性人假设的。而我碰到的别的老师指导的学生,则经常对理性人假设持抨击态度,他们认为这个假设把人类行为理解得过于简单,用理性解释一切,是"虚妄的无知"。别人是怎么想的,我管不了,但我知道,在林老师的成功"洗脑"下,我是不可能在这个问题上有任何妥协余地的。去年我在微博上碰到几位海外学者,他们跟我谈起经济学的局限性,首要的一条就说理性假设不符合事实,然后把经济学中貌似不合理的结论、不成功的政策建议都归罪到理性假设上来。我当场就跟他们辩论起来,说经济学家不讲理性,就跟和尚不相信"万法皆空"一样,那还是佛门弟子吗?我坚持认为,经济学能够从社会科学领域脱颖而出成为公认的显学,根源就在于理性假设具有强大的生命力,经济学的发展历程,就是一个个被认定为"非理性的现象"不断地被证明能够被理性选择框架解释的过程。

受林老师多年熏陶,我现在也慢慢养成一个习惯,碰到一个有意思的社会现象,马上就要去思考,这个现象如何才能被理性选择行为解释呢?基本的方法也就是林老师反复强调的,首先去理清这些现象背后的决策者所面临的各种约束条件,然后思考哪些才是关键因素,并试图给出一个合理的最优化选择机制。用林老师的话来说,现在开始有点"渐悟"的感觉了。

比如,我 2007—2008 年在美国哥伦比亚大学访问期间,有一天傍晚我从 downtown 坐地铁回家,结果半路碰到地铁检修,所有旅客必须出站换乘地铁公司提供的巴士。可以想象得出,这么多旅客等着回家,巴士肯定不够用,而纽约那么大,步行显然不可能,周边几乎也没有多少可替代的交通工具。此时我看到了一个我以为只会发生在中国的现象——挤车,平时搭乘公共交通彬彬有礼的纽约人跟疯了一样拼命地往那几辆破巴士里面挤,我还看见有人从窗户往里面爬。我这个在北京挤了这么多年公共汽车的老手也只能自叹弗如,最后认栽花了一个多小时走回家,还好我还算近的。这件事让我瞬间想到一个关于挤车和排队的经济学解释,挤车还是排队取决于成本收益的对比。在公共交通极度短缺的情况下,老实排队的成本巨大,挤车就有可能成为多数人的理性选择,公民的道德和文化素质仅仅起到调节阀的作用。平时西方国家的公民都彬彬有礼地排队,主要是因为公共交通发达,排队成本小;而中国挤车现象严重,根源在于公共交通短缺,排队成本过高,道德说教对大多数人没用。后来,我又看到报道,美国某商场圣诞节打折,因为促销力度巨大,商品很快被抢购一空,还发生了踩踏死人的现象。我想道理不是一回事吗?2008年我回国后,突然惊奇地发现北京人现在学会排队等公交了。我问了几个朋友,他们说刚开完奥运会,政府花了很大的工夫教导大家不要插队给中国丢脸,现在大家文明了点。我笑了笑说,1990年开亚运会怎么没学会文明,主要是开奥运会新通了很多地铁吧?

说起奥运会,今年伦敦奥运会我国运动队成绩骄人,但大型集体项目如足球、篮球和排球等却遭遇惨败。这种现象是中国历届奥运会的老毛病了,以前我是百思不得其解,但现在一下子就能看明白,这都是理性选择的结果。奥运会金牌之争本质上是资源投入的比拼。你要想获得某个项目的奥运会金牌,光有"更快、更高、更强"的奥运精神是绝对不够的,你必须聘请一流的教练,兴建优良的运动和训练场馆,购置先进的器械,配备强大的后勤服务团队,还要建立庞大的青少年人才培训、筛选和储备体系。一句话,你必须掏出真金白银,比国外竞争对手投入更多的人、财、物。而在体育经费总量给定的情况下,要在尽可能少的时间内夺取尽可能多的奥运会金牌,理性人一定会把有限的资源投入到耗费少、金牌多而且国外投入相对较少的项目上。大型集体项目的运动场地往往比较大,对场馆和器械的要求相对较高,配套的基础设施投资必然要大。更甚的是,要在集体项目上夺取奥运会金牌,我们必须得同时培养多名世界级的优秀运动员。像篮球至少要五名,排球至少要六名,足球则至少要十一名。这意味着在集体项目上进行投资,要夺取奥运会金牌,我们很可能要比单项项目多五倍甚至十一倍的投入。最要命的是,集体项目仅仅只有一块金牌,而绝大多数单项项目背后有一个项目群,拿一块金牌后以点带面可以带动一批夺金点。还有,大型集体项目往往是发达国家的热门项目,商业化程度高,发达国家依靠市场机制对这些项目投入了巨额资源,运动水平非常高。别人投入多的热门项目我们尽可能避开,别人投入少的冷门项目我们进行重点投资,不仅可以大大提高我们夺金的希望,还能在有限的资源投入总量下夺取尽可能多的奥运会金牌,见效还特别快。大家都是理性人,换我做体育总局的领导,我也不会搞大型集体项目啊!

由于林老师多年来培养出来的习惯,我们这些林老师的学生读完一篇经济学论文,往往会下意识地去研究一下这篇论文背后体现出来的经济学方法论,看看能不能学到些什么,或者看看它们是否有什么不足。几年训练下来,我们的论文鉴赏能力都有了很大提高。比如,Acemoglu 在 2004 年写了篇 "Non-balanced Endogenous Growth" 的工作论文,讨论产业结构变迁问题。当时我奉林老师之命,正在研读产业结构变迁方面的理论模型,于是仔细地研究了 Acemoglu 的这篇论文,并在林老师主持的 workshop 上报告了这篇论文。当时我指出该文有三个地方可以修改:第一,该文用新古典增长框架就完全可以把自己的主要思想讲清楚,后面有一部分引入内生增长框架纯属多余,可以删除;第二,在新古典增长框架下,该文使用的分散经济框架跟中央计划者框架等价,但分散经济框架过于烦琐,应该改为中央计划者框架;第三,该文在新古典增长框架下用中间品种类代表技术进步,而这是典型的内生增长模型的建模方法,也是多余,应该删减。这里,我评判的依据全部都是林老师教给我们的方法论:在同样的解释力下,数学模型越简单越好。后来,Acemoglu 的这篇论文发表在 JPE 上,我看到后,惊奇地发现我的三条修改意见居然全部体现在最终发表的论文上。为此我高兴了好几天,估计 Acemoglu 本人也没我高兴。

林老师经常说,一个优秀的经济学家应该勇敢地去思考关系人类社会发展与进步的重大问题。林老师也反复说,到 2030 年中国人均 GDP 有望达到美国的一半,中国经济总量将跃居美国的两倍,成为全世界最重要的经济体。届时,对中国经济现象的研究也必将成为经济学科中最重要的课题,借"近水楼台先得月"之利,中国也将逐步成为世界经济学研究的中心。林老师谆谆告诫我们,我们都坐在时代的金矿上,一定要抓住这个千载难逢的历史大好机遇。林老师在我们这些学生身上倾注了巨大心血,既授我们以"鱼",也授我们以"渔"。显然,他对我们这些弟子是抱有大期望的。

然而,弟子们资质鲁钝,尽管在"渐悟"的道路上孜孜以求,但成绩微不足道,"顿悟"的一天遥遥不可期。我们学会了从理性"本体"出发来观察和思考社会现象,也开始有意识地学着从现象背后决策者面临的约束条件去探索问题的本质。可社会现象纷繁复杂,哪些才具备理论创新的价值呢?我们也时常提醒自己不能忘记"常无"心态,但这并不意味我们就真的有能力抛弃现有理论的束缚,从现象本身出发通过观察决策者约束条件来找到解释这些现象的钥匙,因此也就难以具备林老师要求的"透过现象看本质"的能力。在林老师的教导下,我们或许具备了较高的论文鉴赏能力,但是能鉴赏高水平的论文并不意味着我们就能写出高水平的论文,反而还有可能陷入"眼高手低"的尴尬境地。面对弟子们的这些困惑,林老师还是一如既往地给我们鼓劲打气。这是前几天林老师写给我的一封邮件:"朝阳,生而知之,学而知之,困而知之,及其知,一也。就怕无心求知,只要有心,终能达到知之的境界。"

再过不到一个月,就是林老师的六十寿诞。在这个特别的日子里,回忆起林老师辛勤教导我们的每个日日夜夜、每个点点滴滴,我都难以抑制自己激动的心情,感激之情更是无以言表。师恩如山,弟子们今后唯有砥砺奋进,争取在学术生涯上有所建树,方能不负恩师之栽培,方能报师恩之万一!

# 漫谈学问之道

盛柳刚*

"夫子之文章,可得而闻也;夫子之言天道与性,不可得而闻也。"
——《论语·公冶长第五》

有幸成为林老师的学生,亲耳聆听林老师传道授业解惑已有数次,然学问之道,不可得而闻也。经济学之道,招式简单,然运用之妙,存乎一心,关键在于一以贯之,须假以时日,悟而得之。本文就是研习经济学方法论的一点心得。

一门学科的成长,往往与其独特方法论的提出有着密切的关系。经济学也是如此。爱德蒙·克莱里休·本特利(Edmund Clerihew Bentley)这样谈到经济学——曾经一度被称为政治经济学——的一位主要创立者约翰·斯图亚特·穆勒:凭着坚强的意志,克服了他那天生的温顺性格,写出了《政治经济学原理》。

经济学从宣告诞生的那一天起,就"对周围的人,抛弃了所有的友善",在模型中,它假设人的行为动机是单纯而简单的,人为了自己的利益而为社会提供产品及服务。"我们不说自己需要的,而是说对他们有利的。"①在关于人的行为的动机和特征的研究中,历史上的经济

---

* 盛柳刚,现为香港中文大学经济系助理教授,香港亚太研究所经济研究中心贸易与发展研究计划主任,2003—2005年间师从林毅夫教授获硕士学位。通讯地址:香港中文大学经济系,香港新界沙田,电子信箱:lsheng@cuhk.edu.hk,电话:852-3943-8231。本文写于2003年,后记完成于2012年9月。

① 亚当·斯密:《国民财富的性质和原因的分析》(上卷),商务印书馆1972年版,第14页。

学家们提出了众多的看法,乔治·斯蒂格勒在他的《价格理论》中总结了以下两点:第一,个人是理性的;第二,每个人追求的是效用最大化。一个理性的人表明了经济人比较变化万千的事物的能力,效用最大化表明了经济人的动机所在。于是在经济学家的眼里,社会万物万象都是一个理性的人在现实条件约束下行为的结果。因此经济学的分析框架是极其简单的,在这一方面,弗里德曼、加里·贝克尔、乔治·斯蒂格勒、科斯、张五常、林毅夫都是一脉相承的。但是现代经济学家对自利的理解已经不再局限于"对自己有利",林老师常说:仁者以天地为一体,仁者之心纯乎天理之极而无一毫人欲之私,所以,仁者的选择不以自利的最大化为目标,而是以公利的最大化为目标,但是,不管常人还是仁者,在有选择时总是选择自己认为是最好的,表现为效用最大化的动机。

**什么是科学？什么是实证经济学？**

在分析经济学分析方法的形成之前,我们首先必须面对一个更为根本的问题,就是经济学理论的科学性。之所以说这是个更根本的问题,是因为经济学方法论在20世纪出现了重大的转变,这一转变直接滥觞于一场争论,以经济学家罗宾逊为主的英国经济学家主张前提假设必须真实,而以弗里德曼为主的实证经济学家认为经济学的前提假设无关紧要,只要理论的预测与实际一致,那么该假设就是可以接受的。这场争论的结局是实证经济学的兴起。这一争论更大的思想背景是当时哲学界关于"科学"的争论,即关于证实主义和证伪主义之争,了解这场争论有助于我们理解实证经济学的方法论。

19世纪关于"科学"和"非科学"的界限给出的答案是,两者的区别在于运用归纳的效力不同,科学以经验开始,通过观察和实验的加工,直到借助归纳法建立起一般规律。但是在证明归纳的正确性时,始终存在休谟所说的逻辑问题,举个哲学家们津津乐道的例子,太阳每天都从东边升起,这是基于经验归纳的不变的一般规律,但是我们无法从逻辑上得出明天太阳依旧会从东方升起的结论,因为根本不可能保证我们迄今所经历过的必然会和将来的保持一致,也就是说从特定的事例归纳到普遍的规律在思想上需要一种非逻辑的跳跃。因此无论单个事例有多少,通过归纳永远无法得出普遍的论断,但反过来只要有一个事实与理论相佐,我们就可以证明某些事情是假的。自19世纪进入20世纪,这种科学归纳的思想才逐步被打破,并逐渐被"科学解释的假定——推理模式"替代。而后的卡尔·波普则放弃了将归纳作为科学的基本原理,**并论证科学与非科学的划界标准不是可证实性而是可证伪性,科学的方法不是归纳法而是演绎检验法,对科学假说的竞争则以假设的逼真程度来衡量。**

19世纪及20世纪初期的经济学界,也都把他们的注意力集中在经济理论的前提上,并且不断地告诫他们的读者,对经济预言的检验最多不过是一种冒险的事情。20世纪三四十年代,以罗宾逊为主的英国剑桥学派认为完全竞争的假说不是真实的,因此用垄断竞争来替代它,但得出的结论与完全竞争下大同小异,但是建立在完全竞争基础上的理论要简单得多。针对他们的"假设必须真实"的主张,弗里德曼专门写了《实证经济学方法论》,在文中他提出了实证经济学方法论的目的和三条原则:实证经济学的目的是发展一套有效的理论,该理论能够对未观察的事实作出准确的预测;作为理论,首先它的逻辑必须自洽;其次,理论的有效性必须视其所作的预测跟现实的差距而定;最后,对于竞争性理论的评判准则,则是假设越简单越好,预测力越强越好。在他的《价格理论》中也提到,理论抽象的合法性和正当性,最终必然依赖于由它发出的光和由它产生的预见力。由此可见,理论的假设就不需要是"正确的",这是弗里德曼在其方法论上的"惊险的一跃"。弗氏最著名的"永久收入"假说就是其实证经济学方法论的最好体现,这是一个虚拟的简单的假设,但它的解释力和预测力远远优于凯恩斯对消费函数的传统研究。弗氏提出的"假设的无关性"——假设未必是真实的——一方面为经济学已有的成果提供了方法论上的解释,如完全竞争也是个不真实的假设,但是可以很好地解释、预测经济中绝大多数情况下,价格变化对供给和需求的影响,以及供需变化对价格变化的影响。如果按照证实主义的方法论,这个假设是不真实的,因此是没有意义的。另一方面,它很大程度上解放了经济学家的思维和创造力,人们不仅可以从现实中寻求真实的假设,还可以发挥自己的创造力,像物理学家那样,大胆假设,小心求证。

现在主流的经济学家基本上接受了实证经济学的方法论,只有科斯研究真实世界的经济学方法论在表面上是超越实证经济学的,但事实上是一致的。科斯强调经济学理论必须做到:(1) 前提性假设必须是真实而又易于处理的;(2) 主要使命是发现世界自身的逻辑从而增加我们的理解,而不是预言和检验理论。

科斯在强调自己寻求假设的时候必须是真实的,但他并没有抛弃老祖宗的一切,反而强调与传统理论的融合以便易于处理新的问题。我觉得科斯的做法,从两个角度来看,与实证经济学方法论是一致的:

第一,如果我们从理论和实践的动态关系来看,两者事实上是一致的,只是阶段不同,侧重点也就不同。弗里德曼提出检验理论的原则是预言和现实是否一致,但他并没有提到如何找到简单但有很强的预测力的假说,而科斯的工作恰恰实践着如何去找到这样的假说。按照实证经济学的观点,只要有一个事实与理论的预测不一致,那么我们理论的假说就有问题,有可能我们的假说忽略了某些重要的东西,比如说伽利略的落体试验,公式 $s = \frac{1}{2}gt^2$ 可以准确预测铁球的降落,但如果用来预测一根羽毛的降落,恐怕会贻笑大方,因为我们这时忽略了空气阻力,空气阻力相对于铁球来说无足轻重,但是对于羽毛来说却是至关重要的。同样,如果我们的视角在于"看不见的手",或者在于市场和价格机制如何调配资源,那我们假设交易成本为零也是合理的,毕竟理解市场和价格调配资源的机制比理解企业和契约更为重要;而科斯看到了企业存在于市场之中,就像看到羽毛飘浮在空中一样,于是他说我们忽略了另一个约束条件,就是交易成本不为零,就像说空气阻力不为零一样。他看到新古典经济学预测得与事实不符,也许在他之前有很多人看到了这个不一致,但是只有他努力去探索为什么不一致。这个探索事实上就是在继续弗里德曼所说的当预言与事实不一致时我们需要做的事情。我们在引述科学哲学的基本观点时说,证实一个理论是不可能的,但要证伪一个理论,只需要一个事实。因此科斯的案例调查法事实上正实践着这种哲学思想。当我们发现理论的预测与某个事实不一致时,我们需要特别关注这个事实,对照事实中存在的约束条件,来修正我们的理论假说,或者提出另一个假说。林老师通过对转型经济的研究,发现传统的新古典经济对转型经济的预测屡屡失手,通过对转型国家的政府和企业关系的考察,林老师提出了一个新的概念——"企业的自生能力",新古典经济学中隐含着企业具有自生能力的假设,放弃了这个假设之后,我们可以在理论上解释中国"三位一体"的计划体制,以及改革过程中出现的"活乱循环",并预测改革过程中会出现的新问题、新情况。

第二,从理论与现实的逼真程度来看,一个简单的假设,并不能涵盖社会的万象万物,因此基于这个假设的理论往往与千变万化的现实有着相当的出入,这时应该怎么使我们的理论更为准确地预测现实呢?科斯为此提供了一个解答。在我看来,科斯所谓假设的真实性(realistic)是指假设与现实的逼真程度,而非事实本身(truth),倡导假设的逼真程度可以使我们比较省力地找到预测出错的地方,在一个既有的分析框架——在有其他更基本假设的基础上的分析框架——里添加某些真实的假设可以使我们的预测更有力、更能与事实一致。就像加入空气阻力后,我们对羽毛的预测会更加准确一样。这也正是卡尔·波普所说的,对科学假说的竞争则以假设的逼真程度来衡量。

但是同时我们不可否认人类才智的创造力,几乎最伟大的自然科学成就都源自一些大胆而不真实的假设,比如说牛顿的经典力学:引力与质量成正比,而与距离的平方成反比,比如说爱因斯坦的质能方程,又比如经济学中的经济人的假设,这些假设在开始的时候被人认为是无稽之谈、荒谬之极,但后来的事实证明这些假设的预测力之强令人叹为观止。所以科斯说得没错,弗里德曼说得也没错,但弗氏说的"假设无关性"囊括了科斯所说的假设的真实性。

关于经济理论的主要使命问题,我觉得张五常本人提供了一种解答。他在《经济解释》中指出"科学不是求对,也不是求错;科学所求的是'可能被事实推翻'!可能被事实推翻而没有被推翻,就算是被证实了(confirmed)"。科学不是为人们提供确定性的知识,科学所能提供给我们的只是无知的确定性。张五常对于科学本质和经济学本质的概括是切中肯綮、入木三分的,与弗氏的实证经济学如出一辙。但是,弗氏侧重于理论的"预测"力,而张五常却承袭科斯的传统,专注于经济"解释",两者事实上是殊途同归的,因为两者终究都回答了一个"为什么"的问题,"解释"的任务显而易见,而"预测"并不是一种算命术,它必须建立在理论的基础上,理论首先必须和已经观察到的现实相一致,也就是说能够作出预测的理论首先必须能够"解释"观察到的现实,差别在于预测在事实之前,而"解释"在事实之后,拿"科学解释的假定——推理模式"的话来说,解释只不过是"倒写的预言"而已。

所以科斯的方法论并没有超越实证经济学,他所说的和所要我们做的是关注现实世界的约束条件,正是这些约束条件,才造就了我们这个纷繁复杂的社会,因此我们的目光应该落在发现约束条件之上。

**经济学分析方法**

解决了方法论上的疑问之后,我们就可以专注于经济学的分析方法了。经济学的分析框架极其简单——一个理性的人在给定约束条件下的效用最大化行为。林老师常说,掌握了这一点并且知行合一,那么你们都可以成为经济学家。因此到此似乎没什么可说的了。但是这里暗含着一个假设——偏好的稳定性,如果人的偏好每时每刻都在变,那么预测是无从做起的。所以在这里我们必须提起乔治·斯蒂格勒和加里·贝克尔,因为他们对经济学方法夯实和扩展作出了无与伦比的贡献。

经济学词典里,最容易受人攻击的两个词是"效用"和"偏好",效用是个人消费商品或服务产生的满足感,而偏好则相当于利用各种商品和服务"生产"效用的"技术"。历史上曾经有过关于序数效用和基数效用之争,结果是以序数效用胜出,由此形成了个人间效用不可比的共识。对于偏好,也曾出现过很多经济学家在无法解释现象时,就把原因归结为个人偏好的改变,但这是一种"套套逻辑",是没法作出预测的,是不可证伪的。乔治·斯蒂格勒和加里·贝克尔力图说明,偏好稳定的假设是可以接受并且优于偏好改变的假设,这一方面是出于当前经济学对偏好形成的研究有限,另一方面这里的偏好不是指与产品相联系的特殊爱好,而是具有一般意义的健康、欲望、肉体快乐、慈善与嫉妒,等等,因此假设偏好的稳定是有依据的,而且偏好的稳定为经济学分析奠定了基础,如果假设偏好不变,我们仍能够解释现象,而且也可以作出预测,那么这种方法就比较可取。他们采取例证的方法,说明了几个主要的貌似违背偏好稳定假设的现象——上瘾、习惯性行为、广告、赶时髦——事实上可以在偏好稳定的假设下得到合理解释。在这里我不再详细地说明他们具体的解释,因为这只是分析的技巧而已。我想强调的是假设偏好不变的另一个潜在的意义是突出了约束条件的重要性,虽然作者在文中并没有提到这一点,但是就比如在上瘾这个问题上,如果偏好相同,经济人采用效用最大化行为,那么花在音乐上的时间就取决于他们的禀赋,如果禀赋相同,则花在音乐上的时间应该是相同的;相反,如果他们花在音乐上的时间不同,则他们的禀赋肯定是不同的。这样我们就可以从关于偏好的争论中跳将出来,转而将目光专注于现实世界中的约束条件或禀赋。经济学家苦心构造的模型只是简化人的动机,让我们能够集中注意力来观察真实世界,这一点在科斯身上得到了集中体现。

经济学的分析方法开始时局限于对经济问题的研究,因为常识教导人们,每门学科都有其独特的研究领域,这种常识束缚着经济学的发展,直到加里·贝克尔《人类行为的经济分析》一书的问世。用经济学分析方法分析人类各种各样的行为,并获得成功的,古往今来恐怕无人能出加里·贝克尔其右了。正是他的这种不懈努力,才使得经济学独特的分析方法更为简洁有力,应用更为广泛。

首先,加里·贝克尔指出经济分析之所以成为一门学科,不在于其研究的对象,而在于研究的分析方法。而斥责经济学搞帝国主义的人,大多数没有搞清楚这个问题,他们是按照问题分类,经济问题、社会问题、政治问题,等等,每一类的问题领域对应着学术研究的每一块,对交叉学科的产生抱着迟疑的态度。这种思维根深蒂固,以至于大大限制了各种学科分析方法的适用范围。加里·贝克尔从这一步就开始与众不同,这让他眼界顿开并意识到,经济分析是一种统一的方法,适用于解释全部人类行为。

其次,他归纳了经济分析的核心所在。最大化行为、市场均衡和偏好的稳定构成了经济分析的核心。经济学比其他学科更强调最大化行为的假设,但经济学却不假设代理人自己要清醒地意识到自己的行为是最大化效用,因为自然选择的结果可以证明,最大化行为是合理的和最优的。[①] 效用最大化的实现过程是偏好的满足,满足人们的偏

---

[①] Armen A., Alchian, 1950, "Uncertainty, Evolution, and Economic Theory", *Journal of Political Economy*, Vol. 58, No. 3, pp. 211—221.

好是通过市场来协调的,市场是通过价格机制来进行资源分配的,价格可以是货币价格,也可以是影子价格,显然生育一个孩子是没有货币价格的,但是我们可以用生育一个孩子的生活资料的费用来测量这个影子价格。事实上,影子价格的引入,反映了经济学家对价格机制的理解的深化,乔治·斯蒂格勒在他的《价格理论》中写到,从广泛的意义来看,价格是获得一件东西的条件,张五常认为万物都有"代价",都是影子价格的意思。

偏好的稳定和最大化行为使得我们可以对人类的行为作出预测,而影子价格的引入,使经济学不再局限于市场和经济问题,我们可以对涉及人类选择的众多问题进行分析:法律、犯罪、婚姻、生育,等等。加里·贝克尔提炼了经济分析的方法,并将经济分析方法运用得淋漓尽致,极大地拓宽了经济学的分析范围。

总结两部分可知,当今主流经济学的哲学基础是证伪主义,而其独特的分析方法是假设偏好是稳定的,理性人在给定约束条件下最大化自己的效用,在这个基本框架下,我们的视界就不能局限于经济问题,而可以用经济分析方法来分析一切涉及选择的人类行为,当我们发现理论的预测与事实不一致的时候,我们要找到事实中存在的特殊的约束条件,归纳这种不一致产生的原因,从而形成一个新的假说,在此假说上建立新的理论,对现实有更强的预测力和解释力,这种理论与现实之间的动态关系就是"道可道,非常道;名可名,非常名"之精义所在。

**经济学的招式和境界**

张五常谈到自己的经济学招式只有两招:一是理性人的最大化,二是需求曲线向右下倾斜。林老师也是两招:第一招和张五常是一样的,来源于亚当·斯密,第二招是预算约束。两人的侧重点不同,是因为他们对经济学的诉求不同。张五常的需求定律可能是想为经济学提供一个因果律。在自然界,因果律的存在是值得怀疑的,就像休莫所言,所谓的因果律只不过是时间和空间上接近的事物之间的偶然联系,"由力产生加速度"的判断中,在逻辑上,力是"因",加速度是"果",但事实上两者都是人臆造的概念,而所谓的因果性也只是在逻辑上成立,我们并不知道物体的运动是否存在一个因,但是因果律对于自然科学却是不可或缺的。经济学也是如此,我们必须至少有一个逻辑上的因果律,这样我们才可以作推理、作预测。张五常一再强调需求定律是无可置疑的"公理"的时候,我不得不怀疑他想说的是,所有商品或服务需求这个"果"都是缘于相对价格的变化这个"因",这就像力产生加速度一样,我们需要努力的是寻求导致这个相对价格变化的约束条件。想到这一点,我觉得自己越来越佩服张五常,倘若论及哲学基础和逻辑性,恐怕无人能及他的《经济解释》。而林老师则关注预算约束,预算约束表明决策者所处的环境对他的选择的限制,也就是说他的选择集合。这些限制包括时间、自然资源、权力、能够动员的力量,等等,真正的无约束是令人难以想象的,不同时间、空间、发展阶段、文化、政治、社会中的人面对的约束是不一样的。所以我们必须尤其注意一个决策主体所面临的约束条件。正是约束条件的改变,才导致相对价格的变化,林老师喜欢用外生变量和内生变量,相对价格永远是内生变量,外生变量才是最终的原因。张五常也关心约束条件,但喜欢敲打个体微观的案例,以小见大,而林老师关注的是发展中国家、转型中国家的经济,强调的是一国的要素禀赋对于一国发展战略的限制,前者追求理论的普遍意义,而后者担负更多的是儒家治国平天下的责任,这一点让后生晚辈更觉可敬可佩。

在比较张五常和林老师的招式时,我发现一个有趣的现象,经济学是在西方哲学思想的基础上成长起来的,因此张五常为经济学方法论寻求一个西方哲学的解释是合情合理的,但林老师却喜欢从中国哲学的基础上来阐述经济学的方法论,尤其推崇《道德经》,这也许是从小受国学影响比较深的缘故。"道可道,非常道。名可名,非常名。无名,天地之始,有名,万物之母。""道"是生生不息,不是恒定不变的;"无"和"有"都是"道"的表现,当不断变动的自然、社会现象中"道"的作用还未为人们所认识时,即是"无",当"道"的作用和自然、社会现象背后的"道"的作用所形成的规律被人们认识而可以用理论来描述时,这个理论就是"有"。理论是为了解释事物(现象),也是在特定的现象中"道"的作用的表现,但是"道"是生生不息的,自然和社会是不断在变动的,所以,"道可道,非常道",任何理论都不是"道"本身,因此,必须用"常无"的心态来观察现象,并从现象中不断去提升出新的"有"的"常有"的努力,才能驾驭理论,而不成为理论的奴隶。反过来说,如果我们从理论出发,我们会发现现实往往是出人意料的,其原因在于,天下没有放之四海而皆准的理论,任何理论都是对特定现象或者特定范围内现象的解释,这个范围一般是由理论的假设限定的,而现实不是按照理论假设的方式运行的,因此如果我们从理论出发,就会误入歧途。林老师这种本土化的努力很令人兴奋也很令人担忧,兴奋自不用说,而担心的则是这种努力能否为现代经济学方法论提供一个完整的、一致的东方哲学基础。

招式耍得好不好,其实就是学问的境界。

当年王国维谈到做学问的境界,曾云:

> 古今之成大事业、大学问者,必经过三种之境界:"昨夜西风凋碧树。独上高楼,望尽天涯路。"此第一境也。"衣带渐宽终不悔,为伊消得人憔悴。"此第二境也。"众里寻他千百度,蓦然回首,那人却在,灯火阑珊处。"此第三境也。

第一境界描绘了挑灯夜战、寒窗苦读,却不知路在何方的情形,想林老师在短短四年之内读完芝加哥大学的博士,此番苦工夫必然不浅,虽然林老师只是在言语间偶尔提及学习的辛苦,但光是那份每次都坐第一排第一座的恒心,也能感动得了每一位芝加哥大学的教授,也足以使我们学生汗颜。第二境界是持之以恒、孜孜不倦追求真知的过程。初入门径苦学而不得其要的现象相当普遍,此时难能可贵的是坚持不懈,想张五常在图书馆睡了一年半以便读书的典故,以及林老师最富"弹性"的睡眠时间,才知道高手过招时虽然貌似轻描淡写,但背后的苦功冰冻三尺绝非一日之寒。第三境界是刹那间的顿悟,禅宗讲顿悟,常常用"如桶底子脱了"的比喻,桶底子脱了,桶里的东西都掉出来了,而人顿悟了,则所有的问题都解决了,或者说所有的东西都融会贯通了起来。林老师讲到自己在资格考试前突然明白原来所学的东西都是一样的,这是一次顿悟,所有纷繁复杂的现象都一扫而空,只有简简单单的几招了。难怪张三丰在传授张无忌武功的时候,强调一个"忘"字,忘却复杂的招式,一剑在手,运用之妙,存乎一心。听师兄谈起,林老师对中国经济"活乱循环"的理解,以及后来关于"三位一体"经济体制形成的真知灼见,也源于一次去印度考察期间的顿悟。印度也有计委的事实让林老师跳出了"姓资""姓社"思路的窠臼,从此一发而不可收,终成一套独一无二的对中国经济转型的完整理解。然则我们可以看到,若无前两个境界中的苦功,又岂能奢望天上掉下一块馅饼,一觉醒来就成为经济学家?林老师自己常提到的境界是"心如明镜",以一种"常无"的心态面对这个纷纷扰扰的世界,什么现象拿到面前,用心一照,真相立现。心如明镜,不染一丝尘埃,是说心里不受先前理论的束缚,先看事实。儒家有云:物格而知致。先将事实弄清楚,我们就成功了一半,另一半需要我们用理论来解释现象;倘若我们从既有的理论出发,则无法做到心如明镜,也无法以一种"常无"的心态面对世界,这时候我们成功与否就取决于我们要解释的现象是否满足理论适用的范围,一旦理论的假设条件不满足,我们就会犯错误而不自知,这时我们就容易犯"空疏"的毛病。观察现象时,我们要全面观察事物,而不能只看事物的一面,或者分开看待事物的各个方面。若从一个方面给出一个解释,就犯了"支离"的毛病。解决"支离"的毛病,诀窍在于抓外生变量,当我们以为找到事物的原因时,我们一定要问,是什么产生了这个原因,追本溯源,直到找到一个真正的外生变量,这样很多原来似乎无法解释的变量,在我们的模型中都内生化了,因此都可以进行解释了。

学问的境界问题,似乎是个累赘,也有溜须拍马之嫌,但是大道理容易懂,苦工夫恐怕只有少数人能下,林老师身体力行之言,可能比我们自己闷头读几本书有用得多。

上述内容是为了理清经济学分析方法的脉络,巩固我们对经济学的理解,这也是成为一个经济学大师的必要条件,然而要成为一个大师,还需要有独到的眼光。发现一个具有重大意义的现象,问一个好问题,有时候比创立一套理论更为重要,科斯很幸运,问了一个好问题。所以我们平时就要注意观察现实,分析现实,厚积而薄发。

千里之行,始于足下。成为一个经济学家,需要我们一步一个脚印地走下去。

**林毅夫教授点评:**

我的研究方法实际上是一纲两目,以最大化为纲,以限制条件和相对价格为目,限制条件决定了最大化的选择范围,相对价格决定了在可选择的范围内哪个选择可以达到最大化的目标。只有清晰地了解决策者作出选择时的限制条件,才不会陷入空疏;只有从最基本的外生、给定的限制条件出发来考虑决策者的选择,才不会支离;只有了解了各个被选择对象的属性,才能了解各个选择的相对成本或相对效益。做大学问的下手处,是了解最外生的给定限制条件,以及各个选择对象的属性。对于这几句,你可以从我对三位一体的计划体制和最优金融结构的论述中去体会。

如果我理解得对,张五常的需求定律是价格效应的另一种表述形式。相对价格提高(降低)时,价格效应(price effect)是负(正),但价格变动也必然会有收入效应(income effect)。所以,说相对价格提高,价格效应为负是对的,在绝大多数情况下,价格效应会大于收入效应,所以需求曲线一般向下,但是,说需求曲线必然向下则是有问题的,因为,在某些情况下收入效应可以大于价格效应,对于低收入者的吉芬商品,就是一例。

**后记——经济学方法论对话诞生记**

认识林老师是从读他的《中国的奇迹:发展战略与经济改革》一书开始的,在2000年的那个夏天,我远远未曾想到,三年之后我会成为林门弟子,更没有想到的是,我会成为与林老师关于经济学方法论的主要对话者。当时的我,只是深深地为这本书吸引和折服。一本经济学的好书,首先要关注宏大的问题,其次要提供逻辑自洽的经济解释,最后就是要提供丰富翔实的事实证据。《中国的奇迹:发展战略与经济改革》正是这样一本"三位一体"的好书,以全新的、一以贯之的理论阐释了新中国成立以来的经济体制以及1978年以来中国经济腾飞的内在逻辑。我不仅由衷地钦佩作者那深刻的洞察力和强大的逻辑力量,读起来更是一气呵成很是享受。以至于多年之后,我问起师母林老师写书时的情形,师母说用"疯狂"二字形容都不为过。那时候林老师和蔡昉、李周经常一讨论就是一天,非常兴奋,夜以继日,不知疲倦。林老师回忆起这本书,倒显得非常淡然,说,其实只要想通了故事的内在逻辑,寻找事实证据和写出来,都是水到渠成的事情。如果说林老师等人创立的北京大学双学位项目,是向万千非经济学专业的学生打开经济学之门的话,《中国的奇迹:发展战略与经济改革》一书,则是把我引上经济研究这条"岔路"的路引,所以当别人问起,我是林老师哪年的学生时,我心里想,当我合上那本书的时候,林老师已然是我的精神导师了。

林老师常说,"授人以鱼不如授人以渔",以此来说明传授经济学方法的重要性。我想我比许多同学幸运的是,林老师不仅是我的精神导师,也是我进入经济研究的启蒙导师。这给了我一个难能可贵的机会,向林老师近距离地讨教经济学研究方法之道,这其中不乏茶余饭后的零散点拨,更重要的是以老师和学生对话的方式来探讨、释疑。大约是在2002年前后,林老师萌生了以对话形式代替传统授课方式的想法,以便更好地解答学生的疑问。与2001级师兄师姐们的第一次成功的对话,使《论经济发展战略》得以问世,反响非常热烈。然而关于经济学方法论的对话,我记得至少经历了三次,第一次是在2001级硕士班的"中国经济专题"研讨课上,其余的两次是在我们2002级硕士班的研讨课上,一次是学期伊始,一次在期末临近。关于方法论的对话,难度不在于林老师阐释自己的思想,而在于学生的提问要成体系,不然对话中的方法论就变得支离破碎杂乱无章。林老师让我们几个学生预先准备好问题,那学期我花了不少时间研读关于经济学方法论方面的书籍,不仅仅是为了对话,也是因为那时候的我正处于从政治学转向经济学的时期,迫切地需要掌握经济学研究方法的独到之处。课堂之下与林老师的书信往来,也使得我越来越清楚林老师的思想,于是一气呵成地写下了二十多个提问,以此为蓝本的提纲也最终让林老师满意。那次长达三四个小时的对话,最终成就了对话系列的第二本——《论经济学方法》。《漫谈学问之道》这篇习作就是那学期研读林老师方法论的点滴思考,林老师的批语也一字不差地予以保留。

林老师向人介绍经济学方法论,总说非常简单,就一句话:一个理性的决策个体,在给定约束条件下,总是选择他自己认为最好的。然而,真实世界里,人们受到各种各样的限制,究竟哪一条约束是最重要的?决策个体最终的行为选择,易于观察,然而他面临的潜在选项以及它们的成本与收益却不得而知。所以,运用之妙,存乎一心。让我见识到林老师的深厚功力不是在课堂上,而是在一次饭局上。那是在北京大学西南门的一家叫"左岸"的饭店,饭桌上谈起市场上期刊刊号价格奇高的事情。林老师居然在几分钟内给出了一个漂亮的经济学解释。他说,政府要管理各类期刊,如果每篇文章都要审查,则成本很高;现在刊物出版需要政府审批给刊号,政府会限制刊号数量,因此每个刊号都能带来一笔垄断利润,也就是租金。这样每个期刊都会自动审查,以免出现问题受政府惩罚撤销刊号而失去利润。寥寥数语,就将政府与期刊社之间的博弈,以及最优的政府管制策略讲得清清楚楚。之前一直以为林老师对中国经济的诸多理论和研究,来自他对中国长时期的观察和思考,然而这次随机性的话题,却让我见识到林老师对经济问题的敏感,以及对方法论炉火纯青的运用。

从 2002 年进入北京大学中国经济研究中心算起,作经济研究已十年有余,然而每每考虑问题,总是会想:我抓住了最重要的约束条件了吗?有没有忽略重要的选项与可能性?毕业后每次与林老师见面,林老师总是会问起研究作得如何,那个时候总是心中忐忑,就像在中心读书的时候向林老师交作业一般。所幸现在开始以学术为生,希望有机会写出得意文章,再交予林老师点评。

# 恩师的教诲  一生的坐标

陈斌开*

2004年,偶然的机会读到林老师《论经济学方法》的电子版,为其深刻的思想和完美的逻辑所折服,我放弃了管理学深造的机会,转而走上了经济学研究的道路。怀着朝圣般的心态,我2005年如愿进入北京大学中国经济研究中心(现国家发展研究院),师从林老师从事发展经济学的研究。时光荏苒,修习经济学至今已近八载,对经济学本身的理解也已发生很大变化,但是,林老师所诠释的经济学方法论却始终如一,指引着我所有的经济学思考。

在我看来,林老师经济学方法论中最核心的部分是对经济学"本体"——理性——的阐述,其余部分则都是围绕这个"本体"展开的。任何一个接触过经济学的人都知道"理性"在经济学中的地位,但并不是所有人都能真正了解"理性"的含义。我们经常可以看到有人以"理性"假设不可接受来批评经济学。这样的质疑对于经济学的初学者是可以理解的,但对于很多把经济学作为职业的人却是不可接受的。那么,理性到底是什么?一个常见的误解是,"理性就是自身利益的最大化",这个答案让很多人提起经济学就义愤填膺,质问经济学家们怎么没有看到那么多利他主义行为?事实上,理性和自私之间没有必然的联系,把理性理解为自私完全是一种误导。

经济学研究人的选择行为,而不管该行为是利己还是利他。那么,

---

* 陈斌开,2004—2009年师从林毅夫教授攻读经济学博士学位,现任中央财经大学经济学院副教授。本文写于2012年9月20日。

理性是什么？理性是对人的选择行为的一种描述。也就是说，只要人作出了选择，它的行为就是理性的，这是经济学的起点。为什么经济学需要这样一个起点？其实答案很简单，就是为了建构经济学的理论体系。林老师对"理性"给出了精辟的定义，"理性是人在作决策的时候，在他所能选择的范围内作出他认为最好的选择"。请注意这个定义中的限定词，"人在作决策的时候"说明决策者的信息状态，当一个人对自己的行为追悔莫及的时候，他的行为是不理性的吗？不，那是因为他当时还不知道自己会"追悔莫及"。"在他所能选择的范围内"是对预算约束的限制，开奔驰当然是一个好的选择，却不在我的选择范围之内。另一个限定词——"他认为"是一个更为重要的限定，这纯粹取决于决策者的主观态度，当人们作出让人"不可理喻"的行为的时候，他的行为不理性吗？不，因为决策者自己不会觉得自己"不可理喻"。这一大段分析似乎都在为"理性"作辩护，那么经济学家为什么要这样做呢？要回答这个问题，我们不得不从科学的起点谈起。

科学的起点是什么？我的回答是，相信凡事必有规律。那科学的目的又是什么？如果相信凡事必有规律，那科学的目的就在于找寻这些存在的规律，这就是我们经常说的"科学是为了追求真理"。但是，怎么判断是否找到了真正的规律呢？唯一的办法是到现实中去验证。我们可以利用这些规律不断地去作推断，如果这些推断和现实相违背，说明我们没有找到真正的规律；如果这些推断不违背现实，这个"规律"就被认为是暂时可以接受的。

经济学的目的在于找寻经济规律，并以事实作为辨别规律"真假"的唯一准则。既然经济学也满足"实践是检验真理的唯一标准"，那么任何一个经济理论都应该是可能被证伪的。事实上，与其说"理性"是一个假设，它更像一个限制，其目的在于能够得到可能被事实证伪的推论。假如我们没有理性的逻辑起点，对于任何难以理解的选择行为，我们永远都可以用一句话来解释，"他的行为是非理性的"。这样的解释是回避问题的一个很好的方式,但对于解释世界毫无用处,所以也就构不成理论。经济学要成为理论,我们必须有一个起点,在这个起点上构造的理论有可能被事实证伪,这个起点就是"理性"。由此看来,"理性"假设是为了让经济学更好地成为科学。概念的争论并不是目的,经济学的目的在于认识经济规律、解释经济现象,而这样的假设正是由这样的一个目的而设定的。有了这个基本的、共同的起点,我们就可以把有限的精力放到追寻有趣的经济规律中去,这是"理性"假设的真正魅力所在。

林老师对"经济学方法论"入木三分的阐述把我引进了经济学的大门,也改变了我的人生选择。命运眷顾,让我在人生最重要的阶段得遇恩师,过去数年,我有幸能近距离聆听到恩师的教诲。恩师的言行举止最好地诠释了"师者,所以传道授业解惑也"的真谛,他不仅教授我经济学研究方法,更向我传授人生的道理。"桃李不言,下自成蹊。"在恩师身上,我看到了知识分子"以天下为己任"的责任感,我理解了"气度决定格局"的道理。"士不可不弘毅,任重而道远","让我们以110年来中国知识分子以及5000年来中国士人以天下为己任的普世关怀作为我们人生的追求。只要民族没有复兴,我们的责任就没有完成,只要天下还有贫穷的人,就是我们自己在贫穷中,只要天下还有苦难的人,就是我们自己在苦难中,这是我们北京大学人的胸怀,也是我们北京大学人的庄严承诺!"恩师的教诲已经融入我们的血液中,塑造了我们人生的坐标。

这本书深入浅出地为学子们阐述了经济学"方法论",恩师也身体力行地向弟子们传授着人生的"方法论"。高山仰止,景行行止。

# 研究中国问题的经济学是二流学术吗

王勇*

近日北京大学中国经济研究中心主任林毅夫教授正式被任命为世界银行首席经济学家。林老师是我在经济中心硕士论文委员会的主席,而且作为在芝加哥大学经济系就读的一名中国学生,我真的感到特别兴奋。①

林老师一贯认为中国的发展转型过程是人类一次伟大的社会自然实验,为经济学研究提供了异常丰富和宝贵的素材,甚至可以提供"改变、放松现有理论框架中基本暗含假设"的机会。② 所以他非常鼓励我们这些经济中心的学生去研究与中国有关的问题。对此观点,就

---

\* 王勇,现为香港科技大学经济系助理教授。2003 年硕士毕业于北京大学中国经济研究中心,2009 年获芝加哥大学经济系博士学位。目前的通讯地址:Department of Economics, HKUST, Clear Water Bay, Kowloon, Hong Kong,电子信箱:yongwang@ ust. hk,电话:(852)-23587625。本文初稿写于 2008 年 2 月并发表于复旦大学《世界经济文汇》2008 年第 3 期。从很多意义上来说,这个问题只能由历史方能作出最权威和最公正的回答。我对作出这个重要但又充满争议的问题的认识难免粗浅,是不具备发言资格的,但本文的目的是抱着学习的态度勇于暴露一己拙见以求换取众人指教。非常感谢林毅夫教授、魏尚进教授、周林教授、邹恒甫教授、谢丹阳教授、王城教授、张俊富教授、杨桓兴教授、方汉明教授、钱颖一教授、鞠建东教授、韦森教授、龚强教授、章奇、李志赟、胡伟俊、刘臻等人对我的指点、评论、忠告、鼓励和帮助。特别要感谢《文汇》编辑部张军教授和陆铭教授详细认真的评论意见和热情帮助,以及章元教授、陈钊教授、王永钦教授等编辑的支持。这个学习过程让我受益终身。我还要由衷感谢其中几位老师对我此时偏离纯学术写作的善意批评,恳请老师们原谅。希望本文,尤其是各位老师的评论,能对更多的读者产生正外部性,能激发更多的思考,并恳请读者切勿对各位教授的观点作断章取义的理解。一切文责由我独自承担。

① 我在芝加哥大学的很多同班同学都读到了英国《经济学家》杂志的相关报道,觉得林老师的人生经历要比中国的经济增长还要神奇。我想,也许这段传奇故事本身就说明了目标、约束、选择这些经济学基本概念对于整个人生的意义吧。

② 林毅夫教授评注:像交易费用为零、信息充分、信息对称那样在原来的新古典经济学中存在的暗含假设。

我所知,经济学家们的意见分歧非常明显,覆盖了从全力赞同到全盘否定的整个光谱。我自己对一般纯理论本身的兴趣依然浓烈,同时写的大部分论文都属于宏观经济学的范畴,特别是关于发展中国家的内生宏观经济政策的理论模型,所以有时会直接涉及中国问题。在如何看待研究中国问题的经济学这件事情上,我和很多中国经济学者和学子一样,都曾经有过迷茫,特别是在选择研究主题时,觉得很有必要想清楚,所以正好借此机会系统整理一下自己的想法,并求教于各位方家。

首先必须承认,即使撇开中国问题,对于不同经济学分支和学术选题的重要性,不同的经济学家向来有着不同的品位和偏好,这在某种程度上已属于艺术判断,学术界很少能达成非常广泛的共识。这一点我也感受颇深。芝加哥大学经济系的不同教授之间经常批评对方的研究,甚至非常尖刻,毫不留情。在三年级时,我曾一度拿着自己的论文去给系里的很多老师看,去听他们的意见(现在看来也许并不明智),老师们都比较热情,但是结果常常令人沮丧,听到了很多批评。后来 Hansen 教授对我说:"你不要指望这里所有的老师都会喜欢你的文章,在这里历史上最好的学生在最好的情况下也做不到这一点。一般情况下,只要能有超过两个老师真正欣赏你的论文,那就足够好了。"事实上,在 2007 年美国经济学年会期间,普林斯顿的 Sims 教授甚至当场公开猛烈批评质疑当届 AEA 主席萨金特和 Ely 讲座主讲教授 Hansen 两位教授关于稳健控制(robust control)的整个研究的价值。从这一角度来说,就选题本身而言,永远不可能有共识。何况,百家争鸣对学术来说本来就是好事。

其次,在纯理论层面上,比如决定理论(decision theory)、博弈论与机制设计、契约理论,或者计量理论,等等,这些理论本身几乎是不带有任何明显的国别特点的,而且对经济学科具有工具性的重要意义。①但是有种观点认为只有这种研究才是一流的,而所有运用或者验证这些理论的应用研究都是二流的。依照这种观点,研究中国的问题就最多属于二流了。这是很强的个人偏好,我并不很认同,而且这显然也不是国际主流学界的主流观点,虽然学界的确有不少经济学家是这么认为的。② 事实上,很多时候纯理论发展的灵感也是直接来源于各种现实观察与应用研究的启发和矫正,理论研究也因而能够不断保持生命力,这样的例子不胜枚举。③

真正的问题在于,在应用性研究中,研究中国问题是否意味着必然是二流学术。④ 有些观点认为,研究中国问题尚不是主流经济学,而主流经济学家极少有研究中国问题的,所以研究中国问题的学术是二

---

① 陆铭教授评注:我想,有可能纯理论的研究本身往往就是由应用研究(或现实问题)推动的,而在这类的纯理论研究中,制度可能就不是中性的,这也就是为什么我们把一些"制度中性"的理论拿来用的时候,往往才会发现,其实,有些看似"制度中性"的理论的假设,其实就是一种制度。

② 周林教授评注:I agree with you that one can be a first-rate economist whether one studies pure theory, or applied theory, or one studies empirical issues. (By the way, there is a distinction between an academic economist and a professional economist. This distinction is quite blurred among general public, particularly in China. A person can be a good economist in one sense but not in the other sense. Or can be good in both. Or neither. Greenspan, for example, is a pretty good p-economist, but not much of an a-economist. Bernanke, on the other hand, has yet to prove that he is a good p-economist.) Justin is a first-rate academic economist, which he demonstrates through his scholarly work. The fact that he was appointed the chief economist of the World Bank is a consequence of it.

③ 不过我同时也认为,基于纯粹逻辑演绎的理论进展,包括很多规范性(normative)的研究,有时候虽然也许一时无法直接用数据检验,但是它本身也有可能会给我们直接带来很多重要的经济学洞见。有很多隐性假设的重要性和很多经济力量的传导机制就是在这个推理的过程中慢慢暴露出来的。所以,如果将所有没有直接从现象出发的纯理论研究不分青红皂白笼统地贬为缺乏洞见的智力游戏,同样也是不公平的。

④ 张俊富教授评注:In short, my answer to the question is no. First-rate research is done by first-rate economists; and these economists can be studying any economy. Currently, most of them appear to study the US economy because most of them live in the US and are more familiar with this economy. The most fundamental questions in economics are mostly not county-specific. The economists with the highest aspirations will always aim to solve the most fundamental questions and do not care about where their inspirations or empirical evidence come from.

流的。这种观点从实用主义角度来说颇被留美的中国青年学子接受,比如一个事实就是过去的 15 年间很少有哪个刚毕业的学术明星的求职论文是研究中国问题的。① 坦率地说,我曾经或多或少也有类似的想法。但是,细细一想,以是否已经主流为标准来判断经济学研究的价值,这本身是站不住脚的。纵观经济思想史,太多的新学说都是在违背当时主流假设或者范式下作出的。不看具体研究的实质内容和方法以及其对现实的解释力强弱,单凭研究素材是否中国化,就武断地否定或贬低其研究价值,我认为是不符合经济学的科学精神的。从另一个角度来说,事实上,将经济学普遍原理应用到国别问题研究之中,或者从一些国别现象中提炼出有趣的经济学创见加以一般化,或者用国别的数据来验证已有理论,这些即使在目前最活跃的举世公认的大经济学家的研究中也屡见不鲜,像 Acemoglu、Banerjee、Greif、Maskin、Murphy、Myerson、Shleifer、Townsend、Zingales,等等。② 研究中国问题的论文在 JPE、AER、QJE 等国际最权威的经济学刊物上近年来也频频

---

① 魏尚进教授评注:There are two broad approaches to study issues related to the Chinese economy:(a) using economics as a scientific tool to improve the understanding of phenomena observed in the Chinese economy; and (b) using phenomena observed in the Chinese economy to improve economics as a science. Both are very meaningful (and can produce papers publishable in top journals). (b) is not a field by itself, but could be a part of any field, such as international economics, macroeconomics, or industrial organization. (a) has been pursued as a field by many. As a matter of reality, (a) as a field has far fewer career opportunities in academia than a regular field like macro or international. So I generally would not advise a bright and aspiring student to make (a) as a primary field。

② 张俊富教授评论:You may want to be more explicit about what you mean by "second rate" economic research. In other words, what is first-rate economics? If this is entirely subjective, then it's a waste of time to ask the question. So there must be some objective criteria, although not everybody will agree on them. Even if it is very difficult to define what "first rate" is, you can at least list some well-known works that are likely to be considered first rate. Then the question is whether someone studying the Chinese economy is likely to produce research at the same level. For example, we may ask whether Greif's work is first rate. Why can't similar work be done by people who study the Chinese economy or economic history? Is Sen's work on poverty and famine first rate? Why can't similar work be done by people who study the Chinese economy or economic history?

作者补记:张老师提醒得对,究竟什么是国际一流学术研究的标准?我心中虽然有个模糊的标准,但还是选择存而不宣,先多听听诸位老师的意见。

出现。

芝加哥大学的老师们特别强调好的研究不是炫耀数学技巧而是要能带来新的"经济学"见解。在我自己最感兴趣的宏观、发展和政治经济学领域里,公正地说,绝大多数的理论模型与微观纯理论相比都属于比较应用性的。我在国内开始作研究时所养成的习惯是直接在现有宏观经济模型上作拓展,然后根据得出的结论来反向界定模型的目标,虽然自我感觉这有利于增进自己对原有模型的理解,并积累了不少有用的建模技巧和写作心得,但是往往作出来的东西很难得到芝加哥大学老师们的好评,投稿也屡屡受挫。痛定思痛,我觉得这种研究进路通常容易出现两个最重要的问题:一是研究的目的性不突出,容易给读者(审稿人)一种做习题的感觉,而没有足够令人信服地说服读者为什么这个研究是重要的,是值得花时间去认真地看、认真地推导细节的。事实上,我早期投稿收到的审稿意见书显然说明有些审稿人根本就没看或者没看懂模型。意识到这个问题以后,我加强了对文章导言部分的投入,也意识到定量事实(quantitative motivating facts)的力量。应该说,我后来所收到的审稿意见书,基本上至少都赞同所研究的问题很重要而且是有趣的。但是,审稿意见书中的批评在很大程度上集中在:文章结论的经济学直觉传导机制被复杂的模型湮灭了,这就是我以前研究进路的第二个弊端。事实上,已发表的建模高手的很多有影响力的模型本身都是为最有效地阐述原作者所要强调的经济学机制而设计的,所以模型结构处处都是为了彰显他的机制。而我拓展模型以后所能得出的结论,也许根本就不需要依托原来的模型,或者说我自己所要强调的核心观点和传导机制并没有得到最直接有力的彰显和表达。事实上,更容易发生的情形是,对原模型的五个拓展方向中可能会有三个导致模型推导变得异常复杂而得不出任何有意义的结论,任何数值求解也会变得无的放矢。

当然,有很多很多一流的研究也都是在现有模型的基础上推进的,特别是纯理论模型,当然也包括不少漂亮的宏观经济学模型。这就涉及更深一层的经济学功底和建模能力了。这里面包括好几种不同的情况。其中一种情况是,建模高手是在经历了一个不断的搜索、试验、比较过程之后,才最终锁定现有文献中那个与自己的目标最接近的模型,然后加以必要的改造。这种痛苦的搜索过程蕴涵着建模者的经济学内功,但是在最后写出来的论文中,读者看到的只是成品,如果没有作过相关研究的话,是不容易读出这份艰辛的,更辨不出"a model"和"the model"的区别,还天真地误以为这只不过是在已有模型基础上随意地变动了一个假设而已。

当然还有很多经济学家,包括林毅夫老师,主张先在经济学逻辑上把传导机制想清楚,用文字语言表述出来,然后再用数学语言加以正式的表达。① 就我个人的看法,能在借助数学推导之前就比较透彻地了解传导机制,这就要求该传导机制相对于研究者的思维能力来说逻辑必须足够简单。就我个人而言,这就意味着模型中的决策者必须足够少,信息结构和市场结构必须足够简单,内生变量必须足够少,动态特征必须足够简单。同时具备这些特征而又能表达"新"见解的任何经济学模型一定是可以发表在最顶尖杂志上的,因为其原创性。但我想能捕捉到这种研究良机相对而言是很不容易的,因为这种机制的结论与假设之间距离较短,所以相对更容易被前人发现并正式模型化过。如果没有的话,通常要么是因为比较幸运,要么是因为这种机制在现实中并没有被很多训练有素的经济学家观察到并真正关注、重视和认真思考过。②

---

① 林毅夫教授评注:芝加哥大学的老师不是要求在建模型之前必须先有直觉吗?而直觉不就是结论和达到这个结论的传导机制吗?而且,任何复杂的模型解完以后,应该都是可以用简单的语言把其因果传导机制表述出来的。如果不能做到这一点,通常不是好文章。

② 林毅夫教授评注:当然更多的机会来自新现象,以宏观经济来说,20世纪30年代的大萧条和六七十年代的滞胀就是。

我想,正是在后者的意义上,林老师倡导中国学子多研究中国问题。他认为,中国改革开放的发展实践中有很多重要的经济现象未曾被现有理论预见过,甚至常常与现有主流理论预测相矛盾,而绝大多数训练有素的外国经济学家对于发生在中国的事情又恰好不甚了解,没有清晰的直觉经验,所以受过良好经济学训练的中国学子具有"近水楼台先得月"之便。①

那么中国发展经验的很多方面是否真的具有这种特殊性从而可以为我们的应用理论研究提供新的洞见?② 我觉得,在很大程度上,经济学中的经验研究和理论研究都已经给出了肯定的回答。比如,渐进改革仍能保持高增长,乡镇企业的一度兴起,"双轨制",这些制度创新都是中国之外所没有观察到的,这方面有不少研究论文发表在最顶尖的杂志上,经济学家们对这些问题的认识也随之经历了一个群体性的转变。在很多国际定量比较研究中,我们发现中国的数据点经常是一个异常值(outlier)而被研究者排除。比如在作宏观研究时,如果真的用中国数据去严肃地验证主流模型,校准的结果常常不太理想。

---

① 张军教授评注:受过良好经济学训练的中国学子是否真的具有"近水楼台先得月"之便呢? 我认为不是大多数,而是极少数。"近水楼台先得月"之便的获得,需要真正懂得并又能同时摆脱主流经济学的理论约束。而这是极不容易的,也不是大多数人可以做得到的。张五常说自己30年不读他人的作品,定有这样的寓意。我认为,受到正统经济学的很好训练但又能较少受正统理论的约束,是创造性工作的一个重要条件(甚至可能是必要条件)。以这个标准来判断,我注意到1994年后的林毅夫教授开始试图摆脱正统理论的约束,一直在寻找理论的突破。如果以这样的标准来衡量,张五常教授40年来更一直是这样做的。他用中文写的多卷本《经济解释》极富创造性(特别是他对成本的重新定义和解释,以及对制度、交易费用、产权、企业、合约、分成制以及均衡等的阐释)。张教授2007年对中国经济系统有了全新的解释和突破。

② 张军教授评注:过去30年里中国的问题是否可以为经济学家提供创造性的贡献? 我认为创造性贡献的机会的存在首先不取决于中国的问题是否独特。独特的问题也限制其理论的适用性和价值。重要的是,在经济发展和增长的过程中,我们看到了历史、制度、结构和方式(manner)的差异。未被主流理论预见到的经验现象往往集中在这些方面。由于这些东西才是英美体系之外的大多数经济所共同的,因此我认为,创造性贡献的机会会更多地与下面的问题联系在一起:我们在多大程度上能从这些东西里面找到足以改变现有主流理论的假设,从而可以预见到这些现象发生的概率。现有的主流经济学是英美国家(North意义上的)的经济学家以它们的经济成长的历史、制度、方式和经验为基础而发展起来的。

但这绝不是说,中国所有重要的经济现象就一定都很特殊,都需要新模型方能解释。有时候,也许"不识庐山真面目,只缘身在此山中"。如果我们把中国放置在一个更加纵横开阔的国际历史维度里,我们会发现,很多时候中国有些现象和经验虽然比较突出而且被国内外媒体经常报道,但是却并不独特。比如 GDP 的持续高速增长,这个宏观变量的时序特征本身并不是中国所特有的,Rodrik 等(2005)考察了 20 世纪世界各国的 GDP 动态就探测到了 79 个经济加速的例子。至于推动中国经济起步和增长的深层次制度原因,似乎就不那么显然了。顺便说一句,我比较认同 North 的观点,即经济生产要素的积累和生产率的提高是经济增长的特征本身而不是经济增长的根本原因。钱颖一教授认为中国改革开放以来取得的经济成就令国人鼓舞,但归根结底,其微观原因没有什么特殊性,无非是引入了各种竞争机制,个体的激励机制与经济效率更加一致了,还有,经济开放了。他还认为,中国大陆地区 1978 年起的经济增长,与日本 1950 年、中国台湾地区 1958 年、韩国 1962 年起的经济加速相比,时序特征上没有什么不同。但是,他也同时认为中国的改革过程非常复杂,作为迅速崛起的开放大国,中国未来 30 年的发展充满不确定性,有其特殊性的一面。①

在我看来,林老师的观点与钱颖一教授的观点并不矛盾。因为他们所指的特殊与否的对象是不同的。坚守理性原则的经济学家对于任何经济现象的解释最后都会归结到理性主体在特定的信息和资源约束下的优化行为,变化的只是某些假设而已,这是经济学的基本原理,所以这本身当然没有什么特殊性。从逻辑学的角度,任何正确的命

---

① 张军教授评注:最近 Gary Jefferson 和我在合作一篇文章,期间我们就什么是中国的问题讨论了很久。最后,他写了这样的话:Nonetheless, it increasingly appears that the uniqueness of China's experience is not and will not be the nature of its institutions, rather its uniqueness is the manner in which its earlier institutions have become reconfigured—that is their process of becoming—so as to bear the resemblance they do to capitalist institutions. Thus China's uniqueness is far less in its destination than in its journey。

题都是同义反复。好的命题的价值只是在于有效提高人们的思维速度,并加深对相关事物普遍规律的理解。我所理解的特殊性,是指某组现象的共存与现有主流理论的预测或者经济学界的主流看法或先验信念不一致,而该理论或信念本身却被很多其他的经验事实支持。有时候单个现象本身,比如中国1978年后GDP的增长,似乎只是79个经济加速实例中的一例,谈不上有什么特殊性,但是如果将之与其他一组现象放在一起,它们的共存性也许经济学家们在加以严肃研究之前并未很好地理解,比如经济增长与渐进改革的共存性。又比如,中国20世纪90年代初邓小平南方讲话以后经济的增长伴随着很高的贸易开放度,而印度1990年国际收支危机引发市场化改革以后,经济的增长却没有伴随很高的外贸依存度(与亚洲"四小龙"当年的发展模式也都很不一样),为什么?又比如,如果按照制度指标做国际排序,中国的法治、民主、产权保护等都排得非常靠后,但为什么会吸引到那么多的FDI?为什么人均FDI在2005年竟是民主国家印度的9倍?另外,究竟是什么内在机制导致同样是共产党领导下的中国,各级政府采取的政策与经济效率在改革开放以后会变得更加一致,而且政府始终扮演着推动和支持改革的角色?从这个角度上说,我想很少会有经济学家否认中国改革发展过程中的很多问题的确具有特殊性的一面,或者说还没有被主流学界完全理解清楚的一面。①

去年芝加哥大学 D. Gale Johnson 年度讲座邀请了在世界银行工作多年的纽约大学发展经济学家 Easterly 做主讲。他是对 Sachs 的长期

---

① 林毅夫教授评注:非常同意你的看法,理性是经济学的体,自然不会因为中国而有特殊性。但是,单单这一点并不能解释为何中国在改革前经济增长绩效差,改革后经济绩效好,也不能解释中国的转型取得巨大成果而其他国家困难重重。认为中国的经济现象没有任何特殊,其实就放弃了从中国的经济现象中去进一步了解发展和转型的尚未为人所知的深层次道理的机会。

批评者。① 他的主要观点是,就历史经验而言,发展经济学家对于各国经济发展的政策建议大都是无效的或是错的,各国的经济起飞的直接导因五花八门,各不相同,而经济学家对此仍然所知甚少。其中他也提到了中国安徽的一个小村庄农民的非法行为居然引发了整个国家十几亿人的经济改革和增长。

宏观与发展经济学家自然希望能从各国的不同经验中抽取出具有共性规律的东西,但是这首先需要对个体案例有充分了解。如何看待以中国现象为出发点的经济学研究?② 这样的研究是否太国别化,丧失了理论的一般性?就此我曾经专门请教过贝克尔、卢卡斯、麦尔森和 Stokey,得到的回答惊人的一致:研究中国的问题很好,因为中国是一个非常重要的国家,其中的很多有趣的问题经济学家们都很希望理解却没有完全理解,而且对中国问题的研究也许还可以帮助我们思考其他国家的类似问题。

由此我想到,林老师数十年置身于中国本土,对于中国发展过程中的经济现象和经济政策有着敏锐透彻的把握和理解,而且林老师还与其他很多熟稔现代经济学研究方法并从事中国经济研究的同事一道,从各个层面一直不断反思和总结发展经济学主流理论和政策建议对于中国现实的解释力和适用性,同时在各种国际交流中也不断将中国经验与其他国家的发展经验做比较和综合,并提出了自己一以贯之

---

① 转述邹恒甫教授的评论:Sachs 有些冤枉,他对前苏联的那套转型方案在实施过程中受到了很多政治因素的干扰,在帮助前苏联这个头号冷战对手进行经济与制度转型的过程中,美国政府的做法是有所保留的。请参见 Sachs 等人后来对前苏联转型过程的反思性总结。Sachs 对于推动对非洲国家的支援等国际发展问题付出了很多高尚的身体力行的努力。希望大家都来关注非洲贫苦人民,中国国家发展银行的中非发展基金就主要做这些事。

② 周林教授评注:I think it (doing research on China economy) is a very good choice since China certainly needs a lot of talented economists and many issues that arise during the development of Chinese economy present challenges to the brightest economists of our generation。

的理论假说。① 也正因为如此，与来自发达国家的各位前任首席经济学家相比，我觉得林老师对于主流理论假说的普适性和发展中国家经济结构和政策操作的国别制度特性之间的关系也许有着更为直观和深刻的认识。从提供政策建议的角度而言，"一切从经济现象本身出发而不是从现有理论出发"，这种务实谨慎的非教条主义的态度对于世界银行首席经济学家而言也许非常重要。更何况，中国作为世界上最大的发展中国家，也是近三十年来经济发展速度最快的国家，任何人都无法否认中国经验对于整个第三世界国家都具有极为重要的借鉴意义。②

当然，与研究发达国家问题相比，研究中国问题的瓶颈和困难也

---

① 张军教授评注：你说的林老师一以贯之的理论假说，是指比较优势的论述（以及衍生出的自生能力和潮涌现象）吧。在1993年前后我就开始听到他的这个理论。这个理论其实很正统、很主流啊。资源禀赋决定要素相对价格和成本结构，进而决定技术选择的道路和产业结构。这是主流经济学的基本原理，包括相对价格理论和贸易理论。而在政策层面上必须满足开放自由的市场条件、正确的价格、最小的政府以及自由贸易等条件。从经验上说，大多数经济成功的国家基本上应该遵循这样的战略，除非政府胡来或者受到某些条件的制约而不得不选择违反这个逻辑的其他战略。

从这个意义上讲，比较优势的战略与后华盛顿共识的精神和逻辑是一致的。我觉得，今天林老师重新强调比较优势战略（包括最近的马歇尔讲座）的意义是，在西方经济学家那里，这是隐含的前提条件，而对于走上别的发展道路或者对于转型的经济而言，这可能是成功的唯一选择。由于比较优势是价格调才能发挥出来的，因此，在政策上，这个战略要求政府放弃统治和经济扭曲，促进开放和市场化。在经济学上，这当然就很主流了。

由于对发展中的和转型的经济而言，比较优势战略是几乎唯一的选择，那么比较优势这个话题以及林老师对它的强调是否就意味着发展经济学的终结？我不这样认为。这就像有了马歇尔建立的均衡理论体系和后来比较成熟的经济学原理，经济学家反而有了更大的成长空间。我相信，即便比较优势的战略再继续强调并得到更多发展中国家政府的认同和选择（假设这是林教授世界银行任职的使命），经济发展（转型）和增长仍然是经济学发展的主流方向。

林毅夫教授的再评论：非常同意张军教授的看法，实施比较优势战略的前提是完善的市场经济体系，而且，主张比较优势战略也不是发展经济学的终结。这一点和主流经济学的看法没有不同。但是，有两点需要说明：首先，现存于发展中和转型中国家的许多制度扭曲，是内生于赶超战略下企业缺乏自生能力，因此，在企业自生能力没有解决前，简单地去除扭曲的意图，经常会造成比原来更糟的结果。其次，在比较优势战略下，政府的作用不是像主流经济学所主张的只提供公共产品的最小政府。发展中国家的政府，在产业技术升级和制度建设上应该发挥积极的作用。

② 转述邹恒甫教授的评论：在中国经济增长的背后也存在很多严重的问题，如官僚资本的急剧积累、贪污腐败、收入不平等问题，这些都是需要重视、需要研究的。

是明显的。对于很多从事定量数据研究的经济学家来说,他们都不否认中国问题的意义和趣味性,但是苦于没有理想的易得的数据存在,所以就无从下手。① 而没有理想的数据就会容易使得经验研究的结论很难让审稿人信服,就很难发表到最好的杂志上。这些外生约束条件常常迫使一些研究者不得不放弃对中国问题的进一步探讨,特别是当研究面对比较紧的时间约束时。数据收集是一项长期的群体性的正外部性很强的工作:以规范的方法研究中国问题的人多了,对理想数据的需求也就多了,数据供给也就会更快地跟上,进而又能吸引到更多的研究者来着手研究中国的问题。但是这个挑战也是机遇,谁最先获得一个新的数据集,谁就占得了研究的先机。理论的发展永远会对数据的种类和质量不断提出新的要求,企图等待别人把所有数据都收集整理齐备了再着手做研究,未见得总是一件好事。令人欣喜的是,中国数据的整体种类和质量在近十年里都有着长足和快速的进步。我相信随着时间的推移,数据可得性问题对于中国研究的制约作用会越来越不重要。对于侧重于数理建模的定性研究来说,研究中国问题也同样常常面临着不少额外的挑战。比如就宏观经济学而言,有时候我们根据对中国现实制度的观察,对某些主流模型的假设作出修改,熟悉中国情形的学者相对比较容易接受,但是要说服那些只熟悉发达国家情况的审稿人,会变得非常费劲,他们就是坚持认为这种偏移性的假设不合理,而且显得是强加上去的(ad hoc)。从这一层意义上来讲,对于中国问题的实证研究,以数据说话,对于定性理论研究的国际化本身也有着很重要的辅助作用。

就自己的研究兴趣而言,我深深地认同卢卡斯的判断,即宏观经济学最核心的问题就是经济的长期增长问题。这个动态过程在不同国家不同时间因为不同的宏观经济政策组合而呈现非常不同的特征。

---

① 这是转述方汉明教授的看法。

财政政策、货币政策、对外开放与贸易政策、产业政策、教育政策、人口政策、就业政策,等等,理解这些经济政策的福利后果无疑是重要的。但是为什么不同国家的不同政府在不同的时间会有不同的经济政策?我觉得这才是更为根本的问题。关于内生经济政策的现有文献主要集中在发达民主国家,政策制定过程主要通过投票等民主过程实现。对于很多政府主导的发展中国家包括中国而言,政策形成和执行过程是怎样的?经济学家们并没有给出清楚的答案。现在越来越多的研究表明,研究宏观经济政策单单考虑经济约束是不够的,必须同时考虑政治约束,政策执行的速度和效果在不同的制度条件下是可以非常不同的。我认为"华盛顿共识"忽略的很重要的一点就是政治可行性约束,特别是对于一个像前苏联那样的大国,怎么可以像对待小国那样,企图按照少数知识精英的设计(很大程度上是制度的比较静态研究)一夜之间完全重塑甚至克隆整个政治和经济体制?怎么可以忽略地缘政治,忽略经济人的自利性反应,忽略过渡动态中的不确定性,忽略人们基于原有社会组织形式的社会共识和社会资本?凡此种种。因而我越来越认同近年来国际学术界从政治经济学角度探讨政治体制和宏观经济政策的研究。就此而言,对于宏观经济政策研究和理解的本身就脱离不了制度特性。理解包括中国在内的不同体制国家的内生经济政策制定和执行过程,我认为非常重要。[①]

当然,笼统地说制度重要并不能带来任何新的经济学见解。近年来,越来越多的经济学家纷纷从利益集团的博弈、社会集团的联盟形成、政府组织形式中的不完全契约的特点、有效信息流的传递等角度去正式模型化经济政策的形成和演化过程,大大加深了人们对于这些问题的理解。我相信,如果能够将中国这方面的组织形态所揭示的经

---

[①] 陆铭教授评注:关于中国的结构性问题,我们复旦大学的几个人一直认为有三个维度是最为重要的,一是经济分权加政治集权,二是城乡分割,三是关系型社会。对于很多问题的理解,这些可能都是重要的。但是否可以由此而发展出一般的理论,还不知道。

济学洞见用数学模型有效地表达出来会有非常重要的理论意义。①

中国是一个迅速崛起的大国,有很多现象还没有被很好地理解。但这本身是否一定意味着我们需要一门相对独立的"中国经济学"? 目前我个人的看法还是比较保守的,因为通常一个新的理论范式的诞生和得到正式承认需要一批享誉国际的学术大师做很多互补性的具有某些鲜明共性的研究工作,并且能在主流学界得到认可。② 印度作为另一个崛起中的大国,也有很多重要的宏观和发展问题尚没有被很好地理解。印度裔经济学家的研究整体水平远远高于中国,甚至已经有不少诺贝尔奖级的大师③,其中有很多人也纷纷将从印度观察到的经济现象拿来研究,但是他们似乎都更加关注一个个具体问题本身,然后作出好的研究发表在顶尖杂志上,似乎也没有定出"印度经济学"的建立时刻表。④ 当然,对中国和印度的经济现象的重要性或者特殊

---

① 张军教授评注:你说得对。我觉得,经济学家 North 对制度的强调的意义会越来越重要,因为将来的经济学家会越来越多地去研究那个复杂、多样、精彩和机巧的"制度"的。经济政策的制定和执行是内生在不同制度中的。

② 周林教授评注:I am suspicious of the term of "Chinese economics". If one considers economics as a branch of social science that studies the issues of resource allocations (in dynamic or even historic context), it should apply to all countries. A geologist can be an expert on particular geological formation in Guilin, but is his finding contribution to "Chinese geology", or just geology? He can be called a Chinese geologist if he happens to be an ethnic Chinese, but it has nothing to do with the subject matter of his academic research. You may consider "Chinese economics" as "the Chinese School of economics", just as "the Chicago School of economics" or "the Austrian School of economics", which would be legitimate. However, there are two reasons that such a term would be inappropriate. First, there are so many economists in China nowadays with diverse expertise and interests. There is not a uniform school to speak of. Second, one may speak of a more specific group say "the Qinghua School of economics" or "the CCER School of economics", yet we have seen nothing so far that such a term is warranted. No place within China has really produced any original economic thought or doctrine that has earned such a label。

③ 魏尚进教授评注:Economists of Chinese extraction will eventually attain the same level of prestige and numbers in academia and international organizations as their Indian counterpart. It is only a matter of time.

④ 转述邹恒甫教授的评论:过瘾! 为什么就没有印度经济学、韩国经济学? 我对弗里德曼当年关于研究中国问题的某句评论持保留和怀疑态度,中国要把经济学搞上去首先要走国际化道路。不过提起政治经济学,欧洲有不少国家政府对市场的干预的确要比美国强,比如法国和北欧一些国家,所以 Laffont 等法国经济学家写了很多关于研究政府规制的政治经济学论文,还有很多意大利人和瑞典人也对政治经济学研究得很好。

性做比较,这本身合适与否,仁者见仁,智者见智,但当下的中国似乎没有必要也没有实力举起"中国经济学"的学派大旗。不提"中国经济学"并不会影响对中国问题感兴趣的人去踏踏实实地以中国经验为出发点提出或者验证具有新见解的理论模型假说,"实至"方能"名归"。①

总而言之,我个人的基本观点就是:只要能够带来新的经济学洞见,不管这个现象是美国的、中国的,还是哥伦比亚的、坦桑尼亚的,都可以是一流经济学研究的素材。而中国作为全球化过程中迅速崛起的发展转型中的大经济体,从经济学的很多角度来看,很有可能带来新的经济学洞见的现象集合会更大一些,而且对这些现象本身的研究对整个人类福利的含义也会更大一些。② 对中国问题的不同研究方法和成果也许可以作出优劣之分,但是对中国问题进行经济学研究本身

---

① 林毅夫教授评注:非常同意你的看法。中国的经济学家重要的是利用"近水楼台先得月"之便,以规范的方法研究中国的现象问题,得出的结论就会是对整个人类经济学科的发展作出贡献的国际化的成果。这样的研究成果也会对理解中国的问题、中国的现象和改革发展政策的制定有较大的帮助。这正是我 1994 年发表的《本土化、规范化、国际化——贺〈经济研究〉创刊 40 周年》一文所主张的观点。

陆铭教授评注:补充一句话,既有的经济学知识在大的方面对于理解中国问题是可以的,但是不够的。我相信,任何了解中国和经济学的人都不会否认这一点。如果有人真的认为不需要基于中国的问题来发展经济学,那我的选择是,不说了,把辩论的时间用来作研究吧。当然,我认为中国问题重要并不是说要建立中国经济学,那是短期内看不到的,我们连中国的现实与既有的理论是否符合还不太清楚。

② 张俊富教授评注:There is one view that the economists who study the largest economy in the world will be doing the most important research. And scholars holding this view will point to UK in the 19th century and US in the 20th century. But my understanding is a little different: The economists at the world's academic center will produce the most important research. The prime academic center tends to be in the most developed country. Economists at the academic center are naturally more familiar with the country they live in. Therefore, you see the most important research coming out of UK and then US and they are mostly about UK or US when they are addressing a specific country. So, studying the Chinese economy wouldn't add anything to the importance of your research. I believe one day a large amount of first-rate economic research will be about China. But that can only happen when a large number of first-rate economists live in China, i.e., after China has already become an important academic center for economic research。

绝不是二流学术。①

另外,作为一个中国人,我还觉得,如果有更多受过良好经济学训练的经济学子和学者都切实投入到与中国问题有关的规范严谨的研究中,那么不但会有效地促进中国乃至整个世界经济科学的进步,也会有利于整个中国社会的进步和中华民族的复兴。他们与那些在国际主流学界拼搏的研究其他问题的华人经济学家一样,都应该受到我们的尊重。

---

① 杨桓兴教授评注:I basically agree with you that studying Chinese economic problems is not necessarily the second or third tier research work. To rank the impact and contribution of a paper, I believe one important criterion is that how widespread the problem under study is. The more widespread is the problem, the more important is the problem. For example: adverse selection is widespread in the world, and that's why Akerlof won Nobel Prize. If a problem in China under study is widespread in the developing world, then it is more important or of more empirical relevance than the problems that are specific to China。

# 本体与常无:与林老师世界银行谈话后的思考

张红松[*]

记得2011年9月,我在世界银行和林老师讨论我最新的研究课题。在我大致介绍完我观察到的现象后,林老师让我做的第一件事就是忘掉现有的理论,尝试从经济中最基本的个体利益出发解释这一现象。这就引出了经济学研究的一个重要问题:在解释一个现象的时候,是应该从现有理论出发,还是应该从最基本的理性人假设出发?这篇感悟小文,正是源于这次讨论之后我的思考。

众所周知,现代西方经济学已经形成了一套严密的研究体系,并积累了一大批优秀的理论文献。但一个重要的问题是,在我们试图理解一个现象的时候,是应该从现有理论出发,还是应该依据这个国家特定的政治、经济和社会现象,从最根本的理性人假设出发?这个问题,也即是林老师所谓的"本体"与"常无"的问题。根据我的理解,"本体"与"常无"的本质就是要理解经济学中哪些是普适的真理即"本体",哪些是这些真理的具体应用即所谓理论。前者是研究经济问题必须遵循的原则和出发点,在任何经济、政治和社会条件下都成立。而后者则依赖于特定的经济、政治和社会环境。离开了特定的环境,这些理论可能失效,甚至误导经济学研究。在两个不同的经济体中观察到的相同现象,可能来源于不同的机制;而两个不同经济体中的不同经济现象,也可能来源于相同的机制。因为不同的经济、政治、制度和社

---

[*] 张红松,北京大学中国经济研究中心2005级硕士,现为宾州州立大学经济系博士。目前联系方式:419 Kern Building, The Pennsylvania State University, University Park, 16802,电子信箱:hxz141@psu.edu。本文写于2012年9月。

会环境,都会让"理性人假设"这个"本体"产生不同的表现形式。而我们经济研究的一个重要目的,就是要弄清这个"本体"在不同环境下的作用机制和表现形式,并通过改变经济、政治、制度和社会环境等环境条件来改进社会福利。而要达到这个目的,就不能囿于现有的文献,而应该带着"常无"的心态审视每一个特定的经济学问题。

对此,我在自己的研究中有切身的感受。举一个例子,在国际贸易理论中,为了解释为什么参与贸易的企业生产率较高,一个流行的理论是出口有利于提高企业生产力(所谓的 learning by exporting)。发达国家的数据确实也支持这一结论:出口企业生产率较高。我在审查几个发展中国家的数据时,同样也发现了出口企业生产率相对较高的现象。我们能否用相同的理论来解释发生在发展中国家的这一类似现象呢?如果没有"常无"的心态,不对数据现象进行进一步的研究,我们很可能得出结论:根据现有的(基于发达国家的)理论,出口有利于提高生产率,所以发展中国家出口企业生产率高也是因为如此。但经过对数据的详细分析,我发现事实可能并非如此。数据显示,在发展中国家很多出口企业同时也是进口企业,这些企业从国外进口中间投入品和机器设备。由于发展中国家技术相对落后,这些进口的机器设备和高质量的中间投入品直接进入生产过程,可能大大提升企业的生产率。从这一点我推测可能发展中国家贸易带来的生产率收益主要并不来自出口,而是来自进口。计量分析的结果证实了我的猜测:用哥伦比亚的数据在计量分析中控制住出口后,进口则对生产率仍然有明显的促进作用;但控制进口后,出口的生产率效果大为减弱,甚至不显著。产生这种差别的原因,就在于发达国家和发展中国家有不同的技术基础、研发条件和专利制度保障。发达国家处于技术前沿,需要产品市场的收入来支持持续的研发,因此出口显得尤为重要;发展中国家技术落后,技术进步更依赖于引进技术,因此进口对生产率提升的作用更大。而企业这个"理性人"为了最大化利润,会合理地选择进口与否。

这也成为我去年一篇文章的出发点①。如果没有"常无"的心态,拘泥于现有的理论,我们不仅会错误地解释经济现象,错失创新理论的机会,更严重的是错误的理论会误导对贸易政策的建议而导致严重的经济后果。

林老师对中国诸多经济现象之所以有如此精辟的解释,我想一方面正是得益于他"本体"与"常无"的思想方法,先"忘掉"现有的经济理论,深入分析中国经济发展的环境特点和经济中各个个体的利益最大化动机,然后从"理性人假设"这个最基本的"本体"出发来解释中国经济发展中的诸多制度形式,并提出了一系列自洽的契合中国经济环境的理论框架。其中的很多理论,尤其是最优产业结构和最优金融结构的概念,至今在西方仍是经济增长理论和产业组织领域亟待研究的重大课题。而对投资潮涌现象以及"三农"问题的研究,更是对中国的政策、农村发展乃至整个国民经济的发展产生了并正产生着巨大的影响。

当然,在我自己的研究中,我尚远不能达到"常无"的境界,还需继续努力。对于文献和理论,我现在更多采取批判地理解的态度,学习其分析的方法,而不囿于其具体的理论。把更多的精力集中在对经济环境条件的理解和对经济中不同主体的利益追求的分析上。我相信,"本体"与"常无"的思想方法,一定会对我以及众多和我一样开始独立经济学研究的同仁们带来巨大的影响。

在林老师六十大寿之际,谨以此文,感谢林老师多年来对我的教育和关怀,并祝林老师寿比南山,松柏同春! 生日快乐!

---

① Hongsong Zhang (2012), "Static and Dynamic Gains from Importing Intermediate Inputs: Theory and Evidence", Working Paper.

# 经济学的传道者

易秋霖*

韩愈说:"古之学者必有师。师者,所以传道授业解惑也。"

教授学业、解答疑惑,是教师的职责,是学生对教师的要求,多数教师也都能够满足此要求。但是,作为一名优秀教师,尤其是一名优秀大学教师,除了应该授业解惑,更应该向学生传授"道"——做学问的方法论。向学生传道,是为师者的更高境界。

林毅夫教授就是一位经济学的传道者。

2005年年初,我进入北京大学中国经济研究中心博士后流动站从事博士后研究,指导老师是林毅夫教授。与林老师初次见面时,他对我说:"我下学期每周有两门课,你来听吧。"

3月5日晚上是林老师"高级发展经济学"的第一课。晚上7点开课后,林老师首先就经济学的一个基本问题谈了自己的看法。他说:"经济学有一个基本假设:人是理性的,当面临选择时,都会在给定的约束条件下,作出他认为是最好的选择。所有经济学理论抽象到最后就只剩下一点:人的理性。这一点是经济学的'体',不能放弃,其余都是'用',都是可以改变的。经济学家应该处理好'体'与'用'的关系。"

随后,林老师引用老子、孔子、孟子、释迦牟尼等几位先哲的思想进行解释。他在黑板上写下了老子的一段话:

---

* 易秋霖,2005年1月进入北京大学中国经济研究中心博士后流动站从事博士后研究,指导老师为林毅夫教授。目前在中国工商银行城市金融研究所工作,任《金融论坛》执行主编。本文写于2012年9月10日。电子信箱:yiqiulin@163.com。

"天下有始,以为天下母。既得其母,以知其子。既知其子,复守其母,没身不殆。"(《道德经》)

这段话的原意是:宇宙间的万事万物有一个统一的、共同的起始。这个起始,就是产生万事万物的本根。如果认识并掌握了这个本根,就可以理解由此而产生的万事万物。认识了万事万物以后,还要再回到这个本根以认识新的事物,这样终生不会有危险。

林老师用这段话来解释经济学的"体"。他说,"人的理性"就是经济学的"体",是所有经济现象最后的根源,把握了这个"体",就可以找到经济现象背后的原因。但是,每次观察现象时,都要重新回到经济学的"本体"来观察。

对于"体"与"用"的关系,林老师仍然用这些先哲的话来解释,其中有:

"前识者,道之华而愚之始。是以大丈夫处其厚,不居其薄;处其实,不居其华。"(《道德经》)

这句话的意思是:先前所认识的现象,是"道"在一定状况下的表现,如果把"道"的表现当做"道"本身,这将会是愚笨的开始。所以,有作为的人,要抓住事物背后厚重、实在的"道",而不执著于肤浅的表现形式。

"毋意,毋必,毋固,毋我。"(《论语·子罕篇》)

这句话中的"毋意",就是不凭空揣测未来一定会怎样,"毋必"就是不要坚持现在一定要怎样,"毋固"就是不要故步自封,坚持按过去的经验不变。能做到上述三者的前提是"毋我",就是不能把小我的利益作为考量的前提。孔子所以强调毋我是因为儒家追求的"仁"是"大我"。

林老师认为,老子、释迦牟尼、孔子都是从他们自己哲学的本体出发,根据不同的状况而有不同的表述。老子的本体是"顺乎自然",释迦牟尼的本体是"空",孔子的本体是"仁"。孔子谈"仁"二十多次,每次的说法都有所不同,原因是具体的状况不一样,所以,仁的表现也就不一样。在经济学上也应该是这样,我们不必固执地坚持已有的各种经济学理论。他说,我们应该坚持的是经济学的"体",各种理论只是"用",对已有的理论我们应该抱着"常无"的心态,"只有'常无'的人才能真正了解现象、解释现象"。

这堂课一直上到晚上 11:40,中途仅休息了十多分钟。四个多小时中,林老师都是在用老子、孟子、孔子、释迦牟尼的思想说明在学习经济学、研究经济问题时应该如何处理好经济学的"体"与"用"的关系。整个黑板上除了这几位先哲的话再无其他。

林老师关于经济学"体"与"用"的关系的思想,涉及经济学理论的创立与发展的规律,所以,林老师分析这种关系其实就是在给我们传授他的经济学方法论。

方法论不同于各种具体的方法。具体的方法是指如何收集数据、整理数据,如何作统计分析,等等。这些具体方法可能仅与经济学研究的某一个领域、某一个阶段有关系,不具有普遍意义。而方法论则研究更一般、更普遍、更具有根本性意义的问题:经济学理论的发展规律是什么?如何才能够创立新理论?如何对待已有理论?这些问题是经济学的所有研究都必然会涉及的。经济学方法论问题就是经济哲学的问题,这就如同科学哲学(Philosophy of Science)又被称为科学方法论(Methodology of Science)一样,科学哲学研究的是科学理论的发展规律,与此相似,经济哲学或者说经济学方法论研究的是经济学理论的发展规律。

林老师也说过,他讲授的方法论不同于各种具体的方法。他说,方法论与方法的区别就像是"道"与"术"的区别,"我给你们讲的是'道'而非'术'"。

以经济学之道开始第一课,用老子、孔子、孟子、释迦牟尼的思想来解释经济学研究之"道",出乎我的意料,既让我惊奇,又让我惊喜。

在此后的课堂上,林老师不仅向我们耐心细致地讲授各种经济学理论,包括他自己的经济学理论,解答我们提出的各种问题,而且有意识地向我们传授经济学之"道"——他的经济学方法论。

林老师为何如此重视经济学之"道"?我想,原因在于他对自己的弟子寄予了厚望。

在第一堂课上,林老师对我们说过经济学教授、经济学家和经济学大师的不同:经济学教授只要将现有的理论整理好向学生讲清楚就可以了;经济学家必须能找出经济现象背后的逻辑,构建理论来解释现象;经济学大师则必须创立自己的经济学理论体系,解释发生于一个时代的各种现象。林老师曾经在课堂上对学生说:"我希望你们能成为经济学大师。"

而要创立自己的理论体系,成为大师,自己首先必须知道理论体系是如何创立的,必须正确地对待前人已有的理论,必须知道已有理论中什么是可以坚持的,什么是可以抛弃的。而这些正是经济学之"道"。

林老师是传"道"者,也是"道"的实践者。

林老师常对我们说:研究经济问题要实事求是,不要从已有的理论出发,而要从现实问题出发;不要不加分析地用国外的理论来解释中国的经济现象,在国外成立的理论在中国不一定成立。这与他的"理论只是'用',不必固守已有理论"的思想是一致的。

无疑,林老师已经取得了很大成功:他创立了自己的理论体系,并以此解释了中国计划经济的形成及改革开放后中国经济的转型与发展;他的经济学理论为发展中国家制定经济发展战略提供了理论依据,并受到国际学术界的重视;他成为第一位来自欧美以外国家的世界银行首席经济学家。

林老师为何能够取得成功?

从他的"道"中我们可以找到答案。

# 经济学之道
## ——从"刻舟求剑"谈起

皮建才*

在正式开篇之前,我先讲一下"刻舟求剑"的故事。战国时有个楚国人乘船渡江,一不小心把佩带的剑掉到了江里。他急忙在船沿上刻了个记号,说:"我的剑就是从这儿掉下去的。"船靠岸以后,这个人顺着船沿上刻的记号下水去找剑,结果找了半天也没有找到。船已经走了很远,而剑还在原来的地方,用"刻舟求剑"的方法当然找不到剑。这个出自《吕氏春秋·察今》的故事可以说是家喻户晓妇孺皆知,但是最先把这个故事的精神用到经济学方法论上的却是林老师。林老师在《学问之道》中指出(见《论经济学方法》,北京大学出版社 2005 年版),从本质上讲,任何理论都是一种"刻舟"的行为,在给定前提不变的情况下,理论是可以"求剑"(解释和预测现象)的,但是社会是像流水般变动不居的,所以任何理论都不是"永恒"的真理。当然,不"永恒"只是相对意义上的不"永恒",当主要约束条件几乎保持不变时,"普遍正确的原理"还是会存在的,这是诺贝尔经济学奖得主哈耶克的老师米塞斯在经济学方法论上所持有的观点,但是这种观点跟林老师的精神实质并不冲突。

林老师一向认为,经济学的本体就是"理性",经济理论就是理性在不同约束条件下的表现形式和体现形式,好的理论在于找到问题背

---

* 皮建才,2006 年跟随林老师做博士后,2008 年博士后出站,现为南京大学经济学院经济学系副教授、硕士生导师,电子信箱:jiancaipi@hotmail.com。本文原发表于《经济学消息报》2007 年 10 月 26 日第八版,有改动。

后的决策者是谁、决策者的目标函数是什么、决策者面临的约束条件是什么。套用"刻舟求剑"这个故事来说就是,在水流的速度可以忽略不计的前提下,任何经济理论都是约束条件意义上的"刻舟",如果碰巧"舟"没有动(抓住了主要约束条件)的话,那么"求剑"(解释和预测现象)就很有可能成功;但是如果"舟"已经动了(主要约束条件已经变了)的话,"求剑"(解释和预测现象)就很难成功。聪明的人会在相对而言不动的船上"刻"记号,而愚蠢的人则会在相对而言动了的船上"刻"记号。

我在这里要问的一个问题是:经济学为什么需要"刻舟求剑"?在回答这个问题之前,我先讲一个在经济学圈内广泛流传的笑话。克林顿和叶利钦在首脑会谈的间歇闲聊,叶利钦对克林顿说:"你知道吗?我遇到了一个麻烦。我有一百个卫兵,但其中有一个是叛徒而我却无法确认他到底是谁。"听罢,克林顿说:"这算不了什么。让我苦恼的是我有一百个经济学家,而他们当中只有一人讲的是事实,但每一次都不是同一个人。"这个笑话告诉我们,每个经济学家都是从不同的约束条件出发进行"刻舟"的,但"一百"个经济学家中只有"一"个"刻"对了记号(抓住了主要约束条件从而认清了事实)。仔细思考,我们就可以发现,正是经济学的社会科学性质决定了经济学需要"刻舟求剑",如果经济学能像自然科学那样具有几乎不会发生变化的约束条件,那么经济学也就用不着"刻舟求剑"了。

社会经济现象总是错综复杂的,一个事物背后的约束条件可能有成千上万个,那么我们怎样才能抓住主要的约束条件(在"舟"上"刻"下正确的记号)呢?要知道,这正是经济学的学问之道。林老师在课堂上给我们讲了一个中国禅宗的创始人六祖慧能的故事。慧能自幼丧父,家境贫寒,靠砍柴和卖柴奉养老母,有一次卖柴途经某寺时,闻经(《金刚经》)开悟,后入门求佛,并最终成为一代宗师。林老师给我们讲这个故事就是要说明,悟性是非常重要的。要从一个现象背后成千上万个约束条件中找出主要的约束条件,没有一定的悟性恐怕是很难做到的。从学经济学的第一堂课起,启蒙老师就告诉我们经济学最重要的是思想,而不是什么技术。但是,经济学的思想是从哪里来的呢?是从天上掉下来的吗?当然不是。经济学的思想是从一个人的悟性来的。什么样的人才能有好的悟性呢?悟性不是"闭门造车"就能培养出来的,很难想象一个"两耳不闻窗外事,一心只读圣贤书"的人能够识别出一个具体事物背后的主要约束条件,恐怕就连具体事物本身是什么他都搞不清楚。一个能对具体事物有良好悟性的人,必定具有"风声雨声读书声声声入耳,家事国事天下事事事关心"的好奇心和责任心,必定具有"先天下之忧而忧,后天下之乐而乐"的大胸襟和宽胸怀,因为没有对事物的关心就不会弄清楚事物的来龙去脉,没有对国家的忧虑就不会弄清楚事物在全局中的准确位置。

林老师很早就指出(见《本土化、规范化、国际化——贺〈经济研究〉创刊40周年》,《经济研究》1995年第10期),中国学者在本土化方面可以比较容易地熟悉中国国情从而发挥自己的比较优势,所谓"近水楼台先得月,向阳花木易为春"。但这只是表明了中国学者具有的潜在优势,能不能把这个潜在优势变成现实的优势还依赖于我们能不能做到规范化和国际化,但能不能做到规范化和国际化在很大程度上只是形式上的要求,能不能真正在理论上有所突破和创新,还需要我们拥有"常无"(老子所讲的"常无,欲以观其妙")的心态。经济学里经常讲的一个笑话是:一个醉汉在门前台阶上丢失了钥匙,却在路灯下寻找,因为路灯下是唯一有光亮的地方。要是我们没有"常无"的心态,老是想在有光亮的地方寻找丢失的钥匙(套用现有的西方经济学理论来解释具有不同约束条件的中国的事实),那么我们不仅可能失去理论创新的机会,而且还有可能提出错误的政策建议从而给国家和社会带来意想不到的危害(用林老师讲的笑话来说就是一不小心成了美国国防部的"秘密武器")。聂辉华博士在他的博客里所讲的"学经济学要么就学精,要么就别学,学个半拉子最害人"表明的就是这样的道理。我们绝对不能做世界著名经济学家杰弗里·萨克斯笔下的那个出"馊主意"的牧师。一个农夫的鸡快要死了,当地的牧师给出了一个又一个"药方",包括祈祷、服药、咒语,直到农夫的鸡全部死掉了,牧师却说:"太不幸了,我还有很多好主意呢。"(见《贫穷的终结——我们时代的经济可能》,世纪出版集团上海人民出版社2007年版)

  我说了那么多,无非是想要表明经济学要怎样"刻舟"才能达到"求剑"的效果。但是,人终究是异质的,不可能每个人对真实世界都具有跟六祖慧能对佛法世界一样的悟性。在这种情况下,我们首先需要做的或许不是如何培养好自己的经济学悟性,而是如何培养好自己的数学建模能力,以退为进。当经济学博士面临学术上的生存压力的时候,他们自然会选择那些最能使他们生存下来的技巧,而良好的数学建模能力正是这些技巧中最大的技巧,现实会逼着想要做学问的经济学博士做理性的选择。首先培养数学建模能力的方式是不是会让研习者泯灭了经济学的悟性,这是一个在学术圈内争议很大的话题。张五常教授就经常说,如果是这样(指"数学优先")的话他就不会选择经济学做职业。但我认为,即使是这样,经济学研习者也不要忘记了他们的最终任务是学会如何正确地"刻舟求剑",而不是在"虚无缥缈"的数学模型里自我陶醉。

本体与常无
经济学方法论对话

# 附　录

## 林毅夫教授经济学方法论选编

# 本土化、规范化、国际化*

## ——贺《经济研究》创刊40周年

### 一

自1901年严复翻译出版亚当·斯密的《原富》①以来,当代经济学在我国的传播已有近百年的历史。在这将近一个世纪的时间里,经济学研习在我国蔚然成风,经济学研究在我国社会科学理论研究中的地位也是独占鳌头。然而,我国到现在还没有出现世界级的经济学大师,即使少数几位在国际上成了名的华裔经济学家,其成就也主要局限在与社会、经济发展没有直接关系的数理和计量等经济学的方法论方面,对当代经济学的思潮和发展方向没有产生直接的影响。然而,这一两年来我在许多场合大力宣扬:"21世纪是中国经济学家的世纪。"这个想法既不是盲目乐观,也不是我个人的一厢情愿。

研究经济学的学者稍一留心即不难发现:在20世纪30年代以前,世界上著名的经济学家基本上不是英国人,就是在英国工作的外国人;20世纪30年代以后,世界上著名的经济学家基本上不是美国人,就是在美国工作的外国人。著名经济学家的国籍和工作地点之所以会有这种时间和地域上的相对集中绝非偶然,实际上这是由经济学作为一门社会科学的理论特性所决定的。社会科学的理论在本质上是一个用来解释社会现象的逻辑体系。一般说来,解释的现象越重要,理

---

\* 本文系作者应《经济研究》编辑部之约而作,原文发表于《经济研究》1995年第10期。
① 该书的译名,严复用的是《原富》,后来的译者所用并为大家熟悉的译名为《国富论》。

论的影响也就越大。进入近代社会以后,各国的经济关联甚密,发生在大国的经济活动,不仅影响大国本身,而且会对世界上许许多多其他国家产生重大影响。在本世纪六七十年代,美国经济处于鼎盛状态,当时报界、学界常用的一个比喻"美国打个喷嚏,世界上其他国家都会发生重感冒"即是活生生的写照。因此,研究世界上最大、最强国家的经济现象并将之总结成理论的经济学家,他们的成就,也就容易被认为是世界性的成就。自 18 世纪工业革命以后直到第一次世界大战,世界上最大、最强的经济体是英国,生活在英国的经济学家"近水楼台先得月",因此,英国是当时世界上经济理论的研究中心,著名经济学家当

"近水楼台先得月。"

然多出于此。到了第一次世界大战以后,世界经济的重心逐渐转移到美国,经济理论研究的中心和著名经济学家的产生地当然也就逐渐随之转移到美国。我国自 1978 年开始进行改革以来,经济取得了奇迹般的增长。现在国内国外有许许多多的研究认为,只要我们能够保持政治稳定并坚持以市场经济为导向的改革,最迟到下个世纪 30 年代,我

国将成为世界上最大的经济强国。随着我国经济在世界经济中所处地位的提升,中国经济研究在世界经济学研究中的重要性将随之提高,而当我国的经济在下个世纪成为全世界最大、最强的经济时,世界经济学的研究中心也很有可能转移到我国来。①

我之所以坚信下个世纪将会是中国经济学家的世纪,其实还有一个更重要的理由。在十六七世纪以前的一两千年,中华文明曾经是当时世界上最鼎盛的文明,其后,中国逐渐衰弱,在19世纪到20世纪中叶之间,成了当时世界上最贫穷落后的国家之一。除了中华文明之外,在人类历史上还有几个文明曾经鼎盛过,但在独领风骚百千年后,都由盛而衰,最后被其他文明取代而消亡。可以说,到现在为止,在人类文明史上还没出现过由盛而衰、再由衰而盛的文明。② 如果我国真能在下个世纪再度成为世界上最大最富强的国家,中华文明将创下人类文明史上第一个由盛而衰、再由衰而盛的旷世奇迹。由于过去只有由盛而衰或由衰而盛的文明现象,因此,在世界上现有的社会科学理论中,也就只有解释一个文明如何由盛变衰或由衰变盛的理论。怎样解释中华文明这一由盛变衰、再由衰变盛的奇迹,将在下个世纪成为社会科学研究中最具挑战性的一个课题。世界上所有国家的人民都关心自己国家的盛衰,现在衰弱的想富强起来,现在富的想将来万一衰落以后,怎样再富强起来。研究这一中华文明的奇迹不仅对我国有重大意义,对其他国家也有同样重大的意义。因此,不仅中国的经济学家和其他社会科学家会对此感兴趣,其他国家的经济学家和社会科学家

---

① 对于下个世纪我国是否有可能成为全世界最大的经济体,以及怎样才能把这个可能变成现实的有关讨论,请参阅蔡昉、李周及本人所著,上海人民出版社与上海三联出版社1994年出版的《中国的奇迹:发展战略与经济改革》。至于经济学研究的中心转移到我国来的趋势问题,其实趋势已经逐渐在出现。1982年我刚到芝加哥大学读书时,主要的经济学杂志上基本找不到有关中国经济的论文。时隔才十来年,现在几乎所有的经济学杂志,每期都有讨论中国经济的文章,而且讨论中国经济的论文也经常以一期中的首篇文章出现。

② 作为地理名词,今日的埃及、希腊、罗马和几千年前的埃及、希腊、罗马当然是同一的,但从文化学的角度来说,今日的埃及、希腊、罗马文化已和当时文明鼎盛时期的埃及、希腊、罗马文化有所不同。五四时期有些学者主张全盘西化,认为除此之外,无以图强,反映的其实也是这种认识。

也会热衷于这个问题的研究。然而,这个现象发生在我国,我国的社会科学家在理解这个现象的本质和产生这个现象的历史、文化、社会背景方面具有先天的比较优势,所以,我国学者的研究最有可能取得突破性的成果。因此,下个世纪是中国经济学家的世纪,也是中国社会科学家的世纪,将不会是一个不可能实现的空想。

## 二

当然,上述几个道理,只说明中国经济学家和社会科学家拥有可能对世界经济学和社会科学理论发展作出重大贡献的绝好机会,但要把可能变成现实,我国的社会科学工作者在研究对象的本土化和研究方法的规范化上还必须作出非常自觉的努力。对于本土化和规范化的问题,国内学术界最近进行了不少讨论①,我想利用《经济研究》创刊40周年这个机会,阐述一下我的一些看法。②

**本土化** 要使下个世纪成为中国经济学家的世纪,我国经济科学的研究成果必须国际化,而研究对象的本土化是研究成果国际化的一条主要通道。

一位经济学家要对经济学发展作出贡献,就必须在理论上有所创新。把别人的理论学得再好,顶多也只能成为一位好教授,无法成为一位领导世界理论思潮的经济学家。经济学理论既然是用来解释社会经济现象的一套逻辑体系,那么,要推动经济学理论的发展,首先必须把要解释的现象理解透彻,弄清楚哪些是产生我们所观察到的重要的、错综复杂的社会经济现象背后的主要经济、政治、社会变量,然后才能构建一套简单的逻辑体系,来说明这些重要变量之间的因果关系。因此吃透所要解释的经济现象是经济科学理论创新的第一步。对发

---

① 参见《社会科学在我国的发展——〈中国社会科学辑刊〉出版座谈纪要》(《东方杂志》1995年第2期)和《规范化与本土化:社会科学寻求秩序》(《北京青年报》,1995年4月20日)。

② 以下内容将仅就经济学研究而论,但这些观点对其他社会科学应该同样适用。

生在一个社会的经济现象,经常只有生活在那个社会的经济学家才有可能了解清楚,对于那些不身临其境的问题和现象,即使是著名经济学家的研究也经常是隔靴搔痒。这也是当英国是全世界最大的经济体时,世界上绝大多数著名的经济学家,不是英国人就是生活在英国的外国人,而当世界的经济重心转移到美国时,世界上绝大多数著名的经济学家,不是美国人就是生活在美国的外国人的原因。华人经济学家中尚未出现对世界经济思潮产生影响的大师,原因之一是,华人经济学家大多数是读大学时才到国外,拿到学位以后,又留在大学教书,所以虽然人在国外,其生活经验却局限于大学校园,对于所在社会的现象仍然是置身其外,雾里看花,难以吃透。因此,对于他们来说,研究没有社会内容的数理或计量方法较易取得成就,而对以社会经济现象为对象的理论研究则较力不从心。不以社会经济现象为对象的研究,产生的成果自然在社会上不会有多大的影响。随着我国国际地位的提升,我国的政治、经济、社会现象的国际意义越来越大,尤其在我国的改革和发展过程中,出现了许许多多现有理论所不曾设想过的现象。我国经济学家在对我国经济问题的研究,以及将这些研究提升到新的理论高度上,具有先天的比较优势。因此,我国经济学研究的成果要国际化,自然不应舍近求远,而应以本土问题为入手点。

研究对象的本土化除了有利于我国经济科学研究成果的国际化外,还将使我国的经济学家更有可能对我国的改革和发展作出贡献。经济科学理论的创新经常是在现有的理论解释不了出现在某一特定社会的经济现象时发生的。因此,即使是对国际思潮产生重大影响的经济理论,在本质上,也是某一特定社会的"本土化"理论。既然西方经济学家的研究一般以他们自身所处社会的经济问题为特定对象,自然在研究中会自觉、不自觉地把他们所在社会现有的制度、技术、资源作为给定的条件,也就是把处于技术前沿而制度相对稳定的社会作为出发点来研究问题。在我国的社会科学研究走向国际化的过程中,学习掌握现有的西方经济学研究已取得的成果是必要的,但是在运用外来的经济理论来分析、理解我国经济改革和发展过程中所出现的问题时,切忌生搬硬套。只有经过"创造性重构"的思维过程,弄清这个理论所舍象掉的社会变量在我国也同样无关紧要,而这个理论所抽象出来的几个变量在我国也同样是重要的变量时,这个理论对我们的经济实践才会有实际的指导意义。古人说:"尽信书则不如无书。"这是我

"尽信书则不如无书。"

们在学习借鉴西方现有的经济理论和其他社会科学理论时应有的态度。事实上,我国目前在经济改革和发展过程中遭遇到的主要问题是一个技术、制度落后,资源贫穷的国家如何快速发展和过渡的问题。西方现有的经济发展理论还很不成熟,对过渡问题的研究则只是刚刚开始。① 因此,对于我国目前在经济改革和发展过程中出现的许许多

---

① 日本、亚洲"四小龙"和我国近几年经济发展所取得的成就被认为是奇迹,说明尚没有可以很好地解释这些成就何以会产生的发展经济学理论。在东欧和前苏联的改革过程中,许多西方著名经济学家参与出谋划策,但却搞得一塌糊涂。在我国的改革中,学院派经济学家的参与相当有限,但却取得不少令人骄傲的成果,说明过渡经济学的研究还处于起步的阶段。

现象的解释和一系列重要问题的解决,在很大程度上有待于我国自己的经济学家重新从本土现象的深入研究中提出新的理论来,这样才能较好地说明产生这些问题背后的原因,并找出最终解决这些问题的办法。

**规范化** 规范化的问题在我国的社会科学圈里最近成为一个热门的话题。大家之所以关心这个问题,相当大的原因是近年来国内社会科学界出现了严重失序现象,剽窃抄袭成风,而且,问题经常重复讨论又不见水平提高。因此,参与这些讨论的学者希望在国内社会科学界引用、推广国外比较成熟和公认的写作范式及评价体系。例如,提出自己对某一问题的论点前必须先整理归纳别人对这一问题已有的研究成果,引用他人的观点时必须注明出处,学术杂志在发表一篇论文前必须请对这篇论文所讨论的问题有专门研究的学者以匿名的方式进行评审,文章最后必须由作者本人定稿不能由编辑任意删减等。这些内容多属"形式"的规范化的问题。既然旧的自律已失效,只能依靠较为客观的他律。① 建立上述"形式"的规范化是使我国经济学研究成为科学研究的最起码条件,我完全赞成。然而,我国的经济学家要想对世界经济理论的发展作出贡献,还同时需要遵循理论创新和理论批评的规范化。

远的姑且不说,近年来,国内每年发表的经济学论著,可谓不少。然而,到现在为止,国内的经济学研究在国际上尚没有得到多少承认,做得较好的,也只不过被认为是在为外国学者整理资料。产生上述现象的原因有许多,其中之一是:改革前,经济学界受到传统意识形态的束缚,经济学研究不可能在理论上有多大的创新。改革后,思想上的禁锢一旦消除,理论界出现了一片空白,经济学工作者的精力主要放

---

① 参见《社会科学在我国的发展——〈中国社会科学辑刊〉出版座谈纪要》(《东方杂志》1995年第2期)和《规范化与本土化:社会科学寻求秩序》(《北京青年报》,1995年4月20日)中所引的有关讨论。

在学习、引进西方现有的理论成果上,这些工作自然得不到国际经济学界的重视。近年来,开始有些经济学者对我国的经验、现象进行总结,然而仅限于描述的阶段,因此,只能得到一些中国问题专家的重视。

只有在理论上有所创新的研究,才能对学术思潮的发展作出贡献。因此,方法论的规范化除了研究、发表形式的规范化外,更重要的是在经济学界建立一个大家能够有共识的理论创新、接受、修改、摒弃的规范机制。当我们对经济学理论的本质有所认识以后,什么是这样一种机制,其实不难回答。所谓经济学的理论是用以说明社会经济现象的几个主要经济变量之间的逻辑关系体系。既然经济学的理论是一套逻辑体系,那么首先,在经济学的理论创新中就必须严格遵守形式逻辑的要求,因为只有严格遵守形式逻辑,几个变量之间的因果关系才能说清楚。

其次,经济学家之所以要建立一个内部一致的逻辑体系并非是为了玩逻辑游戏,而是要解释经济现象。因此,方法论规范化的第二个要求是严格检验那些依照这个理论的逻辑推演产生的推论是否和所解释的经验事实一致。如果一致,称为"不被证伪",这个理论就可以暂时被接受。如果不一致,这个理论就必须受到修正或摒弃。

此外,一个理论是几个重要经济社会变量之间的逻辑关系体系,因此,当一个现象可以用一个内部逻辑一致的理论来解释时,通常也可以通过不同变量的选择组合,而同时形成几个内部逻辑严谨并同样可以解释这一现象的理论。这时,怎么决定哪个理论是"是",哪个理论是"非"?通常,我们可以从每个理论中得出许多推论,因此,我们可以用不是这些理论所要直接解释的社会现象,来检验这些理论孰是孰非的问题。一个理论只有当它所有的推论都不被经验事实证伪时才能不被修正或摒弃。

经济学理论的创新必须严格遵守上述规范,经济学的争论也应该遵守同样的规范。对一个理论的批评,不是针对其内部逻辑的一致性问题,就是针对其逻辑推论与经验事实之间的一致性问题。如果一个理论在逻辑上挑不出毛病,各个有关的推论也不被已知的经验事实证伪,经济学界就应该暂时接受这个理论。即使还有保留意见,也只能从收集更多新的经验事实着手,以求证伪它。①

如果我国的经济学家在未来的研究中能够自觉以上述的理论创新规范来要求自己的工作,那么,以本土问题为对象的研究,也能够,而且更能够取得国际化的成就。如果在未来社会科学的争论中能够遵循上述理论批评的规范,那么,就不会再出现过去那种低水平的重复讨论,社会科学的争论就会是真理越辩越明的建设性争论。如果在学习国际上现有的理论时,不是迷信权威,而是将之仅仅视为一种可能在我国的社会、历史、文化背景下也同样适用的假说,并在运用这个理论之前先以上述的规范来检验这个理论的推论和我国的经验事实的一致性,那么,我国对社会科学的研究就不但不会沦为西方社会科学的殖民地,而且还能够站在巨人的肩膀上,为整个人类的社会科学文明作出贡献。

## 三

在过去的40年里,《经济研究》一直是我国经济学界的龙头刊物,刊登在《经济研究》上的文章代表我国经济理论研究的最高水平,在《经济研究》上发表论文是我国从事经济研究工作的同仁最感荣幸的事情之一。在各个历史阶段,《经济研究》对我国经济理论的研究方向都起到了主导的作用。十多年来,《经济研究》在对改革过程中出现的

---

① 在我国近几年来的经济理论问题争论中,经常出现有些学者试图用另外一个学派的理论观点,如产权理论或公共选择理论,作为依据来反对某一人的理论。其实理论是不能用理论观点来证伪的,而只能用内部逻辑的一致性或理论与经验事实的一致性来证伪。如果不是这样,争论的结果必然会是公说公有理、婆说婆有理,不会在理论上产生多少进步。

各种新的现象、新的概念的探讨上,尤其是在社会主义市场经济理论的提出和确立上更是功不可没。在走向下个世纪的今天,我国经济学的研究方向和水平,将在相当程度上受到《经济研究》编辑方针的引导和影响。

# 经济学研究方法与中国经济学科发展[*]

1995年10月,我应贵所《经济研究》编辑部之约,撰稿庆祝《经济研究》创刊40周年,发表了一篇题为《本土化、规范化、国际化》的短文,倡导以规范化的方法来研究中国本土的经济问题,并断言若能如此,本土经济问题的研究不仅可对我国的改革发展作出贡献,而且也可登世界经济科学的殿堂。该文发表至今,转眼五年,有幸承蒙贵所再度邀约,来谈我对经济学研究方法和中国经济学科发展的看法。借此机会,不揣浅薄,抱着"野人献曝"的心情,将我近年来的若干心得体会再次提出来和各位同仁进一步探讨。

在《本土化、规范化、国际化》一文中,我也宣扬21世纪将会是中国经济学家的世纪,这个想法是基于经济学作为一门社会科学,在本质上是用来解释社会经济现象的一套逻辑体系的特性而推论,并根据世界经济理论研究中心从原来的英国转移到现在的美国的现象观察而得来的。

社会科学理论贡献的大小取决于被解释现象的重要性。进入近代社会以后,各国的经济关联十分密切,发生在大国的经济活动不仅影响大国本身,而且会对其他国家产生重大影响。因此,研究世界上最大、最强国家的经济现象,并将之总结成理论的经济学家,也就容易被认为是世界级的经济学家。了解经济理论发展史的学者都清楚:在20

---

[*] 本文系根据作者于2000年8月4日在中国社会科学院经济研究所所作学术讲演记录,同时,参考了作者于2000年7月18日在北京大学中国经济研究中心首届"经济学优秀大学生夏令营"上的报告整理而成。在整理这篇文章时,胡书东博士提供了不少协助。定稿时间2001年2月22日。

世纪 30 年代以前,世界上著名的经济学家基本上不是英国当地人,就是旅居英国的外国人;20 世纪 30 年代以后,世界上著名的经济学家基本上不是美国人,就是在美国工作的外国人。原因就在于:从 18 世纪工业革命以后直到第一次世界大战,世界上最大、最强的经济体是英国;第一次世界大战结束以后,世界经济重心逐渐转移到美国。

我国自 1978 年开始实行改革开放政策,经济取得了奇迹般的增长,20 世纪最后 20 年的 GDP 年均增长率居于世界首位。现在国内国外有许许多多的研究认为,只要我们能够保持政治稳定,并坚持以市场经济为导向的改革,最迟到 21 世纪 30 年代,中国将成为世界上最大的经济体。随着我国经济在世界经济中所处地位的提升,中国经济研究在世界经济学研究中的重要性将随之提高,我国的经济学家在研究我国的经济问题时,有近水楼台之便,可以预期,当我国的经济在 21 世纪变成全世界最大、最强的经济时,我们也有可能迎来中国籍的世界级经济学大师辈出的时代。

当然,中国经济发展只是为中国经济学家对世界经济学理论的发展作出重大贡献提供了机会,要把可能变成现实,中国的经济学工作者还必须作出非常自觉的努力。除了研究对象的本土化外,我今天想再就研究方法的规范化和其他几个方法论的问题,作些进一步的阐述:

## 一、内部逻辑的一致和逻辑推论与经验事实的一致

研究对象的本土化十分重要,但是研究本土经济问题本身还远不足以推动中国经济学研究成果的国际化。国内经济学界大部分工作者的研究对象都是中国本土问题,但是,能够得到国际学术界承认的却寥寥无几,原因即在于没有能够用比较规范的理论方法研究中国问题。在国外的学术期刊上发表论文,必须遵守一定的写作规范。例如,提出自己对某一问题的论点前必须先整理文献,归纳别人对这一问题

已有的研究成果,引用他人的观点时必须注明出处,学术杂志应请专家对稿件进行匿名评审。这些"形式"的规范化,是使我国经济学研究成为可积累的科学研究的最起码条件。然而,我国的经济学家要想对世界经济理论发展作出贡献,更重要的是遵循理论创新的规范。

只有在理论上有所创新的研究才能对学术思潮的发展作出贡献。经济学理论是用来说明社会经济现象的几个主要经济变量之间因果关系的逻辑体系。理论的创新来自对新现象的分析或对旧现象的新解释。既然经济学的理论是一套逻辑体系,那么新的经济学理论的构建就首先要严格遵守形式逻辑内部一致的要求,否则,变量之间的因果关系就无法说清楚。我国大学里的经济学系在教学时,经常侧重观点的整理而忽视逻辑分析和推导。研究者在写论文时,经常也只讲个人对某个问题的观点、想法和主观愿望,常以个人的判断或其他经济学家的观点、理论替代逻辑推论,或是以比喻代替推理,所以,难以形成逻辑体系。这样的观点、主张对推进我国的改革和发展可能贡献不小,也常被冠以"理论"之名,但和对经济学科的发展能够作出贡献的理论,实在是风马牛不相及。

在建立经济学的理论时,必须对所研究的问题和给定的条件有明确的定义,从前提到结论之间的推论必须合乎严格的形式逻辑的规范。数学模型是最严格的形式逻辑。能将逻辑分析数学模型化最好,这是国际上经济学科发展的一个趋势;如不能,至少在分析问题时,对于什么是大前提、小前提,什么是假设,什么是推论也应该有明确的表述。

其次,经济学家之所以要建立一个内部一致的逻辑体系,并非是为了玩逻辑游戏,而是要解释经济现象。因此,方法论规范化的第二个要求是严格检验那些依照这个理论的逻辑推演产生的推论是否与所要解释的经验事实相一致。如果一致,就是不被证伪的,这个理论暂时就可以被接受;如果不一致,这个理论就必须受到修正或摈弃。对于这一点,我国年轻一代的经济学者要特别给予重视。一方面,学习国外现有的理论是必要的,但是,不管是哪个名家的理论,只有当他的理论的逻辑推论和我国经验事实相一致时,这个理论才是可以暂时被接受用来解释我国经济现象的理论。如果发现理论推论和我国经验事实不一致,要做的不是坚持现有的理论,而是进一步去了解我国的经验现象,然后,根据经验现象构建一个可以解释这个现象的理论。所以,当

当**发现**理论推论与经验现象**不一致**时,不要死抱理论,**成为**现有理论的俘虏,也不要在巨人的面前感到自己的**渺小**,其实,这正是对理论发展作出贡献的**绝好机会**。

发现理论推论与经验现象不一致时,不要死抱理论,成为现有理论的俘虏,也不要在巨人的面前感到自己的渺小,其实,这正是对理论发展作出贡献的绝好机会。其次,和外国的经济学家相比,我国年轻的经济学者通常数学较好,在这方面有比较优势,而且,利用数学模型来作逻

辑推论在国际经济学界是一个潮流,因此,我国的年轻经济学者容易以为数学模型就是经济学理论,以追求数学模型的复杂和艰深而自得,而忽视了理论是用来解释经验现象的。如果数学模型的推论和经验现象不一致,这样的模型充其量只是数学游戏,不能称为经济理论。在20世纪80年代末90年代初,内生性经济增长理论甚为盛行,由于所要处理的是规模报酬递增的问题,因此,所使用的数学必须相当复杂,但是,内生性经济增长理论的贡献之所以引起重视,不在于它复杂的数学模型,而在于它解释了发达国家和不发达国家的发展水平为什么没有像古典增长理论所推论的那样收敛,而是差距越来越大这样一种重要经济现象。这几年,内生性经济增长理论已有些过时,其原因则在于这个理论的许多推论无法得到经验事实的证实。其实,在世界上第一流的经济学期刊上,纯数理模型的文章是少数。以《美国经济评论》为例,在2000年共出了6期,不计第2期年会文集以及各期中的短文,总共发表了48篇论文,一点数据分析都没有的纯数学模型的论文仅有17篇。

此外,一个理论是几个重要社会经济变量之间的逻辑关系体系。因此,当一个现象可以用一个内部逻辑一致的理论来解释的时候,通常也可以通过不同变量的选择组合,而同时形成几个内部逻辑严谨并同样可以解释这一现象的若干个其他理论。以发达国家和不发达国家发展水平差距越来越大的经验事实为例,内生性经济增长理论以发达国家的教育、R&D等人力资本方面的投资具有规模报酬递增,而R&D等又多发生在发达国家,来解释发达国家的收入水平比不重视这方面投资的发展中国家快从而使收入差距扩大的现象。但是,我和蔡昉、李周提出的比较优势理论同样可以解释这个现象。一国的收入水平取决于其产业结构,而产业结构则取决于其要素禀赋结构,所以,要提高收入水平和产业结构必须先提高要素禀赋结构。要素禀赋结构水平的提高指的是人均资本量的提高,资本来自经济剩余的积累,按要素禀赋结构决定的比较优势选择产业和技术结构,可以使一个经济最有竞争力,能创造最多的剩余。除了剩余的大小,资本的积累还取决于积累率的高低,积累率的高低则取决于资本积累回报率的高低,后者则视技术创新的速度而定。发达国家的技术创新只能来自自己的R&D,投入大而成功的概率低,发展中国家如果按自己的比较优势来发展,其技术创新绝大多数可以来自国外现成技术的引进,成本远低于自己由R&D来获得技术创新的成本,所以技术的创新可以远快于发达国家,资本的回报率、积累率也可以远高于发达国家。所以,如果一个发展中国家按比较优势发展经济,剩余大、积累率高,要素禀赋结构和发达国家的差距将逐渐缩小,产业结构和发展水平也就会收敛。反之,如果一个发展中国家不按比较优势去选择产业和技术,发展的产业在市场上缺乏竞争力,获利能力低,缺乏自生能力[①],资本积累、要素禀赋结构、产业结构总体水平的提升也就慢。而且,为了建立没有自生能力的优先发展产业,国家只好以扭曲价格、干预市场资源配置的方式来保护这些产业,所以经济运行的效率很低,和按比较优势发展的国家的差距也就会越来越大。不幸的是,绝大多数发展中国家不了解要素禀赋结构提升的决定作用,而以为发展和不发展是技术水平决定的,把发展的目标定位在技术水平的快速提升上,结果投入了很大的精力去发展在技术上水平较高但缺乏比较优势的产业,结果事与愿违。我们提出的这套理论同样可以给第二次世界大战以后,为何发达国家和发展中国家的差距不仅没有缩小,反而不断扩大的现象,提供一个内部逻辑一致的解释。[②] 所以,当我们看到现有的理论和我们观

---

① 有关比较优势和自生能力的讨论,详见 Justin Yifu Lin and Guofu Tan,"Policy Burdens, Accountability, and the Soft Budget Constraint",*American Economic Review: Papers and Proceedings*, Vol. 89, No. 2 (May 1999), pp.426—431。

② 详见林毅夫、蔡昉、李周:《中国的奇迹:发展战略与经济改革》(增订版),上海人民出版社与上海三联出版社1999年版,第四章。

察到的经验现象一致时,即使这个理论是名家提出的,也不能就此满足,而应该进一步想想是否还有其他同样是内部逻辑一致的理论(不管是现成的还是自己提出的),可以用来解释这个现象。

当有好几个理论和所要解释的现象一致时,这些理论可以是互补的,亦即这些理论所强调的原因可以同时存在而不相互矛盾。这些理论也可以是相互竞争的,也就是如果接受了这些理论中的一个,就要排斥另外的。那么,在竞争性的理论中该接受哪个理论呢?而在互补性的理论中,也不是每个理论都成立的。通常当有许多理论都和所要解释的现象一致时,我们可以从各个理论中分别得出许多不同的推论,一个理论只有当它所有的推论都不被经验事实证伪时,才能不被修正或抛弃。

同样以上述发达国家与发展中国家的差距为例。按内生性增长理论,一个发展中国家除非在人力资本投资上比发达国家投入更大比例的资金,否则无法赶上发达国家。第二次世界大战以后,日本和亚洲"四小龙"赶上了发达国家的水平或缩小了与之的差距,但它们在缩小差距的过程中,R&D、教育和其他人力资本的投资力度仍不及发达国家。因此,用内生增长理论来说明为何发达国家能够继续增长则可,但这个理论无法说明为何有些发展中国家赶上了发达国家而大多数发展中国家和发达国家的差距却扩大了。在这个问题的解释上,我们提出的一个发展中国家能否赶上发达国家取决于其是否按比较优势来发展经济的理论应该比内生性增长理论更有说服力。

另外一个例子是关于中国1959—1961年农业大危机原因的争论。比较流行的传统理论有三种:一是天灾说;二是人祸说,即认为公共食堂及其管理不善是造成大危机和大饥荒的原因;另外还有一种观点认为当时的人民公社规模过大,"五风"盛行,打击了农民的劳动积极性。上述三种理论,从逻辑上来说,都能解释农业危机的产生。我则提出了另外一个理论假说,认为这场农业危机导因于合作化运动从自愿转变为强制,农民的退出权被剥夺,使得"搭便车"成为不可遏制的行为,劳动积极性随之瓦解。何者是造成这场危机的最主要原因？传统理论的一个共同逻辑推论是,如果天灾结束,气候条件恢复正常,或者如果公共食堂解散,或者如果人民公社规模缩小,农业生产效率就能够恢复到危机前的水平,而退出权理论则预测在强制性的农业合作社中,农业生产的效率将低于其在个体农场中的效率。国内外的研究表明,1959—1961年农业大危机以后,直到实行家庭联产承包责任制,中国农业生产效率从未恢复到农业大危机前的水平,虽然这段时间天灾结束了,公共食堂解散了,农村实行"三级所有,队为基础"的体制,"五风"得以纠正,农业生产实际上划小为以生产队和大队为核算单位。到目前为止,我的这一理论在内部逻辑上是一致的,内部逻辑与经验事实也是一致的,没有被证伪。①

## 二、理论假设的一致性

内部逻辑一致和逻辑推论与经验事实一致是任何学科理论发展的共同要求。而经济学之所以不同于其他同样是研究社会现象的学科,则在于其不同于一般社会学科的基本假设,即理性人的假设。② 一个学科甚或一个学派之所以成其为学科和学派,是因为一些假设为这个学科或学派的各个学者所共同接受,并作为他们理论研究的共同出发点。现代经济学在国外有各种不同流派之分,如凯恩斯学派、芝加哥的货币学派、新制度学派等,这些流派都属于现代经济学的范畴,原因即在于他们都以理性人为共同接受的基本假设。经济理性的含义是,

---

① Lin, Justin Yifu, "Collectivization and China's Agricultural Crisis in 1959—1961", *Journal of Political Economy*, Vol. 98 (December 1990), pp. 1228—1252. 中文译文见林毅夫:《制度、技术与中国农业发展》,上海人民出版社与上海三联出版社1994年版。

② 参见 Gary, S. Becker (1976), *The Economic Approach to Human Behavior*, University of Chicago Press。

人们总是在特定的约束条件下,在各种可能的选择中,作出最有利于其目标之实现的选择。所谓经济理论,其实也就是理性的人在某种限

经济理性的**含义**是,人们总是在特定的约束条件下,在各种可能的**选择**中,作出最有利于其目标之实现的**选择**。

制条件下(也就是"因"),作出了最佳的选择而产生了这个理论所要解释的现象(也就是"果")。所谓最佳的选择不局限于收入的最大化或利润的最大化,一般经济学家讲的是效用的最大化。在效用函数中收入、风险、休闲、名誉等都可包括在内,而且在这些目标间可以有一定的替代。一个革命志士,可以为革命目标抛头颅、洒热血,但在可以达成同样的目标而不必牺牲性命时,以较小的代价保住生命就是一种理性的行为。

在我们的现实生活中,有许多现象似乎和理性人的假设不一致,一般人常会因此而质疑这个假设,甚至想以其他假设替代理性人假设。但是放弃理性人假设的结果是发展出来的理论无法纳入经济学理论的主流体系。而且,当研究者发现了所谓"不可理喻"的行为时,

通常不是行为者的不理性,而是研究者对行为者的限制条件不了解。过去国外的学者经常认为传统农业社会中的农民是保守的、不理性的,证据是在殖民地国家的农民经常拒绝接受殖民者所带来的先进技术,而这种技术可以增加产量。我的恩师舒尔茨教授对发展经济学理论的最大贡献之一是提出了传统农业社会中的农民是穷而有效率的理论,改变了经济学界的"农民不理性"的看法。① 先进的技术通常预期产量高,但要求的气候、温度、湿度、肥料等条件也较严,符合这些条件,产量会远比传统品种高出许多,而不符合这些要求,也可能会颗粒无收。传统的品种,产量低,但一般旱涝保收。在落后的地区,产量高时,由于运输条件的限制,产品很可能运不出去而"谷贱伤农",丰产不丰收,而当减产时,则又难以从其他地方运来粮食。在这种情况下,种旱涝保收的低产品种正是传统社会农民在预期收入和风险之间作了最佳选择的理性行为。

经济学家之所以坚持理性人的假设,实际上是从这个假设为基本点出发可以更深入地探索我们所观察到的社会经济现象,而不能简单把我们所难以了解的现象贴上不理性的标签。而坚持这个假设也给经济学家的工作提出了更高的要求:当我们在研究问题时,发现了某些似乎是不合乎理性的现象时,不能简单地说是由于当事人不理性,而只是我们对当事人在作出决策时所面临的约束条件还不了解,对所研究的经验事实还未吃透,所以,要求我们进一步去了解产生这个现象的各种条件。

一个学科的发展需要有一个这个学科中所有的学者共同接受的基本假设,一个学者的研究要形成一个体系,也同样必须有贯穿其所有研究工作的一致性假设,否则,其提出的理论模型之间容易出现自

---

① 参见 T. W. Schultz, *Transforming Traditional Agriculture*, New Haven: Yale University Press, 1964, reprinted by Chicago: Chicago University Press, 1983。

相矛盾而难以前后一致。假设的一致性要求学者不能便宜行事,熟悉数学模型的人都知道,只要改变前提条件,那么,数学模型可以得出你所想要的任何结论。一个学者,在研究同类问题时,必须坚持前后一贯的基本假设,这样研究才能更深入,研究出来的各种成果也才能累加成一个体系。

### 三、理论模型中的限制条件

在"人是理性的"的既定前提之下,所谓经济理论无非是描述一个理性的人,在给定的条件下,如何作选择,以达到其目标的最大化,而选择的结果正好是理论所要解释的现象。因此,一个经济理论能否解释我们所观察到的现象的关键就在于包括在这个模型中的给定条件是否合适。所以,要构建一个理论,首先要了解限制当事人的选择的给定条件是什么。

我和蔡昉、李周在《中国的奇迹:发展战略与经济改革》一书中对我国传统计划经济体制的形成提出了一套新的理论解释。过去人们总以社会主义制度和学习苏联经验来解释我国传统计划体制的形成。我们则从政府当时经济发展的目标是重工业优先发展,重工业是资金相对密集型的产业,我国当时是一个资金相对稀缺的经济,而提出了一个新的替代解释。资本高度密集的重工业一般具有三个基本特征:投资周期长;技术较为先进,作为先进技术载体的机器设备需要从国外进口;投资规模大。我国当时经济十分落后,以农业为主,农业剩余很少,资本积累率自然很低,资本非常稀缺,如果利率由市场决定,利率必然会很高,利率高则无法投资建设周期长的项目。经济落后导致可供出口的商品很少,外汇短缺,由市场决定的汇率必然很高,从而不利于资本密集的重工业所需设备的进口。经济落后还使主要经济剩余只能来自农业,因此经济剩余少而分散,不容易聚集,靠市场无法动员资金建设投资规模大的项目。认清了重工业的三个特性和落后经济的三个特征(决策者的约束条件)及两者的尖锐矛盾之后,可以导出为了实现政府决策者的目标,只能用计划替代市场来配置资源。所以传统的计划体制尽管效率很低,但从实现重工业优先发展的目标来看,是政府在资金稀缺的条件下的理性选择。它的存在是由要素禀赋和发展目标的矛盾决定的,而不在于我国的社会性质。学习苏联的经验则是因为斯大林在20世纪30年代优先发展重工业时,和我们在50年代时面临的矛盾相同。从我们这个理论出发,就不难理解为何社会性质不同的印度、拉美国家也和我们有非常类似的计划体制,因为它们的政府和我国政府一样,想在资金相对稀缺的情况下优先发展资金相对密集的产业。

其次,理论是一个信息节约的工具,理论模型并不是越复杂越好,而要尽可能地简化,限制条件要尽可能地少。要用很少的给定条件来解释观察到的现象,一般学者容易采用带有很强的"模型特定性"(model specific)和"问题特定性"(problem specific)的条件。但如果条件是模型特定的或问题特定的,这种理论能运用的范围就很局限。用社会性质来解释传统的计划体制的存在,就属于问题特定的条件,因此,由此产生的理论无法解释为什么社会性质和我们截然不同的其他发展中国家也有和我们非常类似的计划体制。由于理论是信息节约的工具,因此理论要有尽可能强的"普适性"(robustness),也就是要有更大的解释范围。要达到这个目标,理论模型中的限制条件就要有一般性。要素禀赋决定了一个经济中的各种要素的相对价格,是社会中任何经济决策都必须考虑到的条件,因此,要素禀赋是一个非常"一般"的条件,以发展目标和要素禀赋的矛盾来解释计划体制的产生,也就有了较强的"普适性",既能解释为什么不同社会性质的国家采用了类似的计划体制,又能解释为什么我国的社会性质未变,而改革后却从计划体制转型到市场体制。

由于理论是信息节约的工具,因此理论模型要尽可能地简单,这不仅要求限制条件要尽可能地少,而且,不能苛求限制条件完全吻合于现实。关于经济学方法论的最为经典的论文是弗里德曼撰写的《实证经济学方法论》。① 在该文中,弗里德曼提出了著名的"假设条件不相关"命题,其含义是:理论的作用在于解释现象和预测现象。对于理论的取舍应以理论的推论是否和现象一致,即理论是否能解释和预测现象为依据,而不能以理论的假设是否正确为依据。例如,在国际贸易理论中著名的"要素价格趋同理论",按此理论,如果两国之间的货物贸易是完全自由的,不存在贸易摩擦和交易成本,则通过货物贸易,两国的劳动力和资本等要素价格将会趋同。显然,不存在完全自由、没有摩擦和交易成本的贸易,但不能以此来否定这个理论。是否接受这个理论,依据开放贸易以后两国的工资和利率水平的差距是否缩小而定。理论和地图一样,是信息节约的工具,只要能说明主要变量之间的因果关系即可,因此,要舍像掉一些无关紧要的条件,仅保留最重要的条件,否则,理论丝毫没有节约信息,也就不成其为理论了。

当然,保留在理论中的假设条件也不能过于偏离现实。过于偏离现实,理论将失掉对现象的解释力。科斯在其经典论文《企业的性质》中,开宗明义地指出前提性假设(assumptions)应该是"易于处理的"(managable)和"现实的"(realistic)。而科斯本人也正是通过松动"交易费用为零"的假设才作出在新制度经学上的开创性贡献的。我个人对合作农场中劳动者积极性的研究也是通过放弃阿玛蒂亚·森1966年著名的论文中"完全监督"的假设②,而取得和经验现象一致的合作农场中劳动者的积极性较家庭农场中低的理论推论的。

理论必须有高度的抽象,而保留在理论模型中的前提条件又不能太过偏离现实,才能对现象有足够的解释和预测力。但什么是不过于

---

① Friedman, Milton, "The Methodology of Positive Economics", in *Essays in Positive Economics*, Chicago: University of Chicago Press, 1953.

② Sen, Amartya K., "Labor Allocation in a Cooperative Enterprise", *Review of Economic Studies*, Vol. 33, October 1966, pp. 361—371.

偏离现实,例如,在什么情况下可以假设交易费用为零、什么条件下交易费用必须作为主要的条件,则又视问题的特性而定,这并无简单的规则可以遵循。理论构建近乎艺术,好的经济学家和一般的经济学家的差别就在于好的经济学家能把握住重要的、一般的、简化的,但又不偏离现实太远的条件于他的理论中。在这点上,我国的经济学研究者必须多下点苦工夫,在平时读经典文献时,不应只是去了解观点,而应

理论构建近乎*艺术*。

去体会大师们如何观察现象、提出问题、选择给定条件等。所谓"外行看热闹,内行看门道",作为一个经济学研究者,在读经典文献时,如果只关心观点而不从方法论上去揣摩,则只能说是看热闹。另外,在研究问题时,一方面要深入了解事物的本质、特性,另一方面要有比较宽的视野,从我个人的经验来说,以下的"一分析、三归纳"方法,也许对我国年轻的经济学者在寻找最重要、最一般的限制条件来建构理论模型

时,有参考价值:

### 1. 本质特性分析法

本质特性分析法即在分析一个现象时,首先想清楚谁是这个现象中的主要决策者,他的目标是什么,目标的特性为何,他所处的环境又有哪些特性等问题。例如,蔡昉、李周和我在提出计划体制的形成理论时,就是从作为决策者的政府以重工业优先发展为目标、重工业的三个特性和我国资金相对稀缺的要素禀赋的特性冲突而演绎出来的。我在研究合作农场的激励机制问题时,则从农业生产空间分布大、时间长的特性,知道农业劳动投入监督不易,而放弃了森的完全监督,加入监督程度和监督成本于模型中。最近,我在研究我国的金融体系发展的问题时,提出了发展中国家应该加强发展中小银行的理论,则是从金融体系的主要功能是动员资金和分配资金,而能动员的资金取决于资金分配的效率,以及在资金相对稀缺、劳动力相对密集的发展中国家,资金使用效率最高的是劳动力相对密集的中小企业,而股市直接融资固定成本高,中小企业资金需求规模小等特性演绎得来的。[①] 在这儿我有一个心得,要特别提醒诸位注意:在分析中国的改革和发展问题时,要特别给予要素禀赋结构足够的重视。在主流经济学分析中,通常只有在国际贸易理论中才会讨论到一国的要素禀赋结构,但要素禀赋结构决定了一个经济中各种投入要素的相对价格,是在作任何与发展有关的技术和产业选择时,所必须考虑的重要给定条件。中国在改革前和改革中出现的问题,大多和忽视了我国的要素禀赋的特性有关。

### 2. 当代横向归纳法

当代横向归纳法即在研究某时某地的某个现象时,同时去了解这

---

① 林毅夫:《我国金融体制改革的方向是什么?》,载于海闻、卢锋,《中国:经济转型与经济政策——北京大学中国经济研究中心简报汇编(1995—1999)》,北京大学出版社1999年版。

个现象到底是此时此地唯一的,还是在其他地方也有类似的现象。例如,对计划体制产生原因的研究,如果把研究的范围局限在社会主义国家,那么,用社会性质来解释计划体制的产生,逻辑上也是严谨的。但当我们看到其他非社会主义的发展中国家也存在类似的计划体制时,那么,应该可以知道计划体制的产生有比社会性质更为一般的原因。

3. 历史纵向归纳法

历史纵向归纳法即《大学》上说的"物有本末,事有终始,知所先后,则近道矣"。了解了一个现象的演变发展过程,也就大概知道了它产生的原因。同样以计划体制为例,苏联刚建国时并无此体制,而是在1929年斯大林开始推行重工业优先发展战略之后才形成的。由于体制的变化是伴随着发展战略的变化,因此,计划体制产生的原因应该和战略有关。

4. 多现象综合归纳法

多现象综合归纳法是将某时某地同时发生的多个现象综合分析,归纳出这些现象背后共同的原因,而不是孤立地分析各个同时发生的现象。在分析发展中国家经济发展绩效差的原因时,国际贸易学者通常从发展中国家采用的是进口替代的战略来分析,而金融学者则通常从金融抑制的现象来分析。但进口替代和金融抑制一般是同时存在的,如果能将这两个现象同时分析,就不难发现,它们都是在资金相对稀缺的状况下,为了追求资金密集的产业优先发展,让没有自生能力的产业能够生存的必要制度安排。所以,要素禀赋和发展战略是比进口替代和金融抑制更为一般的条件。

以上的"一分析、三归纳"虽然分开来解释,但在运用中实际上是反复交替的思维过程。从本质特性演绎来的理论的推论必须随时对照于归纳来的现象特性;从现象归纳来的"因",也必须经由演绎来重构因果之间的逻辑体系才成为理论。

### 四、实证检验

理论分析只能说明在理论所阐述的逻辑机理中,"因"(给定的条件)对"果"(所要解释的现象)的产生是有正的还是负的影响,但无法说明这个影响的量有多大。是否真的有影响,以及影响有多大,只能从经验实证中才能获知。理论既然是用来解释现象的,就必须不断地接受经验现象的检验。只有不被经验现象证伪[①]的理论才能被暂时接受为可以解释现象的理论。只有在经验验证中被确认为有相当大影响的理论,才可被认为在诸多可能解释这个现象的理论中,不是一个无关紧要(trivial)的理论。作为一个有志于发展理论的经济学者,不能仅满足于逻辑的完美,而必须不断用经验事实来检验它所发展出来的理论。

计量检验是经济学中经验实证的一个主要方法。需要注意的是,为了研究方便,在理论模型中,通常把给定的条件尽量简化,但在现实生活中,对所要解释的现象可能产生影响的因素很多,在作计量检验时则必须将其他可能产生影响的因素尽可能地考虑进来,以便控制其他因素的影响,分离出理论模型所重点考察的因素的影响。例如,在研究收入对消费的影响时,在理论模型中,消费是消费者根据给定的收入条件和一定的相对价格所作的效用最大化的选择结果。然而,消费行为除了受收入和相对价格的影响外,还可能受不包括在理论模型中的消费者教育水平、年龄、性别的影响。在根据家计经验资料作回归分析时,教育、年龄和性别等因素都要包括在内。而且,消费者收入水平显然也受教育、年龄和性别等因素的影响,因此,收入在理论模型中是作为给定的条件,而在回归模型中,则需要被看做是内生的变量,使用二阶最小二乘法或其他计量方法来处理。

---

① 所谓证伪指的是经验实证发现"因"的影响和理论预期的影响相反。

国内经济学者一般善于写文章,阐述观点,而不乐意做经验实证的工作,有的人还误以为经验实证是数量经济学家的事,将理论研究与实证检验不适当地割裂开来。实际上,对于经济学家来说,养成经验实证的习惯是培养对理论发展作出贡献的能力的一个重要方法。我们在学习现有的理论时,要养成不断将所学理论和自己所知的经验事实进行对照的习惯。自己提出一个新的理论时,也要养成不断地寻找更多的经验现象来检验这个理论的习惯。从这种理论和经验的不断对照中去寻找理论创新的机会,也从这种不断对照中去深入了解现象,寻找更深层、更一般的理论。

要养成不断将**所学理论**和自己所知的经验事实进行对照的习惯。

### 五、结束语

作为一个热衷于教育新一代经济学家的工作者,我将自己的一点心得提出来供大家参考,希望有志者能够少走弯路。由于谈的是自己的体会,报告中难免有许多"王婆卖瓜"的地方,还请多包涵。改革、发展以及中国经济地位在世界经济舞台的提升,给我国经济学工作者提供了许多可对世界经济学理论发展作出贡献的题材,目前我们较欠缺的只是规范方法的普及和运用,《经济研究》作为我国经济学的龙头刊物,在推动经济研究的规范化方面可以起很大的作用。作为一个热切企盼中国经济学研究走向世界经济学殿堂的工作者,我呼吁大家为中国的改革开放、为中国经济学科的发展、为迎来21世纪世界级的经济学大师在中国辈出的时代而共同努力!

## 参 考 文 献

林毅夫、蔡昉、李周:《中国的奇迹:发展战略与经济改革》(修订版),上海三联书店与上海人民出版社1999年版。

林毅夫:《本土化、规范化、国际化——贺〈经济研究〉创刊40周年》,《经济研究》1995年第10期。

林毅夫:《制度、技术与中国农业发展》,上海三联书店1992年版。

林毅夫:《我国金融体制改革的方向是什么?》,载于海闻、卢锋,《中国:经济转型与经济政策——北京大学中国经济研究中心简报汇编(1995—1999)》,北京大学出版社1999年版。

林毅夫:《再论制度、技术与中国农业发展》,北京大学出版社2000年版。

Becker, Gary S., *The Economic Approach to Human Behavior*, Chicago: University of Chicago Press, 1976.

Coase, R. H., "The Nature of the Firm", *Economica*, Nov. 1937, (4), 386—405; Reprinted in G. J. Stigler and K. Boulding, eds., *Readings in Price Theory*, Homewood, 1952, pp. 331—351.

Friedman, Milton, "The Methodology of Positive Economics", in *Essays in Positive Economics*, Chicago: University of Chicago Press, 1953.

Lin, Justin Yifu, "Collectivization and China's Agricultural Crisis in 1959—1961", *Journal of Political Economy*, Vol. 98, No. 6, December 1990, pp. 1228—1252.

Lin, Justin Yifu, "Rural Reforms and Agricultural Growth in China", *American Economic Review*, Vol. 82, March 1992, pp. 34—51.

Lin, Justin Yifu and Guofu Tan, "Policy Burdens, Accountability, and the Soft Budget

Constraint", *American Economic Review: Papers and Proceedings*, Vol. 89, No. 2, May 1999, pp. 426—431.

Schultz, T. W., *Transforming Traditional Agriculture*, New Haven: Yale University Press, 1964, reprinted by Chicago: Chicago University Press, 1983.

Sen, Amartya K., "Labor Allocation in a Cooperative Enterprise", *Review of Economic Studies*, Vol. 33, October 1966, pp. 361—371.

# 学问之道*

朱青生老师,各位同学,很高兴能来元培班与同学们交流一下我对做学问的一点心得。元培班是北京大学在新世纪的一个重要实验,北京大学作为全国的最高学府、学术中心,应该走在时代的前边,开时代的新风,这也包括教育改革上的新风。

我国在计划经济时期的教育受前苏联传统模式的影响较大,高中时就分文、理科,高考时不仅分系,而且还细分到专业。那样的教育方式在计划经济时代有它的特殊性和必要性。在 1949 年新中国成立时,我国还是一个相当落后的农业经济,受过良好教育的人才很少,而要把我国快速建设成一个现代化的工业经济,在各行各业上所需的专业人才又非常多。所以,当时大学本科教育的目标是迅速培养一批一毕业就马上能够在具体工作岗位上发挥作用的学生。所以,在那时大学招生的数目按照未来建设项目、行业所需要的人才来确定,在大学时尽量多学一些在工作岗位上马上用得上的知识、技能,毕业以后按照计划分配,一个人一生的角色变化不会很大。

经过 1978 年年底以来的这二十多年的改革,我国已经由原来的计划经济体制转变为市场经济体制。和计划经济体制不同,我们未来将要面临的是一个产业结构、就业结构、技术结构、城乡结构快速变化,全球化的速度与程度不断提高的社会。每个人的就业要求不固定,可能从第二产业转向第三产业,也可能从劳动密集型产业转向资本密集型产业,在同一个产业里也必须不断掌握新的知识、技能。所以,大学本

---

\* 根据 2002 年 11 月 10 日在元培班上的讲话录音整理。

科教育的目标应该是培养学生不断学习的能力,而不是某一具体工作岗位上的专业技能。北京大学设立元培班的目的就是给各位一个宽广、深厚的基础,在快速的市场经济变化中,有不断吸收新知识、适应不断变动的工作需要的能力。开办一年多来,元培班已经取得了很大的成功,得到了社会的认可。今年元培班的新同学成绩非常好,希望同学们在段老师、朱老师和其他老师的指导下取得更好的成绩,也希望这个新的试验取得的经验可以用来推动北京大学的教学改革,将来成为全国高等教育的一个新的模式。

作为北京大学的老师,我感到很荣幸能够成为元培班的导师,参与元培班的试验。今天朱老师要我和大家见个面,交流点思想。我想了一下,谈什么才好。韩愈在《师说》中说:"师者,所以传道授业解惑也。""授业"指传授专业知识,如经济学、法学、社会学、物理、化学等,"解惑"指回答学生的疑问。专业知识的传授和对专业知识的疑问的解答,有各个科系专门的课程和负责的老师,不是元培班导师的主要责任。所以,今天我想主要和各位谈谈《师说》中所提的"传道"。

"道"是什么呢?"道"是指做人、做事、做学问的目标、准则及方法。做人、做事和做学问各有侧重点,但是,根据我自己的体验,其背后有许多相通的地方。作为元培班的导师,最自然的是从做学问之道开始讲起。

学问,学问,究竟怎么学?怎么问?在《论语·为政篇》中,孔子提出:"学而不思则罔,思而不学则殆。"其字面的意思是,如果只学习不思考就会很迷茫,而只思考不学习就会很疑惑。孔子四十而不惑,五十而知天命,我今年50岁,已经到了知天命之年,经过在北京大学的学习及多年的教学、研究工作,才慢慢地对这句话里的两个"学"和两个"思"的内涵有所理解。《中庸》里主张的"博学,审问,慎思,明辨",是对《论语·为政篇》里这几个字的最好的注脚。

"学而不思则罔",这个"学"字指的是学习现有的各种理论。

"**学**而不思则罔，**思**而不学则殆。"

"学"应该做到"博学"。理论是用来解释现象的，同一个现象，从不同的角度观察，就会有不同的理论；解释同一现象的各种理论，有共同的地方，也会有不同的侧重。所以，我们学习不能只听一家之言，而应该是"博学"。

但是，单单"博学"还不行，还要会思考，如果只学不思考，顶多也只能达到一部百科全书的水平。博览群书，看书过目不忘，这在古代可能还有一定的功能，现在有电脑，一张光碟就能储存一整套大英百科全书，敲几下键，各种知识都能查到，百科全书式的学者的作用已经今不如昔。更重要的是，现有的许多理论有真有假，各种理论、学说之间经常相互矛盾，如果全部记下来，照单接受，可能会使一个人，越学越迷糊，成了"学而不思则罔"了。

"博学"后要怎么思考才能做到"不罔"？这就是"审问"的功夫了。"审问"时要遵循两个原则：首先，任何理论的功用都在于解释现象，解释现象要讲因果关系，是什么"因"导致什么样的"果"。只有内部逻辑自洽的理论才能告诉我们，什么样的"因"，经过怎样的作用，导致什么样的"果",而这个"果"就是我们要解释的现象。学习理论时,对于一个现有的理论是接受还是不接受,首先是要看这个理论内部的逻辑是不是自洽。所以,元培班的导师有个共识,就是元培班的同学要加强逻辑学的训练。学自然科学的同学,数学的训练较好,数学是特别严谨的逻辑,所以,他们在这方面的问题较少;学社会科学的同学就一定要注意培养逻辑思维能力。学习理论时不能只满足于新奇的观点,即使一些观点很新,如果内部逻辑不自洽,我们也不能接受。其次,理论的作用在于解释现象,因此,在"审问"时除了要求一个理论必须内部逻辑自洽外,还要求根据理论的逻辑所得到的推论跟我们所要解释的现象是一致的。如果和现象不一致,这个理论就是被证伪了,必须放弃,只有不被证伪的理论才能被暂时接受。对于同一个现象,经常会同时有许多理论的推论都和它一致,也就是这个现象可以被几个不同的理论解释。出现这种情形时,我们还要进一步弄清楚这些理论中哪些是互补的,哪些是竞争性的。互补的理论可以同时是真的,也就是这个现象可能同时由这些理论所阐述的不同的"因"造成,这时我们要从经验中去验证到底哪个"因"是最重要的"因",或是真正发生作用的"因"。竞争性的理论则不能同时成立,在竞争性理论中,到底哪个理论应该暂时被接受,哪个理论应该被放弃,则要靠检验各个理论的各种推论来决定。一个理论只有各种推论都不被已知的经验现象证伪时,才可以被暂时接受。

博学的人特别要有孟子的"尽信书则不如无书"的批判精神,在"审问"上下工夫,尤其是,不仅要重视一个理论观点的新颖、内部逻辑的自洽,而且要重视理论的推论和现象的一致。

北京大学的学生对中国的社会发展负有无可旁贷的责任,我们不仅要学习现有的理论去解释现有的理论所赖以产生的过去的现象,而且,还要能够解释不断出现的新现象,以推动社会的变革和发展。《论语·为政篇》提出作为一个老师必须做到"温故而知新"才称职。面对未来不断变动的社会,北京大学的学生也必须达到这样的标准,才能成为有能力领导各行各业的社会中坚。但是,社会是不断在变动的,学习了根据过去的现象归纳总结出来的理论是否就可以解释新出现的现象?有一个成语叫"刻舟求剑",有一个人搭船过河,不小心剑从船上掉了下去,他就在剑掉下去的船边刻了一道痕迹,希望沿着这个痕迹找到自己的剑。这样的做法对还是不对?答案取决于许多客观的条件,船到底动不动,水到底流不流。如果船已经靠在码头,码头内的水不动或水流很缓,搭船过河的乘客有急事,先离开去办事,等办完事回来再按刻的地方下去找,应该是能找到剑的;如果船是在河中间,船在动、水在流,按刻舟的地方找剑就找不到了。从本质来讲,任何理论都是一种刻舟的行为,在给定的前提不变的条件下,理论是可以解释、预

从**本质**来讲,任何理论都是一种刻舟的**行为**。

测现象的,但是,社会是像流水般变动不居的,所以,任何理论都不是真理。老子《道德经》开篇之言"道可道,非常道",就是提醒我们,任何已经被提出来的理论都不是"放之四海而皆准"、"百世以俟圣人而不惑"的常道。佛教《金刚经》里的"如来所说法,皆不可取、不可说,非法、非非法"表述的也是同一个道理。

如何才能"知新"呢？功夫就在"思而不学则殆"的"思"字上。不过,这里的"思"和"学而不思则罔"的"思"的内涵不尽相同。前面谈到的"思"是"审问"的功夫,此处则是"慎思"的功夫。这里的"思"是直接观察现象,直接洞悉现象背后逻辑的思维活动。为何在这里的"思"需要"慎"？这是因为,知识分子特别容易从所学到的现有理论出发来观察现象,但是,社会是在发展、变动的,即使新出现的现象和现有理论的逻辑推论一致,也并不一定就证明这个现象就是由现有的理论所揭示的"因"造成的"果",如果不"慎"很可能就会犯错误。"慎"要从两方面下手:第一,要仔细观察,不要粗心大意,要见微知著;第二,更重要的是我们在观察周围的现象时,要时刻提醒自己,不要受到现有理论的制约,如果一切从现有的理论出发来观察问题,就成了现有理论的奴隶,必须时时谨记"道可道,非常道",抛开各种现有理论的束缚,直接分析、了解现象背后的道理。经由"慎思"所得到的解释和现有的理论的解释很可能一样,但是,这种解释是我们经过和提出这个现有理论的学者同样心路历程的再构而得到的,而不是简单地接受过来的知识,因此,我们对这个现象和理论的理解都会深入一层。更何况,经过练就这番剥离现有理论的影响、直接认识现象的功夫,很可能会发现同样的表面现象背后的形成逻辑是不同的,只有这样才能做到"知新"。

从表面现象直接看到现象背后的因果关系是每一位想成为有创见的学者所必须培养的一种能力。每一个社会总有许许多多社会、经济因素,但是,一个重要的社会经济现象通常只是由少数几个重要因素的作用产生的。而且,理论是一个信息节约的工具,作为理论总是必须相当简约,保留在理论模型中的"因"是越少越好,在成百上千的社会、经济因素中,和所要解释的现象的产生没有直接关系或是关系不大的因素,为了使理论简约,必须舍象掉。在有关系的变量中,其作用也不是完全相同的:有些是外生的"因";有些则是由外生的"因"内生产生、作为中间变量作用于所要解释的现象的"因";另外,有些则是由外生的"因"内生产生、伴随所要解释的现象出现的"果"。作为一个理论,只有建立在最根本的外生的"因"的基础之上,这个理论才会最有解释力,各种推论才能经得起各种经验现象的检验。但是,在错综复杂的众多社会、经济因素中,哪个是最根本的、外生的"因"?如果没有《中庸》所说的"明辨"的能力,那么,抛开现有的理论去观察现象、思考现象背后的因果逻辑,可能会越思考越迷茫,所以,还要有"学"的功夫。不过,"思而不学则殆"的"学"和"学而不思则罔"的"学"的侧重点有所不同。依我的体会,"学"有两层含义:第一层含义是学会观察现象、揭示现象背后因果关系的方法。观察现象以提出理论的方法有些在各个学科都适用,比如《大学》里说"物有本末,事有终始,知所先后,则近道矣",这在任何学科里都是共通的。在解释一个现象时,不变的因素可以舍象掉,在发生变动的因素中,要分清楚哪个因素是先变的,哪个是后变的。先于现象发生前变动的因素,虽然不见得就必然是产生这个现象的最根本的"因",但却是一个重要的线索、思路及思考问题的切入点。另外,有些方法则是因学科而不同的,就经济学而言,其方法通常是从一个理性的人的角度出发,研究在一定限制条件下所作的选择。所以,构建经济学理论的方法定式是:首先,弄清楚谁是决策者,可能的决策者有政府官员、企业经理、员工或是消费者;其次,弄清楚决策者的目标为何,总的来讲是效用的最大化,具体表现则可以是收入、财富的最大化,风险的最小化,社会地位的提高,或是内心的最大满足等;再次,要弄清楚决策者可以作出选择来实现其目标最大化的变量为何;最后,要弄清楚决策者作选择时所面对的机会成本。一个经济学的理论是由上述四个构件组成的,一个经济现象通常是某一个或某一类决策者在面对其他三个构件的不同组合或变动时所作出的选择的结果。一个有洞察力的经济学家也是以这四个构件作为参考框架来观察现象的。"学"的第二层含义则是学习现有的文献中有关这一现象的各种理论,这时的"学"不是为了用现有的理论来解释所观察到的现象,而是为了了解自己所提出来的理论解释和现有的理论解释有何异同之处。如果自己的解释和现有的理论有所不同,那么,必须再下一番"慎思"的工夫,检查自己提出的理论是否逻辑上自洽,理论的推论是否和已知的各种经验现象一致。如果这两方面都没有问题,那么,还要进一步分析自己的理论和现有的理论的关系是互补还是竞争。这些工作都做过了,就可以了解自己提出的解释新在何处,对理论文献有何贡献。如果已经有现有的理论解释和自己的解释完全相同,那么,就不能自认为自己有何新的理论发明,但是,至少自己也就不会越思考越迷糊。

各位元培班的同学如果在学习期间就能够勤于"思",并且打下扎实的"学"的基础,那么,各位在各自的学科上会有非常多的机会对理论的发展作出开创性的贡献。因为新的理论必然来自新的现象,中国正处于旷古未有之巨变,不论在哪个学科里都会有无数多的新现象。这些变化一方面是源于中国正从计划经济向市场经济过渡,另一方面则源于中国正快速从一个发展中的、以农业为主的经济向现代化经济的转型,而且这些变化是在很短的时间里完成的。根据世界银行1991年《世界发展报告》中对从工业革命以后经济发展成功的案例的研究,人均产出翻一番的时间,英国从1780年开始用了58年,美国从1839年开始用了47年,日本从1885年开始用了34年,巴西从1961年开始用了18年,韩国从1966年开始用了11年,我国则从1977年开始用了10年,在20世纪80年代后期和90年代,我国的人均收入提高的速度更为加快。我们知道,现有的理论大部分都是发达国家的学者提出来的。每个学者提出的理论,都是对他所观察到的现象的解释,发达国家的学者提出的理论,主要是在解释发达国家的现象。由于发展的阶段不一样,所处的社会、经济环境不同,制约条件存在差异,相同的现象背后的原因很可能是不一样的。如果发达国家的学者用他们提出的理论来解释发展中国家、转型中国家的现象,不能说他们必然都是错的,但是,大部分可能是隔靴搔痒的。在理论创新上,不会是"外来的和尚会念经",而会是"近水楼台先得月"。这是由理论本身的特性决定的,因为如前所述,理论是抽象的,理论模型中仅能保留很少的几个社会、经济变量,在众多的社会、经济变量中,到底哪些该舍象掉,哪些该保留,通常只有在那个社会长大、生活的学者才会有较好的把握。一位不在中国长大、生活的外国学者要洞悉中国社会经济现象背后的逻辑很难,就像在中国长大的许多经济学系的学生,到国外留学,拿到博士学位后留在国外工作,要在涉及国外社会经济现象的领域取得显著的成就很难一样。所以,到目前为止,在国内学完本科到国外留学,留在国外工作的经济学家很多,但能在研究上取得突出成绩、产生影响的却很少,即使有,其成就也通常是在不涉及社会经济现象的数理经济学和计量经济学方面。

中国的学者在研究中国的社会经济现象上,不仅具有"近水楼台先得月"的优势,而且,任何理论都是内部自洽的逻辑体系,一个理论的贡献的大小,不能从逻辑上来分辨,而是取决于这个理论所解释的现象的重要性,现象越重要,解释现象的理论就越重要。18、19世纪引导世界哲学、社会科学思潮的大师多数出现在欧洲,第一次世界大战以后,大师则大多出现在美国。这是因为,经济是上层建筑的基础,工业革命以后直到第一次世界大战前,欧洲是全世界的经济中心,发生在欧洲的社会经济现象也就是全世界最重要的社会经济现象,解释欧洲社会经济现象的理论也就是最重要的理论,由于近水楼台之故,哲学、社会科学的大师也就大多出现在欧洲;第一次世界大战以后,美国崛起,成为世界经济的中心,所以,哲学、社会科学的大师,也大多转而出现在美国。随着中国经济地位在21世纪的复兴,中华文明再次由衰而盛,中国有可能逐渐取代美国成为世界的经济中心,同时成为世界的学术中心,中国将会迎来世界级大师辈出的时代。北京大学作为中国的学术中心,在培养世界级大师上更应该责无旁贷。元培班是北京大学为迎接新时代的到来而作的一个制度创新,作为元培班的导师,我盼望元培班的同学能以将来成为世界级的大师自勉,培养这样的胸襟,做这样的努力。

大师和一般有成就的学者差别何在?一位大师必须有他自己的一套理论体系,这个体系会涉及很多方面。但是,真正的大师的理论体系虽然包含方方面面,可是这个理论体系并不是一些不联系的、相互矛盾的个别观点的拼凑,而是有一个一以贯之的根本的道理将它们联系成一个完美的整体。孔子与子贡在《论语·卫灵公篇》中的问答,生动地反映了这点认识。子曰:"赐也,女(汝)以予为多学而识之者与?"对曰:"然,非与?""非也,予一以贯之。"什么思想贯穿了孔子的理论体系?《论语·里仁篇》里作了回答。有次孔子向曾参说:"参乎,吾道一以贯之。"曾子曰:"唯!"子出门人问曰:"何谓也?"曾子曰:"夫子之道忠恕而已矣。"孔子对自己思想的这一总结和老子《道德经》上所说的"博者不知,知者不博"是有异曲同工之妙的。老子这里所指的"知"是对人类社会、对宇宙的本体之"道"的体悟,而"博"则是孔子所说的"多学而识"。真正的大师的理论体系虽然对许许多多的现象都有解释力,但是,这个体系的核心思想却会是相当简单的,以这个简单的核心思想作为他的理论体系的出发点,也就是他的理论体系所要解释的各种现象的最根本的"因",然后,说明这个最根本的"因"如何作用于其他社会经济变量而导致所观察到的诸多现象。孔子、老子、释迦牟尼等圣人的思想对人生、社会、政治的事事物物无所不涉,但是孔子以"忠恕"贯穿其思想体系,老子以"无为"贯穿其思想体系,释迦牟尼以"空"贯穿其思想体系,他们确实是做到了"一以贯之"、"知者不博"。

但是,社会、经济现象是错综复杂的,而且是变动不居的,一个学者在致力于"思"的努力时,应从何处下工夫才有可能认识到各种现象背后的根本原因,形成一个一以贯之的理论体系?答案在于《中庸》所讲的"道不远人,人之为道而远人,不可以为道"。如果没有人的存在,这个宇宙只是一个寂然的自然之体,因为有了人的存在和人的主观能动而成就了各种社会经济现象,所以,"道不远人"。要成为大师,就必须从内心里关心人、关心社会,"家事、国事、天下事,事事关心"。从对人、对社会的关心中去思索他所处的时代的诸多现象背后根本的"因",如果是一个关在书斋中或是只关心自己的利害得失的自了汉,即使读破万卷书,顶多也只能达到"多学而识"而不会成为大师。但是在关心人、关心社会时不能只见树木、不见森林。王阳明有首诗:"山高月远觉月小,便道此山大于月;若人有眼大如天,还道山高月更阔。"必须具有大如天的法眼,才有能力不被事物的表面属性迷惑。所以,一位想成为大师的学者除了要有孟子所说"当今天下,舍我其谁"的自信心,还要有"以天下兴亡为己任"的使命感,只有具有这样大的使命感的学者,才会有纵的历史观和横的全局观,才有可能培养出王阳明所形容的"大如天"的洞悉事物本质的能力。同时,要成为一位大师也要有孟子所说的"自反而缩,虽千万人吾往矣"的道德勇气。因为,一位大师提出一个新的思想、理论体系时,会与已经存在、大家接受的思想理论体系有所冲突,而不容易被人理解、被人接受,甚至招人非议。这时,必须要有去和现有的大师争论,去一点一滴地教化社会的芸芸众生的"虽千万人吾往矣"的勇气。所以说,做学问和做人的道理是相通的,要成为一位大师,同样必须有孟子所讲的"浩然之气","浩然之气"不是与生俱来的,而是需要一个人自己时时刻刻精心"善养"的。

我在前面探讨的学问之道,主要是从人文、社会科学的角度来谈的。自然科学的理论适用于任何性质、发展阶段的社会,理论创新的贡献大小有一个客观的标准,而不是像社会科学理论那样,取决于产生这个理论的社会在整个国际政治经济中的重要性。但是,上述关于21世纪中国会成为世界学术研究中心的判断,以及做学问的道理,在自然科学上也应该同样适用。自然科学理论的研究需要大量的经费投

做学问和做人的道理是**相通**的。

人,当中国成为全世界最大最强的经济体时,可以用来支持自然科学理论研究的经费投入也就会在全世界各国中居于首位,加上中国人的聪明才智,在自然科学理论上的创新也应该会在世界各国中居于首位。在自然科学的研究上要作出成绩,也同样要在"学"与"思"上下工夫,所不同的是,"思"的对象是自然现象而不是社会现象。要成为自然科学界的大师,提出的理论也应该对许多领域都有贡献,像爱因斯坦,有人说他应该可以拿十个、八个诺贝尔奖,因为他的相对论对物理学的各个分支都有很大的贡献。按上述的学问之道,在21世纪的中国,我们也会迎来自然科学界大师辈出的时代。

元培班是以蔡元培先生的名字命名的,所以元培班的学生要对得起蔡元培先生的名字。蔡先生的那个时代与我们这个时代有许多相同的特点:第一,都是处在一个巨大的时代变革中;第二,都是处于一个从封闭到开放的过程之中。但是,我们所处的时代比蔡先生的时代更好,从鸦片战争到"五四"前后,中国不断遭受列强欺凌,被迫打开国门,民族处于存亡危急之秋。当时,学术界工作的重点在于对传统文化的深刻反思和批判,以及引进国外先进的文化、制度和理论,全国上下包括学术界忙于救亡图强,也就不可能有信心认为可以总结中国的经验,以开创人类文化的新潮,全世界的学术界也不会有学者认为中国的学者可以根据中国的经验作出这样的贡献。过去这二十多年我国虽然也是从封闭到开放,但是,这次的开放是我国自主的选择,主动权掌握在自己的手里。而且,改革开放以来,我国成为全世界经济发展最快的国家,中华民族的伟大复兴这个几代仁人志士为之抛头颅、洒热血、孜孜以求的目标,已不再是一个遥不可及的梦。经济是基础,经济基础变化了,上层建筑会跟着变,经济基础和上层建筑合起来叫文化。随着我们的经济基础的提高,一方面,我们的社会组织、价值体系、生活方式等都会发生变化,另一方面,经济基础强的文化就是世界的强势文化,所以,我们的社会组织、价值体系、生活方式都会成为其他弱势文化学习、模仿的对象。世界上大部分的国家都还是发展中国家,实现现代化、提高人民的生活水平,是这些发展中国家的共同愿望,因此,我国经济快速发展的经验对发展中国家来说,有许多借鉴的意义。而且,中华民族很有可能在21世纪成为人类历史上第一个拥有由盛而衰、再由衰而盛的文明的民族。这是一个全新的文化现象,这样的文化经验使许多过去认为人类文明也像人类自身的生命一样,会经历生老病死阶段的人文、社会科学理论不再适用;这样的文化经验对正处于文化高峰、很可能会进入衰退期的民族来说也是重要的。我们应该利用近水楼台之便把这个全新的文化现象研究清楚,理解透彻,这是21世纪的中国学人比蔡先生所处时代的学人更为幸运的地方,也是21世纪的学人对中国、对人类文化发展的责任。

作为元培班的导师,我对元培班的同学寄予了无限的期望。我认为元培班培养学生的目标,不应该只定位于培养出有牛津大学、哈佛大学那样水平的学生,我们的要求应该更高。英国已经过了全盛期,美国也顶多是一个处于稳态的社会,21世纪中国的学人有比美国、英国的学人作出更多开创性的理论贡献的机会。而且,北京大学学生的筛选过程比哈佛大学、牛津大学更为严格。在美国,像哈佛大学那样的名校有二十多所,好学生是在那二十多所学校里平均分配,更何况美国的人口只有我们的五分之一,从比例上来说,假如中国学生中具有成为大师级慧根的人和美国的学生一样多,那么,北京大学的学生中有成为大师资质的学生应该比哈佛大学的多出数十倍。孔子在《论语·雍也篇》里主张:"中人以上可以语上也,中人以下不可以语上也。"意思是,对学生必须因材施教,而且,中等以上之材必须以上等之材的标准来教育。北京大学的学生都是上等之材,而且,有不少是上上等之材,对北京大学的学生"不以语上"是北京大学的老师的失职。因此,北京大学对学生的培养不能只定位于培养像哈佛大学、牛津大学那样的学生。元培班是北京大学在新世纪的一个实验,为了把元培班办好,也为了把北京大学办好,让我们全体导师和同学携手共同努力,以迎接21世纪各个学科的大师在中国、在北京大学辈出的时代的到来!只有这样,才不辜负我们的时代,也才不辜负元培班的名字。

# 自生能力、经济转型与新古典经济学的反思*

## 一、前言

从1978年到1990年的12年间,中国的改革和开放取得了举世瞩目的成就。GDP年均增长9.0%,12年间共增加了2.8倍;对外贸易额年均增长15.4%,12年共增加了5.6倍。人民生活水平和收入明显提高,城乡收入差距缩小。其中,城市人均收入年均增长5.9%,而农村因实施家庭联产承包责任制,农民收入出现超常规增长,12年间年均增长9.9%,比城市高出4个百分点(国家统计局,2002年,第17页,第94页,第148页)。中国的改革所取得的成绩堪称人类经济史上的奇迹,但是当时国际经济学界对中国的改革不甚了解,甚至有许多经济学家不看好中国的改革。① 他们认为,市场经济应以私有产权为基础,而中国的经济并非如此,国有企业没有私有化,资源配置实行的是双轨制,国家计划还在发挥相当重要的作用。他们认为,中国的经济转型虽因具有农业劳动力的比重高、对人口的补贴低、海外华侨多、经济管理较为分权等有利的起始条件而在一段时间内取得成效(Balcerowicz,1994;Woo,1993;Sachs and Woo,1994,1997;Qian and Xu,1993),但

---

\* 本文的主要观点曾在中国社会科学院研究生院、国家经贸委经济研究中心中外名家系列讲座、天则研究所第5期新制度经济学和经济转型培训班以及北京大学中国经济演技中心夏令营所举办的讲演中发表过。对上述讨论会上参与者提出的问题和建议,在此谨表谢意。中文稿曾发表于《经济研究》2002年第12期,英文稿即将刊登于 Kyklos, Vol. 58, No. 2(2005)。

① 当然也有给予中国改革高度评价的经济学家,例如:Jefferson and Rawski, 1995; McKinnon, 1994; MacMillan and Naughton, 1992; Naughton, 1995; Singh 1991; Chen et al., 1992; Harrold, 1992; Perkins, 1992; Murrell, 1991, 1992。

是双轨制会导致配置效率的损失、寻租行为、国家机会主义的制度化等,是一个最糟糕的制度安排,有些经济学家甚至认为中国的转型最终会因为改革不彻底而失败(Murphy, Schleifer and Vishny, 1992; Sachs, Woo and Yang, 2000)。

当时多数经济学家看好前苏联、东欧的改革,因为这些国家基本上是按照现代主流的新古典经济学的理论的基本原则来进行改革的。最有代表性的就是在波兰、捷克、俄罗斯等国家推行的"休克疗法",它包含三方面的内容:价格完全放开、由市场来决定;全面、大规模、快速地实现私有化;消除财政赤字,维持宏观经济的稳定(Lipton and Sachs, 1990; Blanchard, Dornbusch, Krugman, Layard and Summers, 1991; Boycko, Shleifer and Vishny, 1995)。这三项是西方主流经济理论所认为的一个有效的经济体系的最基本内容。

这些主流经济学家也知道,从一种经济体系向另一种经济体系过渡,要建立新的制度安排需要时间,要打破旧的既得利益需要有成本,但他们乐观地设想,在推行"休克疗法"初期国民经济虽会有所下降,但半年或一年以后经济就会快速增长(Brada and King, 1991; Kornai, 1990; Lipton and Sachs, 1990; Wiles, 1995)。据此,他们认为,前苏联、东欧的改革虽然比中国起步晚,但很快会超过中国,而中国由于改革的不彻底,经济内部的矛盾可能会引发种种困难。

转眼又是10年过去了,事实与20世纪90年代初的许多著名经济学家的预言恰恰相反,中国经济继续保持了快速增长,而推行"休克疗法"的国家反倒出现了极其严重的通货膨胀和倒退。俄罗斯1993年通货膨胀率达到8 414%,即一年中物价上涨了84倍;乌克兰的通货膨胀率达到10 155%,即一年中物价上涨了101倍。不仅如此,国内生产总值急剧下滑,俄罗斯1995年的国内生产总值只达到1990年的50%,乌克兰只达到40%。① 随着人均收入的急剧下滑和收入分配的极端恶化,各种社会指标也在降低,1990年苏联男性的寿命预期是64岁,而1994年下降到了58岁(Gregory and Stuart,2001,p.470)。总之,推行"休克疗法"的国家改革困难重重,并未出现西方主流经济学家预期的效果。在东欧国家中,波兰经济发展最好,国内生产总值下跌20%左右,但是,波兰并没有真正推行"休克疗法",虽然价格全面放开了,但是,绝大多数大型国有企业没有私有化(World Bank,1996;Dabrowski,2001)。②

在整个20世纪90年代,中国经济确实出现了不少问题,如从80年代末期就开始的国有企业改革在90年代仍未彻底完成;地区差距、城乡差距有所拉大;金融体系等方面的许多问题仍有待解决。但另一方面更值得注意的是:整个90年代国民经济年均增长10.1%,比改革初期的12年间还高出了1.1个百分点;对外贸易维持了15.2%的年均增速(国家统计局,2002年,第17页,第94页)。人民生活水平得到大幅度提高,尤其城市人民生活水平提高更快。90年代之前,北京、上海的新建筑很少,可在这10年中,北京已发展成一个现代化的城市,上海浦东的变化令外国人目瞪口呆。中国经济的发展不仅提高了人民的生活水平,也为国际经济作出了很大贡献,东南亚经济危机发生时,人民币没有贬值,对东南亚经济在短期内得到恢复和增长起了很大作用。

中国经济改革在20世纪80年代已经取得了许多实实在在的成就,但是,国际上一些主流经济学家为什么不看好中国呢?参与了前苏联、东欧改革的杰弗里·萨克斯(Jeffry Sachs)、斯坦利·费雪(Stanley Fisher)、Oliver Blanchard、Andrei Shleifer、Robert Vishny、Rudiger

---

① *The Economics of Transition*, Vol. 4, No. 1, pp.282—283.
② 有关东欧和前苏联各国在转型以后的通货膨胀率和GDP增长率,请参看林毅夫、蔡昉、李周:《中国的奇迹:发展战略与经济改革》(增订版),上海人民出版社与上海三联出版社2000年版,表1.1和表1.2。

Dornbusch、保罗·克鲁格曼(Paul Krugman)、Richard Layard 和 Lawrence Summers 等哈佛大学、麻省理工学院的教授都称得上是大师级的经济学家,许多前沿理论都是他们研究、发展出来的,但他们为什么无法预测、解释推行"休克疗法"所带来的困境,又为什么不看好中国的经济转型呢?本文认为,除了在于这些经济学家对前社会主义国家的历史、计划经济形成的原因和经济系统转型的实质问题的认识不够外(Murrell,1995),还在于现有的新古典经济学本身在分析转型问题上存在着先天的缺陷。本文的结构如下:第二节定义自生能力的概念,指出新古典经济学的理论体系把企业具有自生能力作为理论分析的暗含前提,但传统计划经济体制却是内生于以优先发展缺乏自生能力的企业为目标的赶超战略。第三节解释以企业具有自生能力为前提的现代经济学来设计的转型政策,不管是在前苏联和东欧还是在中国,都不仅不能对症下药,而且还经常事与愿违。第四节说明企业缺乏自生能力问题的现象在转型中家和发展中国家普遍存在,因此,有必要放弃现代经济学中企业具有自生能力的暗含前提,把企业是否具有自生能力作为分析转型和发展问题的一个重要变量。第五节解释传统计划经济体制向市场经济体制转型的成功有赖于企业自生能力问题的成功解决,并以如何解决中国国有企业自生能力的问题来作为分析的案例。第六节是一个简单的结论。

## 二、自生能力与新古典经济学的反思

理论应该能够用来解释和预测现象,若不能如此,则说明这个理论有根本的缺陷(Friedman,1953)。现在发达经济国家主流的新古典经济学理论用来解释发达国家的经济现象是非常合适的,但用来解释转型国家的改革和发展中国家的经济现象却未必合适。

新古典经济学有一个"理性人"的假设,即在各种可能的选择中,一个决策者永远会作最符合他的目标的选择,这个假设是大家熟悉的。但是,还有一个假设是暗含在现有的新古典经济学理论中的,被经济学家不自觉地当做经济研究、经济理论的既定前提,我称之为"企业是有自生能力的"的假设。所谓"自生能力"(viability),我的定义是"在一个开放、竞争的市场中,只要有着正常的管理,就可以预期这个企业可以在没有政府或其他外力的扶持或保护的情况下,获得市场上可以接受的正常利润率。"[①]在企业都具有自生能力的暗含前提下可以推论,如果一个企业在竞争的市场中并未获得大家可以接受的正常利润率,则一定是由于缺乏正常管理。其中可能有公司治理方面的问题、激励机制问题或是产权问题,也可能有政府对企业经营的不正当干预问题。社会主义国家的国有企业确实表现出了这些问题,在这个理论框架之下,社会主义经济转型的成功,有赖于消除原来计划经济体制之下妨碍企业正常经营管理的产权、公司治理和政府干预问题,让企业能够有正常的管理。"休克疗法"就是建立在上述理论基础之上的。

经济理论是用来解释经济现象的,新古典经济理论发展于发达的市场经济国家,所要解释的是发达经济国家的现象。在发达的市场经济中假定企业具有自生能力是合适的,因为发达的市场经济国家中的政府,除了很特殊的产业中的企业外,一般是不会给予企业补贴和保护的。一个企业如果在正常管理下,大家不预期它会赚得市场上可以接受的正常利润,那么,根本不会有人投资、建立这样的企业;如果这样的企业因为错误的信息而被设立起来,投资者也会用脚投票,而使这家企业垮台。所以,在开放、竞争的市场上存在的企业应该都是具有自

---

[①] "自生能力"一词是我在1999年美国经济学年会上和谭国富一起发表的讨论预算软约束的论文中首先提出的,但这个概念在1994年我和蔡昉、李周合著的《中国的奇迹:发展战略与经济改革》的第1版,尤其是1999年出的增订版中,已广泛作为分析传统经济体系形成的基础。对这个概念的最系统论述则在2001年5月应芝加哥大学之邀去作"Annual D. Gale Johnson Lecture"的第一讲"Development Strategy, Viability, and Economic Convergence"之中,该文的中文译稿刊登于《经济学季刊》第1卷第2期,第269—301页,英文原稿刊登于 Economic Development and Cultural Change, Vol. 51, No. 2(2003)。

生能力的,也就是说,只要有正常的管理就应该能够赚得正常的利润。既然如此,发达国家主流的经济学用它作为暗含前提来构建理论模型是合适的。

但是,在转型经济和发展中国家,很多企业是不具有自生能力的,也就是即使有了正常的管理,在竞争的市场中也无法获得大家可以接受的预期利润率。为什么一个企业会不具有自生能力?这主要和这个企业所在的产业、所生产的产品以及所用的技术是否与这个国家的要素禀赋结构所决定的比较优势一致有关。

如图1所示,假定有一个只拥有两种生产要素——资本和劳动,并只生产一种产品的经济。图中,$I$ 是一条等产量曲线,曲线上的每一点代表不同的生产技术,$A$ 点的技术比 $B$ 点的技术资本密集,但两种技术所能生产的产品量相等。在一个竞争的市场中,到底以哪一个技术来生产较好,则取决于哪一种技术的生产成本较低。如果这个经济中等成本线是 $C$ 线,那么,在竞争性的市场中,只有选择 $B$ 点来生产的企业才能够获得可以接受的利润水平,如果选择了其他种类的技术来生产,则企业将会有亏损,例如,如果采用了 $A$ 点的技术,亏损将达 $C$ 和

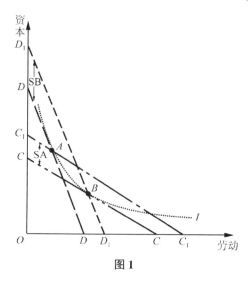

图1

$C_1$的距离 SA。同理,如果等成本线是 D,则只有选择 A 点的技术,企业才能获得可以接受的利润水平。在一个经济中,到底等成本线是像 C 或像 D,则取决于这个经济的要素禀赋的结构。如果劳动力相对丰富、资本相对稀缺,在劳动力上有比较优势,则等成本线会像 C 而不像 D。相反,如果资本相对丰富、劳动力相对短缺,在资本上有比较优势,则等成本线将会像 D 而不像 C。所以,在这样一个简单的市场中,一个企业是否能够获得可以接受的利润水平,亦即是否具有自生能力,取决于它所采用的技术特性是否和这个经济的要素禀赋结构所决定的比较优势一致。如果和这个经济的比较优势不一致,则这样的企业不具有自生能力,只有在政府的补贴和扶持下才能存在。

我们可以把上述一个产品的经济的讨论扩展为一个产业中有许多产品的经济,以及一个经济中有许多产业的情况,所得到的结论同样是:在一个开放、竞争的市场经济中,一个企业是否具有自生能力,取决于它的产业、产品、技术选择是否和这个经济的要素禀赋结构所决定的比较优势一致。① 如果不一致,在一个开放、竞争的市场中,这个企业即使有很好的管理也不能获得可以接受的利润水平,它的存在有赖于国家的保护和补贴。②

一个企业的自生能力取决于其产业、产品、技术选择,说明这个概念的一个很好的例子是日本的农业。日本的农业以小农为主,农场主既是所有者也是经营者,所以不存在产权的问题,也不存在任何公司治理的问题。③ 但是日本是一个土地极端稀缺的国家,在土地密集型

---

① 有关自生能力在一个产业中有多种产品,以及一个经济中有多种产业的情况的详细讨论,请见林毅夫(2002)。
② 在正常的情况下,一个企业的产业、产品、技术选择应该为管理的职能之一,但是一个发展中国家的政府经常为了赶超发达国家的产业、发达国家的政府则经常为了保护就业而干预企业的这项选择,使其背离了该国的比较优势。
③ 公司治理问题的产生是因为所有者和经营者分离,导致激励不相容和信息不对称,从而出现道德风险的问题。如果所有者和经营者是同一人,就不会有激励不相容、信息不对称和道德风险的问题,也就没有公司治理的问题。

的农产品如粮食上,不具有比较优势;同时它又是一个劳动力价格极端昂贵的国家,在劳动力密集型的农产品如蔬菜水果上,也不具有比较优势。日本农业的精耕细作在世界上是有名的,但是,日本农场的生存有赖于日本政府的高额财政补贴和关税保护,如果日本政府开放农产品的自由进口,日本绝大多数的农场都要倒闭。①

转型国家的许多国有企业也和日本的农场一样存在同样的自生能力的问题。因为在转型经济中的许多国有企业是政府为了尽快赶上发达国家的产业、技术水平而违背其比较优势建立起来的,典型的是重工业中的大型国有企业。

其实,转型中国家原来的计划经济体制就是为了扶持、保护不符合比较优势、没有自生能力的重工业企业而形成的。② 转型中国家,如苏联、中国等,在还没有实行计划经济之前原本是资金稀缺的落后的农业国家,在一个资金稀缺的发展中国家要发展不符合比较优势的资金密集型重工业项目必须克服许多困难:第一,重工业项目大,建设周期长;第二,重工业所需的关键设备和技术必须从国外引进;第三,一次性投资特别大。而资金稀缺的发展中国家尤其是农业国家的经济也具有三个特征:第一,经济剩余少,因而导致资金短缺,因此,如果由市场决定利率,利率应该会很高;第二,出口少,导致外汇短缺,如果外汇价格由市场决定,对于这些国家来说,外汇价格就很高;第三,经济剩余少,而且分散,这就对剩余的动员产生困难。如果把不符合比较优势的重工业的三个特性与资金稀缺的发展中农业经济的特征放在一起,则可以看到:如果建设周期长,所付的资金成本又很高,还要大量进口机器设备,发展这个行业是相当难的。同样,要把分散的剩余集中起来投

---

① 日本的稻米价格约为国际价格的8倍。日本自1991年出现通货紧缩至今十余年。形成东盟10+3自由贸易区,对扩大日本产品出口和海外投资,使日本经济早日走出通货紧缩的阴影很有好处,但中国政府在2001年提出这个建议时,日本反应冷淡,就是为了保护国内的农业。

② 有关传统计划经济体制形成逻辑的详细讨论见林毅夫、蔡昉、李周(1994,1999)。

入很大的项目也不能靠市场。

于是政府为了周期长的项目能够被建立起来,只好把利率压低;为了能让这些项目能够以低廉的价格进口机器设备,只好扭曲汇率,人为抬高本币价值;为了集中剩余,只好让已经建成的企业有很高的利润,以作为下一个投资项目和资金的来源,而要让已经建成的企业有很高的利润,就要压低包括工资在内的各种投入的价格,并且给予这些企业在产品市场上的垄断权。这些价格信号的扭曲必然造成资金、外汇、原材料和生活必需品的供不应求。为了保证稀缺的资源能够被配置在要优先发展的产业和项目上,就必须要有国家计划,并且用行政的方式按照计划配置资金、外汇、原材料等,从而形成了传统的计划配置体系。

在价格扭曲并且用计划替代市场配置资源的经济体系中,如果企业是私人拥有的,则国家无法保证以价格扭曲集中起来的剩余会按照国家的计划再继续投资到重工业项目中去,因此,国有化成为政府直接掌握这些剩余支配权的一种制度安排。① 在上述的计划体制中,如果一个企业所在的是政府所要优先发展的最终产品部门,其产品市场是垄断的,价格会很高,而且可以享受各种廉价的投入,它必然有很高的盈利;反之,如果企业所在的是生活必需品或重工业的投入品的部门,其产品价格被人为压低,企业很可能经营再好也有亏损。因此,一个企业是盈利还是亏损,很大程度上不取决于经营的好坏,而取决于这个企业在整个产业链当中处于什么地位。在信息不对称、激励不相容,而且缺乏市场竞争的情况下,政府不知道一个盈利企业该有的正常盈利水平,也不知道一个亏损企业该有的亏损水平,如果给企业自主权,企业经营人员容易产生多吃、多拿、多占的道德风险。为了防止

---

① 因为私人企业家追求的是利润和资金回报的最大化,在传统的体系之中,轻工业品必然出现短缺,而且轻工业项目投资的周期短、资金投入小,投资在轻工业上的回报率肯定会比投资在重工业上的高。

利用价格扭曲创造出来的剩余被企业侵占,就剥夺了传统计划体制里国有企业的人、财、物、产、供、销的权利(林毅夫、蔡昉、李周,1997;Lin and Tan,1999)。

实际上,传统的经济体制中全面扭曲资金、外汇、原材料、工资、物价等各种价格信号,以计划取代市场配置,剥夺企业经营自主权的各项制度安排,其实是内生于发展战略所要优先发展的企业是没有自生能力的现实的(林毅夫、蔡昉、李周,1994)。这种安排用现代经济学的术语来讲,是在限制条件之下的"次优"选择。通过它可以把分散在各个产业部门的剩余最大限度地集中起来,以投资到政府所要优先发展的项目里去。所以,像中国这样落后的农业经济也可以在很短的时间里试爆原子弹、发射人造卫星上天。但是,资源配置的效率低,而且,企业因为没有自主权,干得好的企业和干得坏的企业、干得好的工人和干得坏的工人待遇一样,导致积极性差,整个经济的效率非常低。[①]

在社会主义计划经济和转型经济中,大量的企业是不具有自生能力的,并由此内生出一系列干预市场运行的制度安排和后果,那么,以企业具有自生能力为暗含前提的新古典经济学为工具来分析这些国家的经济现象和问题时,提出的政策建议推行后达不到预期的效果,甚至事与愿违,也就不足为奇了。

### 三、现有经济学理论和经济转型的政策措施

在社会主义国家可以看到很多扭曲的现象,存在公司治理、政企不分、裙带关系、政府对金融和外贸的干预等一系列问题,导致经济效率较低。这些现象在很大程度上内生于政府的发展战略所要建立的企业是没有自生能力的。如果自生能力的问题不解决,而政府又不愿

---

① 转型前,中国经济发展的各项效率指标见林毅夫、蔡昉、李周(1994,第3章)。有关苏联转型前的各个产业部门的效率情况的仔细研究见 Desai(1990)。

意或不能让这些企业破产,那么这些扭曲和干预就无法消除。

可是我们对客观世界的认识,必然受到头脑中理论框架的限制(North,2002)。现代主流的新古典经济学理论暗含企业有自生能力的假设,当受到这个理论体系训练的经济学家,看到转型中国家普遍存在他们熟悉的,而且在新古典经济学体系里已证明会降低经济运行效率的公司治理、产权、政府干预等问题时,会认为现有的新古典经济学理论是分析转型中国家问题的合适工具(Murrell,1991),而忽视了这些问题其实是内生于政府试图去建立的企业是缺乏自生能力的。于是,当社会主义国家请国际上著名的经济学家来帮助设计改革方案时,提出的方案、政策只强调产权私有化、放弃政府对经济的干预、完全市场化等,而且,在训练有素的经济学家间会有超乎寻常的共识(Summers, 1994, pp.252—253)。

根据新古典经济理论来制定改革政策的最具体和集中的表现就是所谓的"华盛顿共识",其内容有如下几项:强化政府的财政纪律,增加政府在改进收入分配和过去受忽视而又有高回报的领域的公共投资,扩大税收的基础,统一汇率,贸易自由化,消除外国直接投资的障碍,国有企业的私有化,放松对市场准入的管制,保护私有产权等(Williamson,1997)。社会主义国家转型时,外国经济学家提出的"休克疗法",其实也是依据上述共识而设计的(Kolodko,2001)。由此,我们也就明白为什么在20世纪90年代初,国际经济学界普遍看好推行"休克疗法"的前苏联、东欧,而不看好实行渐进改革的中国。

现代新古典经济学的理论框架,不仅影响了发达的市场经济中的主流经济学家对其自身问题的看法,而且当他们在分析其他国家、其他经济体系的问题,或其他国家的经济学家在思考他们的问题时也不自觉地以此为参考的框架。例如,在20世纪30年代发生的著名的社会主义大辩论,不管是赞成方的奥斯卡·兰格,认为社会主义计划经济可以利用模拟市场的方式使资源配置的效率高于市场机制(Lange,

1936，1937），还是反对方的哈耶克和冯·米塞斯，认为计划经济不能克服信息问题而必然失败（Hayek，1935），双方其实都以社会主义国家所要建设的企业是有自生能力的为暗含前提。在社会主义国家里，科尔内是分析社会主义经济问题的最杰出的经济学家之一，他的最大的贡献是提出了预算软约束的概念（Kornai，1986）。在许多社会主义国家里，经营不好的企业随时可以跟国家要优惠，要补贴；而在市场经济国家中，经营不好则要破产。科尔内认为预算软约束是国有企业缺乏改进生产的积极性、道德风险普遍存在的主要原因，而预算软约束的存在则是因为社会主义政府对国有企业的父爱主义所致，所以，要提高企业效率，必须进行产权改革，切断企业与政府的关系，以消除预算软约束。在科内尔的理论体系中不自觉地也把国有企业具有自生能力作为前提。但是，社会主义经济中预算软约束的产生其实是因为企业没有自生能力，在竞争的市场经济中没有人会去投资、经营，为了把

**企业**预算软约束的根本原因在于企业**自生能力**的问题，而不在于社会主义政府的**父爱主义**。

这些企业建立起来，政府就必须负起保护和补贴的责任。但因为信息不对称，政府并不知道要多少保护和补贴才够，因此，企业会把因为经

营不善引起的亏损的责任也推给政府,说是政府的保护和补贴的力度不够,在政府不愿让这些企业破产又对其亏损负有责任的情况下,就形成了预算软约束的现象(Lin and Tan,1999)。企业预算软约束的根本原因在于企业自生能力的问题,而不在于社会主义政府的父爱主义,因此,即使在非社会主义国家,如果有由政府推动而建立起来的缺乏自生能力的企业,预算软约束的问题同样会存在,具有赶超特性的韩国的大企业集团就是一个例子。同时,在社会主义国家,即使推翻了社会主义政府,将企业私有化了,企业预算软约束的现象也不能消除。①

既然社会主义经济中的公司治理、政企不分、产权安排、市场扭曲等一系列问题是内生于政府所要优先发展的企业是不具有自生能力的,那么,不解决企业自生能力的问题,而按新古典的经济理论来改变产权安排、政企不分、公司治理等,其结果不仅不能达到政策设计当初的预期,而且还经常使问题更为恶化。前苏联、东欧换掉了社会主义政府,推行了"休克疗法",实行了私有化,但并未能消除企业的预算软约束,而私有化后的企业经理向国家要保护和补贴的积极性反而会高于国有企业。② 据1996年世界银行《世界发展报告》的研究,前苏联、东欧在全盘私有化以后,政府给国有企业的扶持不仅没有减少,有些反

---

① 在认识到私有化本身并没有解决预算软约束问题及改进企业的生产率以后,现在多数经济学家已经认识到改善公司治理和市场竞争的重要性,如前欧洲银行首席经济学家、现任世界银行副行长兼首席经济学家尼克拉斯·斯顿所说的"good corporate governance of the public enterprises and sound competition policy are at least as essential for recovery as privatization and liberalization"(Stern,1996,p.8)。波兰前第一副总理和财政部长科勒德克(2000)持有同样的观点。但是,中国绝大多数的股份制企业,上市5年以后各项指标和没有上市的公司几乎没有差别,说明如果自生能力的问题不解决,除非愿意让企业破产,否则就不会有好的公司治理或充分的市场竞争(Lin and Tan,1999;林毅夫、蔡昉、李周,1997)。

② 实行"休克疗法"以前,企业是国家的,厂长、经理是国家的公务员,向国家要的补贴不能直接变为他们的收入,否则就是贪污,而当私有化以后,企业向国家要的补贴可以变为他们的合法收入,企业向国家要补贴、要优惠的积极性也就越高,预算软约束的情形自然就越严重。

而还在增加。① 同时,转型前推行的是统收统支,转型后,政府的税收能力大大降低,在给予企业的扶持不能减少的情况下,出现恶性通货膨胀也就不奇怪了。

不仅按现有的经济理论设计出来的"休克疗法"在前苏联、东欧的推行没有产生预期的结果,在我国按新古典经济学理论或发达国家的经验设计的改革方案,也经常遭遇和"休克疗法"同样的命运。中国改革从1978年开始,效果最显著的是邓小平总结出来的两个"意想不到":一是家庭联产承包责任制巨大的生命力和对农业的巨大推动力(Lin,1992);二是乡镇企业的异军突起,对国民经济的巨大推动作用(Lin and Yang,2001)。而这些并不是改革者事先设计出来的,而是农民在实践中自发推动的改革措施。中国23年来的改革中,由政府设计出来的改革方案,有不少和前苏联、东欧的"休克疗法"的命运一样。以国有企业的改革②为例,改革初期,认为国有企业的问题在于国有企业的厂长、经理缺乏自主权,盈利的企业和亏损的企业、干得好的工人和干得坏的工人在激励上没有差别,因此,推行了放权让利的改革,扩大了厂长、经理的自主权,让企业分享一定比例的效益,这种改革措施在试点时有效,全面推广后就无效,形成所谓生产率提高,利润率却下降的现象。于是,理论界认为是产权安排不完善,国有企业归全国人民所有,但交由厂长、经理管理,出现产权缺位,没有人真正关心国有企业的保值与增值。到20世纪80年代末90年代初,改革的方向转为明晰产权,推行现代企业制度,建立董事会、监事会等。产权安排和公司治理最完善的应该是股份制公司,因为股份公司上市之前有多少资产是要评估确定的,上市以后,有一部分股份是归国有的,一部分是归非国

---

① 许多实证研究发现,有些国有企业私有化以后效率提高了,而有些则没有任何改进(Lavigne,1995,p.175;Djankov and Murrell,2002),我认为其根本原因是在于私有化前这个企业是否具有自生能力,如果有,则私有化后效率会提高,如果没有,则私有化后效率不会提高。

② 有关国有企业改革的各种思路和政策措施的讨论,见林毅夫、蔡昉、李周(1997)。

有的股东所有,除了董事会和监事会外,非国有的股东应该会为了自己的股份的保值和增值而关心公司的经营管理。可是这一措施推行几年后,上市公司的各种指标基本上与未上市公司没有两样(林义相,1999)。开始时,理论界认为非国有股东都是散户,每个股民对每家企业拥有的资产的比例非常少,因此对管理企业、监督经营没有多大积极性。因为那么少的资产比例,即使因为他们的努力而使企业经营改善了,每个股民也只不过拿了改善经营绩效的万分之一或几万分之一,所以他们不关心企业的经营管理,就只注意股票价格的涨跌,造成股市很大的投机性,一只股票一年被炒卖好几次,基本没有人长期持有。后来,理论界认为,国外的股份公司大部分的股票是机构投资者拥有的,一个机构投资者可能拥有一家企业股票的5%或更多,而且作为机构投资者可以请专业人员对企业的各种报表进行分析,真正形成对企业的有效监督。为此,我国在1998年引进了投资基金。但引进基金以后,不仅股票市场的投机行为没有减少,反而更糟。这些机构投资者不仅投机而且还坐庄,操纵股票的市场价格。为什么是这样的呢?道理很简单,这些上市公司并没有解决自生能力问题,因此在竞争的市场中不能盈利。不能盈利就不能有分红,散户拿了不能分红的股票等于是一张废纸,当然只能靠股票价格涨跌的投机行为来获利。而机构投资者虽然拥有企业很多股票,但没有自生能力的企业不能分红,机构投资者同样不可能靠长期持有股票来获利,而机构投资者可动用的资金多,流通的股票少,当然可以通过操纵股价涨跌来获利(林毅夫,2001)。这样看来,按照新古典经济学现有的理论设计,或是照搬西方的经验之所以不成功,原因就在于这个理论前提以及西方企业普遍存在的前提与我们的企业特性是不一样的。

### 四、自生能力问题的普遍性和新古典经济学分析的扩展

企业自生能力不仅是转型国家中最核心的问题,在发展中国家也

普遍存在。第二次世界大战以后,取得独立的一些非社会主义发展中国家的政治领导人只看到发达国家的工业化水平对其政治、经济力量的决定作用,但是没认识到发达国家的产业结构是内生于其要素禀赋结构的,于是试图在自身不具备比较优势的条件下去发展和发达国家同样水平的产业[①],于是靠对要素价格、金融体系、国际贸易、投资等进行了一系列的干预而把这些产业建立起来(Chenery, 1961; Krueger, 1992)。但是,这些产业中的企业是没有自生能力的,只有在政府的持续保护和补贴下才能生存,而政府对价格信号、资源配置、市场竞争的干预必然导致寻租行为的横行和裙带资本主义等现象,从而使收入分配不公,效率低下,经济、社会不稳定等(Krueger, 1974; 林毅夫, 2002)。[②]

上述思想不仅存在于发展中国家,而且在一些新兴工业化经济中也存在,韩国就是一个很好的例子。我国台湾地区的人均收入比韩国高,但韩国的大企业集团与我国台湾地区的同类企业比较,在技术、资金密集程度上高了一个档次。[③] 在1998年的这场东亚金融危机中,我国台湾地区的汇率只贬值了15%,而且,除了人民币不可自由兑换、资本账户没有开放的祖国大陆以外,我国台湾地区是东亚地区唯一维持正增长的经济体,1998年达4.5%,1999年达5.7%。在这个恶劣的环

---

① 印度总理尼赫鲁的看法具有代表性,在1938年印度独立前,尼赫鲁担任国大党设立的国家计划委员会主席时写道"in the context of the modern world, no country can be politically and economically independent, even within the framework of international interdependence, unless it is highly industrialized and has developed its power resources to the utmost. Nor can it achieve or maintain high standards of living and liquidate poverty without the aid of modern technology in almost every sphere of life"(Nehru, 1946, p.413)。引文出自 Srinivasan(1994, pp.155—156)。

② 印度和拉丁美洲国家是典型的例子。有关印度的情形见 Swanmy(1994),拉丁美洲国家的情形见 Cardoso 和 Helwege(1995)。

③ 以信息产业为例,我国台湾地区的企业如台积电和联电以帮人代工(OEM)为主,而韩国的三星电子和现代电子则以自己研发、生产 DRAM 而出名,有关我国台湾地区和韩国信息产业发展策略的比较见林毅夫(2000)。另外,在汽车产业方面,韩国已生产整车,而我国台湾地区则以生产汽车零部件出名。

境中能维持这样的增长率,证明它的企业是有竞争力、有自生能力的。而韩国经济在东亚金融危机中崩溃了,不得不向国际货币基金组织(IMF)申请援助,以渡过难关。在推行了 IMF 的援助条款,取消了对大企业的各种保护和补贴以后,目前韩国的 30 家大企业集团,有 17 家已经破产了。这表明这些企业是没有自生能力的,在竞争的市场中,如果没有政府的保护是根本不能生存的。

在市场经济国家,政府对没有自生能力的企业的保护手段与社会主义国家的保护手段很相似,政府压低利率,对银行及其他金融机构的贷款方向进行干预,用廉价的资金来支持缺乏自生能力的企业,并对进口贸易设置各种障碍,使得这些企业免于和发达国家的企业竞争。没有比较优势、靠政府的保护和补贴建立起来的企业难以创造真正的剩余,而有比较优势、能够创造剩余的企业在政府的歧视政策下难以发展,因此,整个经济可以动员的资金将逐渐枯竭,如果像印度、巴基斯坦和一些社会主义国家那样不对外举债,则经济发展的速度将陷入停滞的困境,如果像拉丁美洲国家或东亚金融危机前的韩国、泰国、印度尼西亚等那样允许政府或企业对外举债,则最终将出现债务危机(Krueger,1992)。

当一个国家出现债务危机时,在目前的国际金融框架下,只好向 IMF 寻求援助。IMF 在给予贷款时,通常会附带一个"援助条款"(conditionality),要求受援国进行一系列改革,这个"援助条款"的基本理念就是建立在现代经济学理论基础上的"华盛顿共识"。这些条款要求解决宏观政策扭曲,政府对银行、企业的干预,公司治理等方面的一系列问题,但由于这个共识的理论基础假定了企业是有自生能力的,因此在上述诸多措施中,不仅没有任何一项是用来改善企业的自生能力的,而且有多项实际上是取消了对没有自生能力的企业的保护和补贴的。如果像韩国和有些市场经济的国家那样,缺乏自生能力的企业仅是经济中的一小部分,那么一步跃过鸿沟是可能的,实行这个共识的改革措施以后,经济效率的提高可以抵消这些没有自生能力的企业的破产所带来的震荡,从而很快恢复增长。可是,如果像转型中国家那样,没有自生能力的企业在经济中占有重要份额,"休克疗法"推行的结果,国民经济的增长就不会是"J曲线"——稍微下滑后很快就恢复增长,而可能是"L曲线"——急剧下滑后陷入长期停滞而后才恢复一点增长(Lin, 1998)。[1]

企业缺乏自生能力既然是社会主义计划经济、转型中国家与发展中国家的普遍问题,那么,在研究和解决这些国家的问题时,就不能再把企业具有自生能力作为经济理论分析的一个暗含的假设,而必须把企业是否具有自生能力作为任何发展和转型问题的理论分析及政策制定时的具体考虑变量。

其实现代经济学也是在放弃一些不合实际的、暗含的基本假设而不断发展起来的。现代新古典经济分析的基本框架,在1890年艾尔费雷德·马歇尔(Alfred Marshall)出版的《经济学原理》(*Principles of Economics*)中即已粗具雏形。在马歇尔的理论体系里,除了本文所提出的、到现在还为经济学家普遍接受的企业具有自生能力的暗含假设外,还假设了信息是完备的和交易费用是不存在的。

经济理论是一个解释人们所观察到的和预测将发生的经济现象的工具。按弗里德曼(1953)的观点,一个理论是否可以被接受不在于假设是否和实际条件一致,而在于理论的推论是否和现象一致。马歇尔的理论体系在解释和预测众多经济现象上非常有力,例如某种商品的价格上涨,人们购买该种商品的数量通常会下降。但是,这些暗含假

---

[1] 不具有自生能力的企业的多寡可能说明了为何萨克斯所推荐的"休克疗法"在萨尔瓦多取得很大的成功,而在前苏联和东欧却给这些经济体带来很大的痛苦。斯蒂格利茨也对"华盛顿共识"的普适性提出了质疑(Stiglitz, 1998)。不过,斯蒂格利茨的质疑也未认识到发展中国家和转型中国家现存的许多企业是不具有自生能力的,以及不具有自生能力的企业可能给经济发展带来的影响和对政策选择的限制。

设也限制了马歇尔体系对某些现象的解释力。例如,在完备信息的暗含假设下,每种商品在竞争的市场中就只会有一个价格,因此,就不该出现所谓的"货比三家不吃亏"的现象。芝加哥大学经济系教授乔治·斯蒂格勒的最大贡献之一就是放弃了完备信息的暗含假设,提出了信息不充分、信息有价值、信息的获取有成本,使信息成为现代经济分析的一个重要考虑变量,这一贡献成为其获得诺贝尔经济学奖的重要原因之一。去年获得诺贝尔经济学奖的约瑟夫·斯蒂格利茨、乔治·阿克洛夫和迈克尔·斯彭斯则进一步提出,不仅信息是不完备的,而且信息的分布在生产者、消费者、所有者、委托代理者之间是不对称的。另外,根据马歇尔的体系,市场竞争的资源配置是最有效率的,按此难以解释为何存在非市场配置的企业,诺贝尔经济学奖获得者罗纳德·科斯的贡献则在于放弃了马歇尔体系中市场交易没有交易成本的暗含假设,开启了现代经济学对契约、产权和非市场制度的研究,形成了交易费用学派。

经济理论的作用就像一张地图,地图不是真实世界本身,而是帮我们了解周遭的环境以及下一步如果往前、往后、往右或往左会遇到什么新景象的工具。地图一定要有一定程度的抽象和简化,但如果把重要的地标忽略了或画错了,经常会造成人们行动的失误。当我们察觉到这个问题时,就应该及时根据实际的情况来改正地图。企业不具有自生能力的情况在转型中国家及发展中国家普遍存在,因此,在分析转型中国家和发展中国家的经济问题以及制定解决问题的有关政策时,应该放弃现有经济理论中企业具有自生能力的暗含假设,把许多企业可能不具有自生能力作为理论分析和政策制定的一个重要前提。有了这个前提,也就不会无条件按"休克疗法"和"华盛顿共识"来制定转型和改革政策,明白成功的转型和改革还有赖于创造条件使绝大多数的企业从没有自生能力变为有自生能力。

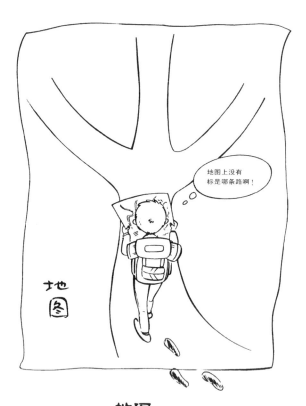

经济理论的作用就像一张**地图**,如果把重要的地标忽略了或画错了,经常会造成人们行动的**失误**。

另外,根据自生能力的概念,一个国家发展的目标也必须重新定位。传统上,一个发展中国家的政治领袖、经济学家和社会精英把现代化的目标定位于如何在最短的时间里建立起最发达国家具有优势的产业、采用同样先进水平的技术、生产同样的产品。但是,一个国家具有比较优势的产业、产品、技术结构是内生决定于这个国家的要素禀赋结构的,不顾自己国家的要素禀赋结构的现状,试图去建立、采用、生产和发达国家同样的产业、技术和产品,其发展目标的载体——企业必然没有自生能力,在开放竞争的市场中无法生存,因此,为了这个发展目标,政府就必须靠扭曲价格信号、干预资源配置来补贴、保护这些没有自生能力的企业,寻租、预算软约束、宏观不稳定、收入分配不公等现象接踵而至,结果是好心干坏事,经济发展欲速则不达。

从自生能力的概念出发,一个国家经济发展的目标应该定位于要素禀赋结构的提升,因为要素禀赋结构提升了,在开放竞争的市场中,企业为了自己的生存自然必须提升其产业、产品、技术水平。在每个国家的土地(自然资源)的禀赋是给定的前提下,要素禀赋结构的提升指的是每个劳动者所可支配的资本的量的增加,资本来自剩余的积累,要最快地提升一个国家的要素禀赋结构,这个国家就必须在每一个时点创造最大的剩余,并将剩余中最大的部分用来作为积累。一个国家如果能在每一个时点上按其当前的要素禀赋结构所决定的比较优势来选择产业、产品、技术,整个经济就会有最大的竞争力,能够创造最大的剩余,并且,资本的回报率会最高,积累的意愿会最大,要素禀赋结构提高的速度就会最快。

企业关心的是产品的价格和生产的成本,而不是一个国家的要素禀赋结构本身,只有产品的价格反映国际市场的价格,投入要素的价格反映要素禀赋结构中各种投入要素的相对稀缺性,企业才会自动地按一个国家的比较优势来选择其产业、产品和技术。只有在开放、竞争的市场中,产品和投入要素的价格才具有上述特性,因此,以最大限度地加快要素禀赋结构的提升为发展政策的具体目标时,维持经济的开放和市场的充分竞争就成为政府的基本经济职能。

同时,当要素禀赋结构提升时,原来有自生能力的企业,在竞争的市场环境下,只有根据要素禀赋结构的升级来进行产业、产品、技术的升级才能继续维持其自生能力。产业、产品、技术的升级是一种创新活动,需要企业充分掌握合适的、新的产业、产品、技术的信息,但是这些信息并不是完备且随时可免费获得的。要知道这些信息,每个企业需要花费一定资源去搜寻和分析分布在各国的各种产业、产品及技术的资料,各种产品的市场大小以及其他国家的产业发展的趋势等。如果企业自己从事这些活动,那么它就会对这些信息保守秘密,其他企业相应也需要花费同样的资源去获得同样的信息,信息重复投资的现象就会出现。然而,信息具有公共产品性质,一旦信息收集和加工工作完成,信息分享的成本就接近于零,所以政府可以收集关于新产业、市场和技术方面的信息,然后以产业政策的形式免费提供给所有的企业。

经济中的技术和产业升级常常要求不同企业和部门能够协同配合。例如,新的产业和技术对人力资本或技巧方面的要求可能不同于老的产业和技术,一个企业也许不能将这些新的条件的供给完全内部化,需要依赖外部来源的帮助。所以,一个企业的产业和技术升级的成功与否也取决于企业之外是否存在新的人力资本的供给。除了人力资本外,这种升级也可能需要有新的金融制度、贸易安排、市场营销渠道等。因此,政府也可以使用产业政策协调不同产业和部门的企业实现产业和技术的升级。

产业和技术升级是一种创新活动,本质上是有风险的。即使有政府产业政策提供的信息与协调,尝试实现产业和技术升级的企业也仍然有可能因为升级本身过于雄心勃勃、新的市场太小、协调不适当等情况的出现而失败。一个企业的失败会告诉其他企业,这个产业政策不合适,它们因而能够通过不遵循这个政策而避免失败。也就是说,第一个企业支付了失败的成本,为其他企业提供了有价值的信息。如果第一个企业成功了,这个成功也会为其他企业提供外部性,促使其他企业从事类似的升级,第一个企业可能享有的创新租金也就会很快消失。这样,第一个企业可能的失败成本和成功红利之间是不对称的。为了补偿外部性和可能的成本与收益之间的不对称性,政府可以首先向响应政府产业政策的企业提供某种形式的补贴,如税收激励或贷款担保等。①

上述以利用一个国家的比较优势来发展经济的政策,可以让一个发展中国家充分利用和发达国家的技术差距,以低成本引进技术的方式来加快经济发展,而实现在收入、产业、技术水平上向发达国家的收敛(林毅夫,2002)。需要注意的是,在以提高要素禀赋结构为目标的发展政策和以提高产业、产品和技术为直接目标的发展政策下都可能有产业政策,但前者所要支持的企业是有自生能力的,而后者所要支持的企业是没有自生能力的;前者所需要的补贴是少量的、有一定期限的,这样就足以补偿信息的外部性,而后者则需要依靠政府提供大量、连续的政策优惠或支持。②

**五、自生能力与经济转型**

传统计划经济体制的形成内生于政府所要优先发展的重工业中的企业在开放、竞争的市场中不具有自生能力。传统计划经济转型的目标是建立开放、竞争的市场体系,在转型过程中,传统企业不具有自生能力的问题就会由隐性变为显性,企业自生能力问题解决得如何,是转型能否平稳和成功的关键。

缺乏自生能力的企业既然在开放、竞争的市场中无法生存,那么,以"休克疗法"的方式试图一步跨过计划经济和市场经济的鸿沟,必然

---

① 20世纪50年代和60年代欠发达国家绝大多数的大推进努力都失败了。然而,墨菲、Shleifer 和 Vishny 很有影响的文章发表之后(Murphy, Shleifer, and Vishny, 1989a, b),人们又重新对这个思想产生了兴趣。他们的文章表明,政府的协调和支持对于建立关键性产业是必要的,从关键性产业向其他产业产生的需求溢出会刺激经济增长。然而,"大推进"战略要取得成功,受到推进的产业必须符合经济的相对要素禀赋决定的比较优势,受到推进的产业中的企业在推进后必须具备自生能力。偏离比较优势是20世纪50年代和60年代欠发达国家那么多大推进努力失败的原因。

② 在另外一篇文章中,我将上述以帮助企业根据要素禀赋结构所决定的比较优势来选择产业、产品、技术为目标的政府政策称为"遵循比较优势的发展战略",以相对于鼓励企业去发展发达国家有比较优势的而自己不具优势的"违反比较优势的发展战略"(林毅夫,2002)。

造成大量的企业破产、失业,经济的崩溃和社会的动荡就不可避免。大量的企业破产和失业实际上是任何社会都难以接受的,因此,在实行了"休克疗法"以后,政府仍然会继续补贴那些不具有自生能力的企业,结果造成有休克而无疗法的尴尬局面。像我国那样以渐进的方式,实行双轨制,一方面放开政府对资源的严格控制,允许新的企业进入具有比较优势的部门,改进资源配置的效率,创造新的资源增量,为传统部门的改革创造条件;另一方面,继续给予传统部门的企业必要的保护和扶持,使其不会马上面临关门、破产的危险,然后创造条件解决传统企业自生能力的问题,这种方式有可能既维持经济和社会的稳定,同时又保持较高的增长,使转型有可能在帕累托改进或卡尔多改进的方式下进行(Lin,Cai and Li,1996)。

但向市场经济过渡的完成则有赖于传统产业部门企业自生能力问题的解决,否则政府对市场运行的干预和由此导致的问题就无法避免。例如,在中国转型期间经济快速增长的同时,银行的呆坏账比例非常高,腐败现象触目惊心,地区收入差距不断扩大等,这些现象都和国有企业的生存仍然需要依靠政府的补贴和保护有关。在1983年以后,我国对国有企业的支持由免费的财政直接拨款改为国有商业银行的低息贷款,目前70%以上的银行贷款是给了国有企业,但企业经营不好,还不起钱,这部分贷款也就变成了银行的呆坏账。为了扶持国有企业,除了给予低息贷款外,还限制市场的进入,使其享有一定程度的垄断利润,许多国有和非国有企业为了多获得低息贷款或取得市场准入的许可而向政府寻租,腐败的现象也就难以禁止。地区收入的扩大则是因为:中国幅员辽阔,各地的比较优势不同,东部地区的比较优势是制造业,中部地区是农业,而西部地区是矿产、自然资源。为了补贴国有企业,政府人为压低大宗农产品和矿产品的价格,当东部在改革以后,利用其优越的地理和市场条件,在制造业方面取得迅速发展时,从中部进口的农产品和从西部进口的矿产品不断增加,实际上形成了较为贫穷落后的中、西部地区补贴较为富有的东部的情形,因此,东部越发展,东、中西部的差距也就越大。政府继续保持对大宗农产品和矿产品价格的干预,同样是为了扶持在竞争的市场中不具有自生能力的国有企业。如果国有企业的问题解决了,不需要给予低息贷款、市场垄断和低价原材料等方式的补贴和保护,上述问题也就能够迎刃而解了(Lin,Cai and Li,2001)。①

自生能力的问题如何解决呢?我建议分成四种类型的企业来解决。第一种类型的企业是生产其产品所要求的资金和技术很密集,在我国不具有比较优势,但没有它就没有国防安全,而且无法从国外进口。对这样的企业,任何国家都只能由国家财政直接拨款来扶持,并由政府直接监督其生产经营。然而,属于这一类型的企业数量不会太多。第二种类型的企业,同样要求有非常密集的资金和技术,但是它的产品有很大的国内市场,同时,在国防安全上也不是非常敏感,对这一类型的企业,可以采用以市场换资金的方式,利用国外的资金来克服国内的要素禀赋结构对企业的自生能力的限制。以市场换资金有两种方式:其一是直接到国外去上市,其二是跟国外的企业合资,利用国外的资金和技术。第三种类型的企业所在的产业资金很密集,但产品在国内没有多大的市场,不可能用市场换资金,对这一类型的企业来说,解决自生能力的唯一办法是利用传统大型国有企业在工程设计力量

---

① 传统产业中的国有企业,除了自生能力的问题外,在转型过程中还增加了社会负担的问题。在转型之前,以重工业发展为主要目标,投资巨大但创造的就业机会有限,而政府对城市居民的就业负有责任,因此,常将一个工作岗位分给三个工人做,同时,实行低工资制度,工资只够工人当前的消费。当时,国有企业推行的是统收统支,企业的收入全部交给国家,人员工资和员工退休以后的养老、保险全由国家财政拨款,企业不负担。改革后,职工工资和老职工退休金等责任转嫁到企业来了。这样,和新建的乡镇企业、三资企业比较起来,国有企业的社会负担比非国有企业重了很多。我把有自生能力的问题造成的企业在竞争的市场中的成本增加称为"战略性负担",而把由冗员和养老保险等造成的企业成本的增加称为"社会性负担"。两者合称为国有企业的"政策性负担",这种"政策性负担"必然会引起政策性亏损。国有企业的预算软约束问题是由政策性负担引起的,因此,解决国有企业问题的思路是剥离社会性负担,解决自生能力的问题。

方面的人力资本优势,转而去生产符合国内经济比较优势而且有相当大国内市场的产品。第四种类型的企业是连人力资本的优势也没有的企业,则只能让其破产。

当国有企业的自生能力问题解决以后,企业能否盈利,就是新古典经济学理论里所讨论的公司治理、市场经济竞争的问题了。国家对企业的盈亏不再负有责任,那么,其他由传统的计划体制残余下来,为了保护、补贴国有企业的制度安排的改革也就能够彻底进行,从计划经济体制向市场经济体制的转型也就能够完成了。

### 六、结语

本文从转型中国家根据现有的新古典经济学理论而设计的转型政策的失败和"华盛顿共识"在解决许多发展中国家的危机时所带来的诸多事与愿违的结果,反思了新古典经济学理论体系的缺失。现有的、自马歇尔以来的新古典经济学理论体系把企业具有自生能力作为暗含的前提,亦即在一个开放、竞争的市场条件下,一个企业只要有正常管理,就可以不需要外在力量的保护或扶持而获得市场上可以接受的利润水平。在这样的前提下,新古典经济学的研究侧重于公司治理、竞争环境、产权安排等可能影响企业正常经营的问题。但是,转型中国家和其他许多发展中国家的企业却因政府的赶超愿望,进入不具有比较优势的产业,以资金过度密集的技术生产产品,而不具有自生能力。在开放、竞争的市场环境中,这些企业即使有正常的管理也不能获得市场上可接受的正常利润。为了把这样的企业建立起来,这些国家的政府只好以扭曲价格信号、妨碍市场竞争和干预资源配置的方式来保护、扶持这些企业。结果不仅竞争环境不良、公司治理缺失,而且还会出现寻租、收入分配不公、资源配置效率低下,最后爆发经济危机。在目前的新古典经济理论体系的影响下,经济学家或政府官员在制定经济转型政策或危机处理政策时,重点会放在改善竞争环境、产权安排、公司治理、政企关系等上,而忽视了这些问题其实内生于企业缺乏自生能力。当经济中大量企业缺乏自生能力时,这些改革或转型政策的实行,往往会给社会带来巨大痛苦,而且,可能出现有休克无疗法的尴尬局面。既然在社会主义计划经济、转型经济和发展经济中大量的企业是不具有自生能力的,那么,放弃现有的新古典经济学体系中企业具有自生能力的暗含前提,在分析社会主义经济、转型经济和发展经济问题时把企业是否具有自生能力作为一个具体的考虑变量,不仅在政策制定上十分必要,而且也是新古典经济学理论的必要发展。把企业是否具有自生能力作为一个具体的考虑变量也可以帮助发展中国家的政府明晰其经济职能,避免继续采用扶持不符合比较优势、不具有自生能力的企业为目标的发展战略,使发展中国家能稳定、快速地向发达国家收敛。

## 参 考 文 献

Balcerowicz, Leszek, "Common Fallacies in the Debate on the Transition to a Market Economy", in *Economic Policy*, Vol. 9, Issue 19 (1994, supplement), pp. s16—50.

Blanchard, O., Dornbusch, R., Krugaman, P., Layard, R., and Summers, L., *Reform in Eastern Europe*, Cambridge, MA: MIT Press, 1991.

Blanchard, Oliver, Rudiger Dornbusch, Paul Krugman, Richard Layard, and Lawrence Summers, *Reform in Eastern Europe*, Helsinki, Finland: World Institute for Development Research, The United Nations University, 1991.

Boycko, Maxim, Andrei Shleifer and Robert Vishny, *Privatizing Russia*, Cambridge, MA: MIT Press, 1995.

Brada, Josef C., and King, Arthur E., "Sequencing Measures for the Transformation of Socialist Economies to Capitalism: Is There a J-Curve for Economic Reform?", *Research Paper Series*, #13, Washington, D.C.: Socialist Economies Reform Unit, World Bank, 1991.

Cardoso, Eliana and Ann Helwege, *Latin America's Economy: Diversity, Trends and*

*Conflits*, Cambridge, MA: MIT Press, 1992.

Chen, K., Wang, H., Zheng, Y., Jefferson, G., and Rawski, T., "Productivity Change in Chinese Industry: 1953—1985", *Journal of Comparative Economics*, Vol. 12, No. 4 (December 1988), pp. 570—591.

Chenery, Hollis B., "Comparative Advantage and Development Policy", *American Economic Review*, Vol. 51, No. 1 (March 1961), pp. 18—51.

Dabrowski, Marek. "Ten Years of Polish Economic Transition, 1989—1999", in Mario I. Blejer and Marko Skreb eds., *Transition: The First Decade*, Cambridge, MA: MIT Press, 2001, pp. 121—152.

Desai, Padma, *The Soviet Economy: Problems and Prospects*, Reprint Edition, New York: Blackwell, 1990.

Djankov, Simeon and Peter Murrell, "Enterprise Restructuring in Transition: A Quantitative Survey", *NBER Discussion Paper Series*, No. 3319, 2002.

Friedman, Milton, "The Methodology of Positive Economics", in *Essays in Positive Economics*, Chicago: University of Chicago Press, 1953.

Gregory, Paul and Robert Stuart, *Russian and Soviet Economic Performance and Structure*, 7th edition, New York: Addison Wesley, 2001.

Hayek, Friedrich A. ed., *Collectivist Economic Planning*, London: Routledge and Kegan Paul, 1935.

Harrold, Peter, "China's Reform Experience to Date", *World Bank Discussion Paper*, No. 180 Washington, D. C.: World Bank, 1992.

Kolodko, Grzegorz W., "Postcommunist Transition and Post-Washington Consensus: The Lessons for Policy Reforms", in Mario I. Blejer and Marko Skreb eds., *Transition: The First Decade*, Cambridge, MA: MIT Press, 2001, pp. 45—83.

Kolodko, Grzegorz W., *From Shock to Therapy: The Political Economy of Post-socialist Transformation*, Helsinki, Finland: Unu/Wider Studies in Development Economics, 2000. (中文译本,格泽戈尔兹.德克勒克:《从休克到疗法:后社会主义转轨的政治经济》,远东出版社2000年版。)

Kornai, Janos, "The Soft Budget Constraint", Kyklos, 1986, 39 (1), pp. 3—30.

Kornai, Janos, *The Road to a Free Economy*, New York: Norton, 1990.

Krueger, Ann O., "The Political Economy of the Rent-seeking Society", *American Economic Review*, Vol. 64, No. 3 (1974), pp. 291—303.

Jefferson, G., Rawski, T., "How Industrial Reform Worked in China: The Role of Innovation, Competition, and Property Rights", *Proceedings of the World Bank Annual Conference on Development Economics 1994*, Washington, D. C.: World Bank, 1995, pp. 129—156.

Lange, Oscar, "On the Economic Theory of Socialism", *Review of Economic Studies*, Vol. 4, No. 1. (Oct. 1936), pp. 53—71, and Vol. 4, No. 2. (Feb. 1937), pp. 123—142.

Lavigne, Marie, *The Economics of Transition: From Socialist Economy to Market Economy*, New York: St. Martin's Press, 1995.

Lin, Justin Yifu and Guofu Tan, "Policy Burdens, Accountability, and the Soft Budget Constraint", *American Economic Review: Papers and Proceedings*, Vol. 89, No. 2 (May 1999), pp. 426—431.

Lin, Justin Yifu and Yang Yao, "Chinese Rural Industrialization in the Context of the East Asian Miracle", in Joseph E. Stigilitz and Shahid Yusuf eds, *Rethinking the East Asian Miracle*, Oxford and New York: Oxford University Press, 2001, pp. 143—195.

Lin, Justin Yifu, "Rural Reforms and Agricultural Growth in China", *American Economic Review*, 82 (March 1992), pp. 34—51.

Lin, Justin Yifu, "Transition to a Market-Oriented Economy: China versus Eastern Europe and Russia", in Yujiro Hayami and Masahiko Aoki eds., *The Institutional Foundations of East Asian Economic Development*, New York: St. Martin's Press in Association with International Economic Association, 1998, pp. 215—247.

Lin, Justin Yifu, Fang Cai and Zhou Li, *China's State-owned Enterprise Reform*, Hong Kong: Chinese University of Hong Kong Press, 2001.

Lin, Justin Yifu, Fang Cai, and Zhou Li, "The Lessons of China's Transition to a Market Economy", *Cato Journal*, Vol. 16, no. 2 (fall 1996): 201—231.

Lipton, David, and Sachs, Jeffrey, "Privatization in Eastern Europe: The Case of Poland", *Brookings Papers on Economic Activities*, No. 2 (1990), pp. 293—341.

McKinnon, Ronald I., "Gradual versus Rapid Liberalization in Socialist Economies:

Financial Policies and Macroeconomic Stability in China and Russia Compared", *Proceedings of the World Bank Annual Conference on Development Economics* 1993, Washington, D. C.: World Bank, 1994, pp. 63—94.

McMillan, John, and Naughton, Barry, "How to Reform A Planned Economy: Lessons from China", *Oxford Review of Economic Policy*, Vol. 8, No. 1 (Spring 1992), pp. 130—143.

Murphy, Kevin M., Andrei Shleifer, and Robert W. Vishny, "Income distribution, Market size, and Industrialization", *Quarterly Journal of Economics*, Vol. 104, No. 3 (August 1989a), pp. 537—564.

Murphy, Kevin M., Andrei Shleifer, and Robert W. Vishny, "Industrialization and Big Push", *Journal of Political Economy*, Vol. 97, No. 5 (October 1989b), pp. 1003—1026.

Murphy, Kevin, Andrei Schleifer, and Robert Vishny, "The Tradition to a Market Economy: Pitfall of Partial Reform", *Quarterly Journal of Economics*, Vol. 107, No. 3 (August 1992), pp. 889—906.

Murrell, P., "Can Neoclassical Economics underpin the Reform of Centrally Planned Economies?", *Journal of Economic Perspectives*, vol. 5, No. 4 (1991), pp. 59—76.

Murrell, P., "Evolutionary and Radical Approaches to Economic Reform", *Economic Planning*, vol. 25 (1992), pp. 79—95.

Murrell, P., "The Transition According to Cambridge, Mass", *Journal of Economic Literature*, Vol. 33, No. 1 (March 1995), pp. 164—178.

Naughton, Barry, *Growing out of the Plan: Chinese Economic Reform 1978—1993*, New York: Cambridge University Press, 1995.

Nehru, Jawaharlal, *The Discovery of India*, New York: John Day Company, 1946.

North, Douglass, "The Process of Economic Change", *China Economic Quarterly*, Vol. 1, No. 4 (July 2002), pp. 787—802

Perkins, Dwight H., "Reforming China's Economic System", *Journal of Economic Literature*, Vol. 26, No. 2 (June 1988), pp. 601—645.

Qian, Yingyi and Xu, Chenggan, "Why China's Economic Reforms Differ: The M-Form Hierarchy and Entry/Expansion of the Non-state Sector", *The Economics of Transition*, Vol. 1, No. 2 (June 1993), pp. 135—170.

Sachs, Jeffrey D. and Lipton, David, "Poland's Economic Reform", *Foreign Affairs*, Vol. 69, No. 3 (Summer 1990), pp. 47—66.

Sachs, Jeffrey D., and Woo, Wing Thye, "Structural Factors in the Economic Reforms of China, Eastern Europe and the Former Soviet Union", *Economic Policy*, No. 18 (April 1994), pp. 101—145.

Sachs, Jeffrey D., and Woo, Wing Thye, "Understanding China's Economic Performance", Manuscript, May 1997.

Sachs, Jeffrey, Wing Thye Woo, and Xiaokai Yang, "Economic Reforms and Constitutional Transition", *Annuals of Economics and Finance*, Vol. 1, No. 2 (November 2000), pp. 435—491.

Singh, I. J., "China and Central and Eastern Europe: Is There a Professional Schizophrenia on Socialist Reform", *Research Paper Series*, #17, Washington, D. C.: Socialist Economies Reform Unit, World Bank, 1991.

Srinivasan, TN., *Agriculture and Trade in China and India: Policies and Performance since 1950*, San Francisco: ICS Press, 1994.

Stiglitz, Joseph, "More Instruments and Broader Goals: Moving toward the Post-Washington Consensus", *WIDER Annual Lecture* 2, Helsinki: United States University World Institute for Development Economic Research, 1998.

Swamy, Dalip S., *The Political Economy of Industrialization: From Self-Reliance to Globalization*, New Delhi: Sage Publications, 1994.

Summers, Lawrence H., "Russia and the Soviet Union Then and Now: Comment", in Olivier Jean Blanchard, Kenneth A. Froot, and Jeffrey D. Sachs eds., *The Transition in Eastern Europe*, Vol. 1, Chicago, IL: Chicago University Press, 1994, pp. 252—255.

Wiles, Peter, "Capitalist Triumphalism in the Eastern European Transition", in Ha-Joon Chang and Peter Nolan eds., *The Transformation of the Communist Economies*, London: Macmillan Press, 1995, pp. 46—77.

Williamson, John, "The Washington Consensus Revisited", in Louis Emmerij ed., *Economic and Social Development into the XXI Century*, Washington D. C.: Inter-American Development Bank, 1997.

Woo, Wing Thye, "The Art of Reforming Centrally-Planned Economies: Comparing

China, Poland and Russia", paper presented at the Conference of the Tradition of Centrally-Planned Economies in Pacific Asia, San Francisco: Asia Foundation in San Francisco, May 7—8, 1993.

国家统计局.《中国统计摘要,2002》,中国统计出版社 2002 年版。

林毅夫:《信息产业发展与比较优势原则》,《北京大学中国经济研究中心简报》2000 年第 19 期(总第 151 期)。

林毅夫:《发展战略、自生能力和经济收敛》,《经济学季刊》第 1 卷第 2 期,2002 年 1 月。

林毅夫:《关于中国股市的四个问题》,《北京大学中国经济研究中心简报》2001 年第 7 期(总第 229 期)。

林毅夫、蔡昉、李周:《中国的奇迹:发展战略与经济改革》,上海人民出版社与上海三联出版社 1994 年版。英文版, Hong Kong: The Chinese University of Hong Kong Press, 1996;日本版, Tokyo: Nihon Hyo Ron Sha, 1996;韩文版, Seoul: Baeksan Press, 1996;越文版, Ho Chi Minh City: Saigon Times, 1999 ;法文版, Paris: Economica, 2000;中文增订版:上海:上海人民出版社和上海三联出版社,1999 年;韩文版, Seoul: Baeksan Press, 2000;台湾繁体字版,台北:联经出版社,2000（书名改为《中国的经济改革与发展》）;俄文版, Moscow: Far Eastern Institute Press, Russian Academy of Sciences, 2001。

林毅夫、蔡昉、李周:《充分信息与国有企业改革》,上海人民出版社和上海三联出版社 1997 年版。英文版, Lin, Justin Yifu, Fang Cai, and Zhou Li, *State-owned Enterprise Reform in China*, Hong Kong: Chinese University of Hong Kong Press, 2001.

林义相:《证券市场的第三次制度创新与国有企业改革》,《经济研究》1999 年第 10 期,第 46—52 页。

# 中国经济学科发展的回顾与展望[*]

天则所策划的年度出版物序列《中国经济学 1999》,今年由我担任执行主编。这个任务之于我是件幸事,使我有机缘在千年之交,来评述在 1999 年这一个年头,经济学科在中国所取得的成就。改革开放二十多年来,我国的经济成长堪称人类经济史上的奇迹,综合国力大大增强,人民生活质量迅速改善,国际地位空前提高。1997 年 7 月 1 日和 1999 年 12 月 1 日,中国先后恢复对香港和澳门行使主权,洗雪了自鸦片战争以来的百年耻辱。抚今追昔,我们可以庆幸地说,自 1840 年鸦片战争以来,无数仁人志士为之奋斗的中华民族的伟大复兴,已不再是一个遥不可及的梦。当站在新旧千年纪元、新旧世纪更替之际,总结中国经济学界 1999 年的成就时,我们的笔触自然而然地会溯往瞻来。先辈们作出了无愧于民族、无愧于他们的时代、无愧于历史的贡献,他们甚至在内忧外患交加的情况下,仍然矢志不渝。唯其鉴古,方可知今,我们当代经济学家才能更加清楚地铭记我们身上肩负的责任。在这篇前言的第一部分,我将概要回顾伴随中华文明由盛而衰、由衰再盛的跌宕,中国经济思想和经济学所走过的历程;第二部分主要评述收入本书的论文;最后将针对中国经济学界目前存在的问题,指出我们当代经济学家的努力方向,以与学界同仁共勉。

---

[*] 1999 年我担任《中国经济学 1999》(上海人民出版社 2000 年版)的执行主编。本文根据为该书撰写的前言改编而成。

## 一、世纪末中国经济学科的回顾①

### (一) 鼎盛的古代中华文明及浩然丰富的中国古典经济思想

中华大地上孕育了人类最为古老的文明之一,古代中国曾一度是世界上最为发达的国家。中国古代社会建立了以传统农业为核心的社会经济结构,取得了工业革命以前的一两千年里,世界上最为丰硕的经济成就。相继出现了秦汉、隋唐等文明鼎盛时期。自宋朝以来,中国人口大量增加,贸易繁荣,手工业、轮船运输、造船业都开始发展。印刷术的发明更是极大地促进了文明的传播。无论是政治、经济,还是科技、文化,古代中国所创造的鼎盛的文明成就都为世界所景仰和赞叹。根据著名经济学家安格斯·麦迪逊(Angus Madison)的研究,"在目前这个千年期的开始阶段②,中国的经济就人均收入而言是领先于世界的,这种领先地位一直持续到15世纪。它在科技水平方面、利用自然资源的程度方面以及管理一个庞大疆域帝国的能力方面都比欧洲出色。"③"早自周朝起,中国文明就已经高度文字化了,到了唐朝,中国堪称全世界拥有文字典籍最多最丰富的国家了。"④

植根于鼎盛的古代中华文明,中国的古代先哲们也积累了异常丰富的经济思想。先辈们基于他们的观察,或针对他们时代所面临的经济问题,总结归纳出了令今人叹为观止的学术思想。早在先秦时期,中国的经济思想就已经达到了很高的境界。先秦时期,宗周势微,诸侯争霸,社会的政治结构、土地所有权结构和经济结构都发生着巨大的变化,私人工商业获得了一定程度的发展。在此背景下,出现了各种思想

---

① 限于篇幅和本文的主题,挂一漏万之处在所难免。
② 引者注:指公元1000年开始的阶段。
③ 安格斯·麦迪森著,楚序平、吴湘松译:《中国经济的长远未来》,新华出版社1999年版,第11页。
④ 爱德华·麦克诺尔·伯恩斯、菲利普·李·拉尔夫著,罗金国、陈筠译:《世界文明史》(第一卷),商务印书馆1987年版,第366页。

百家争鸣的局面,也孕育了丰富的学术思想。

太史公司马迁所撰的《史记·货殖列传》中所记载的第一位货殖专家范蠡,是春秋时代著名的政治家。他不仅工于谋略,还有渊博、系统的经济思想,而且他本人凭借其经济智慧赢得了巨大的财富。① 现代经济学对于供需反应和价格变化基本机制的认识,无出范蠡"积著之理"之右:

> "积著之理,务完物,无息币。以物相贸,易腐败而食之货勿留。无敢居贵。论其有余不足,则知贵贱。贵上则反贱,贱下则反贵。贵出如粪土,贱取如金玉。财币欲其行如流水……"②

范蠡的"计然之术",还试图从物质世界出发,探索经济活动水平起落波动的根据;其"待乏"原则则阐明了如何预计需求变化并作出反应。"平粜齐物,关市不乏,治国之道也"③的论断,更是提出了国家积极调控经济的方略。

《管子》④所记载的经济思想,堪称中国经济思想史上一颗璀璨的明珠。现代经济学的基本假设之一,即"理性人"假设,在《管子》中早有系统表述:"见利莫能勿就,见害莫能勿避……"⑤《管子》中的"轻重"论,已经粗略地勾勒出供需均衡机制和各个市场间的一般均衡作用机制。更令人叹服的是,早在《管子》中就已经有了比较系统的货币数量论以及货币政策主张:

> "国币之九在上,一在下,币重而万物轻。敛万物应之以币,

---

① 在经济学家当中,兼长理论和实践的大家并不多见。按现在的公认看法,举其著名者,有李嘉图和凯恩斯。以范蠡的经济学思想和财富,应该当之无愧地位列于这个名单之中。

② 《史记·货殖列传》。

③ 参见《史记·货殖列传》。

④ 关于《管子》的作者是否为管仲一人,存有疑问。但是《管子》的作者究竟是管仲一人还是包含了管仲的追随者,都不影响《管子》在中国经济思想史上的地位。

⑤ 《管子·禁藏》。

币在下,万物皆在上,万物重什倍。"①

《管子》在一定程度上认识到了"节俭悖论",主张在一定条件下应该"侈靡"。《管子·侈靡》中写道:"兴时化,若何?曰,莫善于侈靡";"富者靡之,贫者为之"。除此而外,在财政、贸易、消费、分配等许多方面,《管子》都有不凡的观点。

再以孔孟思想为例。作为儒家文化代表的孔孟学说,蕴涵了丰富的管理学思想,上至治国安邦之略,下至小组织的内部管理原则。时至今日还有人在不停地对之进行研究、挖掘。而孔孟所倡扬的道德规范尽管有深深的时代烙印,但其中又何尝不是新制度经济学中关于意识形态作用认识的先声呢。

中国古代王朝为维持其统治,需要大量的财政资金。早在西汉时,中国在这方面就取得了巨大的成功。西汉时,特别是汉武帝时,为开拓疆土而进行的长期的大规模战争,对王朝的财政提出了很高的要求。西汉王朝按照主持其财政经济事务达三十多年的桑弘羊的政策主张,加强了对于社会经济活动的干预和控制。桑弘羊承继范蠡、管子等的经济思想,巧妙地设计了"均输"和"平准"政策;同时,也对盐、铁实行国家垄断经营。这些政策有效地增加了西汉王朝的财政资金积累,而同时也维护了民间经济的活力,做到了"民不加赋"。"平准"类似于当今的价格平准制度,即有关当局通过吞吐相应物资而保持物价稳定。"均输"的实质,在今天看来就是各地的地方当局将符合本地比较优势从而成本低廉的物品集中收购,运往高价的地区销售,所得利益充作地方财政资金的做法;同时不再要求各地劳民伤财般地对京师贡赋。"均输"有效地增加了地方财政实力。桑弘羊的政策实践中影响较大的还有对盐、铁的垄断经营。其中,对盐业垄断流通环节,对铁冶炼业则既垄断生产又垄断流通。盐和铁在当时属于供给弹性较小的物品,

---

① 《管子·山国轨》。

政府能从垄断经营中获得更多的收入。桑弘羊的实践被后来的许多王朝视为理财典范。①

嬴秦统一之后的两千多年里,中国的政治和社会结构相对稳定。除了王朝政权更迭时期外,包括经济制度在内的方方面面,虽然有一定程度的变化,但并没有发生剧烈的动荡。中国土地广袤,加之得自于人口众多的技术创新优势,特别是农业技术创新优势②,中国创造了高度发达的农业文明。在这相对稳定的两千多年中,历朝历代的统治阶层和民间的知识分子针对各自特定历史阶段的经济问题,阐发相应的看法或政策主张。到明清时期,中国已经积累了蔚然可观的经济学思想。其内容涉及国家财政收支、货币管理、商品交易和市场价格管理、土地制度等诸多方面。然而,和亚当·斯密以前的西方经济思想一样,中国古典的经济思想并未发展成为一个独立的经济学科和理论。中华文明在建树了古代的辉煌成就之后,面对外来的更加发达的工业文明的冲击和侵略,由盛而衰。在其后相当长的一段时间里,为了救国、图强,中国学术界热衷的是学习、借鉴外来的已经发展得相当成熟的经济学思想和理论,中国古典经济思想并未对当代主流经济学理论的发展产生影响。

(二) 中华文明的衰落及外来经济思想的西学东渐

经济史决定经济思想和经济学术史。鸦片战争之后,中华文明由盛而衰,与之伴随的是外来经济思想与理论在中国的广为传播。

鼎盛的中国古代文明所立基其上的,是以农业和自然经济为主体

---

① 桑弘羊的经济思想和政策主张主要记载于《盐铁论》。该书记载了汉昭帝时期进行的一场关于当时经济政策的争论。桑弘羊针对"贤良"、"文学"等在野人士在争论中发起的攻击,为其政策进行了辩护。

② 参见林毅夫:《李约瑟之谜:工业革命为什么没有发源于中国》,载于林毅夫,《制度、技术与中国农业的发展》,上海三联书店、上海人民出版社 1994 年版。此文后来以英文"The Needham Puzzle: Why the Industrial Revolution Did Not Originate in China?" 发表于 *Economic Development and Cultural Change* 41, January 1995:269—292。

的传统经济形态。尽管古代中国的工业、商业、对外贸易较之西方萌芽得很早,在一定的历史阶段也比西方发达,但是由于中国古代农业在经济中的地位相当巩固,加之统治者对工、商业的严格控制,以及为有效地维持古代帝国的统治而施行的不利于由传统科学向现代科学转化的官僚政治制度①,导致中国与工业革命失之交臂,资本主义在中国也未形成气候。当西方社会在蒸汽机的轰鸣声中展开其工业化进程时,清朝的闭关锁国政策却在日益延缓中国进步的步伐。17 世纪在世界东方和西方几乎同时发生的两件大事引致了迥然二致的结果。1644 年清军入关,定都北京,开始了最后一个王朝对中国的统治;在英国,1640 年爆发了资产阶级革命。在随后的两个世纪里,西欧国家经由包括殖民剥削在内的资本积累,以及发轫于18 世纪60 年代的工业革命,最终建立了强大的资本主义工业文明。而中国在历史的进程中却落后了。按麦迪森的估计②,1700 年,中国的国民生产总值占世界的23.1%,欧洲占23.3%。1820 年中国占32.4%,欧洲占26.6%。而到了1890 年,中国所占的比重降至13.2%,欧洲则升至40.3%,美国为13.8%。而中国的人均国民生产总值,则早在1700 年就已经落后于欧洲,到1820 年只比欧洲的 1/2 稍多一些,与美国相比,则不及后者的 1/2。1840 年爆发了鸦片战争之后,中国原来的大一统社会格局分崩离析。在这样的社会背景之下,矢志于救亡图强的先进知识分子从外来的先进思想理论中去探索建国、富强的真理,西方各种学说,包括经济学理论,在中国的传播也由此开始。

---

① 现代科学与传统科学的差别主要在方法论上。现代科学的特征是用数学模型来总结自然现象的规律和用控制实验来检验理论假说,使用数学和使用控制实验都是后天习得的能力。科举制度所提供的激励机制,使对自然现象有好奇心的中国人缺乏去学习掌握这些能力的积极性,因此现代科学就不能自发地在中国出现。见林毅夫:《制度、技术与中国农业的发展》,上海三联书店、上海人民出版社1994 版。

② 参见安格斯·麦迪森著,楚旭平、吴湘松译:《中国经济的长远未来》,新华出版社1999 年版,第57 页。

纵览历史,1840年以来的"西学东渐"在中国出现过两波高潮。一波是甲午战败之后,资产阶级思想的引进。当时世界上先进的生产力以西欧和美国为代表,日本也因步欧美之后而跻身东方强国之列,所以,自然而然地,中国先进知识分子所鼎力模仿的就是来自这些国家的资产阶级思想。诚如毛泽东所言,"要救国,只有维新,要维新,只有学外国。那时的外国只有西方资本主义国家是进步的,它们成功地建设了资产阶级的现代国家。日本人向西方学习有成效,中国人也想向日本人学"①。另一波是俄国十月革命之后,"十月革命一声炮响,给我们送来了马克思列宁主义"②。前苏联的社会主义建设成就,尤其是快速的工业化步伐,激起了中国知识分子学习的愿望。中国正是在这样的历史背景下开始了对经济学的系统学习和研究。

1. 两次鸦片战争时期,向西方学习思潮的缘起

鸦片战争之前,中国尽管也遭受过外来侵略,然而,中国既不曾被外来侵略者鄙视,中华民族也不曾丧失其对于整个传统思想及社会价值的信念。第一次鸦片战争的失败,却深深地震撼了中华民族的自信心。肇始于此,中国近代思想史开始了一个多世纪的"向西方学习"的运动。这其中,魏源是第一个值得记述的。魏源于1842年刊行的著作《海国图志》首开近代中国系统研究西方的先河。目睹西方的坚船利炮,为"师夷长技以制夷",魏源在书中呼吁当政者要了解外国的情况,并主张发展军事和民用工商业。

鸦片战争的失败,从表面上直观来看,是西方列强的军事工业使然。但是更深层的原因,却在于西方以机器大工业为代表的先进生产力和相应的资本主义生产关系。受所处的历史条件和眼界的限制,中

---

① 参见毛泽东:《论人民民主专政》,载于《毛泽东选集》(第四卷),人民出版社1991年第2版,第1470页。
② 参见毛泽东:《论人民民主专政》,载于《毛泽东选集》(第四卷),人民出版社1991年第2版,第1471页。

国思想界最初的变革发动者指望在不触动既有经济基础的条件下,把西方的生产技术嵌入传统的经济当中,进而挽狂澜于既起、扶大厦于将倾。正如后来的事实所表明的那样,这种良好的愿望是无法实现的。

魏源之后,经洪仁玕的《资政新篇》,向西方学习,发展各种工业、矿业、交通、邮政、银行、保险等企业和事业的思潮广为传播。及至第二次鸦片战争失败后,面对资本主义经济在华势力的扩展[1],以曾国藩、左宗棠、李鸿章为代表的洋务派终于在这种思潮的影响之下,开始了先发展军用工业、后发展民用工业的实践[2];而洋务的形式也经历了由官办到官督商办的转变。洋务运动推动了中国早期民族资本主义的发生、发展。

在这之后,经过冯桂芬[3]、王韬[4]、马建忠[5]、郑观应[6]等人的鼓呼,中国近代重商主义思潮得以发端,并达到了高潮。对于商品货币经济的认识也提高到了新的高度。[7] 尽管早在先秦时期中国的商品交易就已经比较发达,但是秦统一中国之后,除了王朝的更替时期之外,社会的政治制度相对而言变化都不大;此外,发达的农业经济形态特别巩固。久而久之,主流的意识形态对各行各业形成了"士农工商"的排

---

[1] 第二次鸦片战争以后,中国对外贸易大量逆差,外国资本在华设立了很多工厂、银行。详见杨端六、侯厚培等:《六十五年来中国国际贸易统计》,国立中央研究院社会科学研究所专刊(铅印本),1931年;吴承明:《帝国主义在旧中国的投资》,人民出版社1956年版。

[2] 洋务运动时期在主张学习西方的人当中,有两个派别:一个为洋务派,一个为改良派。虽然这两者都反对顽固的保守派,但其主张还是有很大的区别。洋务派大多位居要津,只主张学习和建立西方式的机器生产技术,不主张改变既有的制度;而改良派还强调要大力发展商务,要求政府实行扶持商人的政策。

[3] 冯桂芬在其著作《校邠庐抗议》中主张"采西学、制洋器","以中国之伦常名教为原本,辅以诸国富强之术"。由此可见其对于既有经济形态的留恋。

[4] 近代重商主义首倡者王韬在《弢园文录内编》中力倡"恃商为国本",应"自握其利权","通商于泰西诸国"而"官为之维护"。

[5] 近代重商主义集大成者马建忠在《适可斋记言(卷一)·富民说》中,把"通商"视为"求富之源",并主张对进口物品课以重税。

[6] 郑观应在其著作《盛世危言》中提出"习兵战不如习商战"之说,呼吁允许自由投资。

[7] 如王茂荫在《王侍郎奏议》中提出,兑现纸币不需要十足准备,主张官员发行的"官票"和"宝钞"可兑现。

序。正如吴汝伦在其给严复《原富》所作的序言中所说的那样,中国士大夫以言利为讳,且提倡重农抑商之说,于是生财之途常隘。由此可见在中国发展工商业需要克服相当大的思想阻力。

除了国人积极地探求变革之路以外,资本主义国家在对中国进行军事、政治、经济侵略的同时,也积极地在中国传播西方文化。他们派传教士来中国传教,出版书籍和刊物。从那时起,近代的西方经济学①就开始了在中国的传播。比如,早在1867年(同治六年)北京同文馆就开设"富国策"课程,由美国传教士丁韪良(W. A. P. Martin)讲授美国经济学家 H. 福塞特(H. Funcett)所著的 *A Manual of Political Economy*。后来该书由汪凤藻翻译、丁韪良校订,于1880年出版。最早在中国翻译出版的西方经济学著作,除了《富国策》之外,还有1886年由英国传教士 J. 艾约瑟(J. Edkins)翻译的《富国养民策》(*Primer of Political Economy*,原作者为英国的 W. S. Jevons)。

2. 甲午战争至"五四运动"时期近代西方经济学的传播

洋务运动终究未能挽救清王朝的颓势。更为残酷的现实是,与中国洋务运动差不多同时展开"明治维新"的日本,竟然在短短的不到三十年的时间里一跃成为东方强国,并悍然向其一向尊仰的"中华帝国"发动了甲午战争。甲午战争的炮声使中国的朝野受到了最为强烈的震撼。先进的知识分子在反思洋务思潮的同时,不得不面对铁一般的现实,探寻中华民族进一步的出路。

洋务运动虽未建殊功,但滥觞于此的向西方学习的思潮却薪尽火

---

① "经济"一词在中国获得我们现在所指称的含义,大致经历了这样一个过程:"经济"一词最早的含义是"经世济民",其含义要比现代意义的"经济"更广泛。在早期翻译"economy"一词时,译法五花八门,如"富国学"、"生计学"、"理财学"、"计学"、"平准学"等。日本在明治维新之后,以"经济"来翻译"economy",并成为日本国内普遍接受的译法。尽管20世纪初京师大学堂的日本教师杉荣三郎采用了《经济学讲义》,但"经济"、"经济学"等仍没有在现代意义上被广泛接受。大约在1910年左右,随着几本颇为流行的西方经济学著作被译为《经济学》,"经济"和"经济学"才逐渐被约定俗成地赋予了我们现在所理解的含义。

传,继续发展。甲午战败之后中国思想界又兴起了维新的思潮。较之前人,维新倡议者不仅看到了要"师夷长技"、从技术上学习西方,更要从整体上认识西方。维新倡议者在经营管理、财政金融、法律以及国家政体等方面,都提出了变革主张。他们反对洋务运动时期的官办或官督商办所形成的官僚垄断,主张自由发展民族工商业,维护国家关税自主权,积极开展对外贸易。

1895年4月,中日签订《马关条约》。消息传到京师,适逢大清王朝举行最高级别的科举考试。在中国知识分子禀持一贯的"位卑未敢忘忧国"的志向的召唤下,18省1200多名为功名利禄而会试的举人,以天下为先,愤然"公车上书",吁请变法。振臂者,康有为①。② 康有为在《上清帝第二书》中提出了"富国之法"和"养民之法"。富国之法包括:钞法③、铁路、机器轮舟、开矿、铸银、邮政;养民之法包括:务农、劝工、惠商、恤穷。《上清帝第三书》抨击官僚垄断,鼓励民营企业,指出"通商乃公司之权,非政府之力"。维新的主张以"六君子"血染长街而告破产。不过,维新运动承上启下,在维新思潮风起云涌之时,大量资产阶级思想得以广泛传播,为后来的资产阶级民主革命铺垫了思想基础。

严复④和梁启超也是维新派的代表人物。比之于康有为,严复和梁启超不仅经济思想来得丰富,而且对西方经济学在中国传播所起的

---

① 康有为是年中进士,授工部主事。康有为在《大同书》中,将儒家思想和其游历世界所见闻的资本主义国家的制度相杂糅,描绘了一幅乌托邦的情景。

② 毛泽东在《论人民民主专政》中写道:"自一八四〇年鸦片战争失败那时起,先进的中国人,经过千辛万苦,向西方寻找真理。洪秀全、康有为、严复和孙中山,代表了中国共产党出世以前向西方寻找真理的一派人物。"参见《毛泽东选集》(第四卷),人民出版社1991年第2版,第1469页。

③ 康有为在其《金主币救国论》和《理财救国论》中,分别提出了实行虚金本位制,发行兑现的纸币和建立现代银行体系的建议。

④ 尽管严复主张变法,而且还因为在戊戌变法期间撰写并在《国闻报》发表《拟上皇帝书》而受到光绪皇帝的召见,但他并没有积极参与康、梁的实际变法活动。

作用,也来得要大。

严复(1854—1921),字几道,又字又陵,福建侯官(今福州)人。①②严复的(译)著述从思想根基上撼动了当时的主流意识形态,奠定了其作为中国资产阶级思想启蒙家的地位。新中国成立前夕,毛泽东在1949年6月30日为纪念中国共产党成立二十八周年所作的《论人民民主专政》中,把严复与洪秀全、康有为以及孙中山并列归于"在中国共产党出世以前向西方寻找真理的一派人物"③。

近代经济学在中国真正意义上的传播始自严复翻译《原富》。严复从1898年至1900年译毕斯密的《计学》④,后改名为《原富》。1901年撰写《译事例言》。1901—1902年在上海南洋公学译书院出版。《原富》是节译本,在翻译过程中,先后加注了118条按语,或补充斯密之后的他家学术观点,或表明了严复本人的经济思想。

在《译事例言》中,严复阐明了译介《原富》的动机和原因。从中可洞见一代大师对于灾难深重的民族的殷殷之心。

---

① 严复1877年由福建船政学堂送往英国学习海军,1879年回国。曾任北洋水师学堂总教习(教务长)、会办(副校长)、总办(校长),开平矿务局总办,京师大学堂总办(校长)和复旦公学校长,审定名词馆总纂,资政院议员等职。宣统元年(1909年)还被赐为进士。1895年,严复在天津《直报》上发表了《论世变之亟》、《救亡决论》、《原强》及《辟韩》("韩"指韩愈《原道》中的君主起源论)等著名的政论文章,全面地提出了他的资产阶级民主思想,反对守旧,主张维新变法、救亡图强。1898年正式出版了所译的赫胥黎的《天演论》(Evolution and Ethics)。戊戌变法失败之后,严复在不到10年的时间里,又积极译介资产阶级政治、经济思想方面的著作,包括亚当·斯密的《原富》(An Inquiry into Nature and Causes of the Wealth of Nations)、穆勒的《名学》(A System of Logic)、孟德斯鸠的《法意》(L'esprit of Lois)、斯宾塞的《群学肄言》(The Study of Sociology)、穆勒的《群己权界论》(On Liberty)、甄克斯的《社会通诠》(A History of Politics)等著作。

② 严复是洋务派培养出来的人才,他既在李鸿章麾下担纲北洋水师学堂的总办,又曾因宣扬维新而被光绪皇帝召见并谘以变法事宜,更为资产阶级思想的传播鼎力鼓呼。然而,在留学归国之后,他还于1885年、1888年、1889年、1893年先后四次参加光绪年间的科举考试。而且还在其1921年的"手缮遗嘱"中写道:"中国必不亡,旧法可损益,必不可叛……"参见东尔:《严复生平、著译大事年表》,载于商务印书馆编辑部:《论严复与严译名著》,商务印书馆1982年版。

③ 参见毛泽东:《论人民民主专政》,载于《毛泽东选集》(第四卷),人民出版社1991年第2版,第1469页。

④ 严复把"economy"译为"计学"。

"夫计学者,切而言之,则关于中国之贫富,远而论之,则系乎黄种之盛衰。故不佞每见斯密之言,于时事有关合者,或于己意有所怅触,辄为案论。……"①

"计学以近代为精密。乃不佞独有取于是书,而以为先事者,盖温故知新之义,一也;其中所指斥当轴之迷谬,多吾国言财政者所同然,所谓从其后而鞭之,二也;其书于欧亚二洲始通之情势,英法诸国旧日所用之典章,多所纂引,足资考镜,三也;标一公理,则必有事实为之证喻,不若他书勃窣理窟,诘净精微,不便浅学,四也。"②

在严复自撰的按语中,主张自由竞争,反对"官督商办",主张国家只应办私人不宜办或暂时无力办的企事业。还分析了分工、价值、价格、货币、母材(即资本)、庸(即工资)、赢(即利润)、地租、支费(即消费)、积累、税收等。严复既有赞同斯密的地方,也有不同于斯密之见。举其显著者,严复认为斯密的劳动价值论是"智者千虑之一失"③。严复对《原富》的译、介、评,对后来近代经济学在中国的传播以及中国本土经济学的发展,作出了奠基性的贡献。

梁启超对于中国近代经济学科的发展也作出了很大的贡献。梁启超撰写了中国的第一部经济思想史著作:《生计学学说沿革小史》④。在撰于1897年的《〈史记·货殖列传〉今义》中,梁启超对《史记·货殖列传》的部分内容进行了符合西方经济学的解释。1903年发表的《二十世纪之巨灵托辣斯》⑤,阐明了托拉斯之利在于,"以最小率之劳费,易最大率之利益"。1904年,针对当时普遍持有的对外资的怀疑和恐

---

① 参见《原富》,上海南洋公学1902年版,第7页。
② 《原富》,上海南洋公学1902年版,第3页。
③ 《严复集》,中华书局1986年版,第854页。
④ 收入《饮冰室合集》,上海广智书局1903年版。梁启超把"economy"译为"生计学"。
⑤ 连载于1903年的《新民丛报》第四十至四十三号上。

惧心理,梁启超在《新民丛报》上撰文《外资输入问题》、《据生计学原理及各国先例》,全面地分析了外资输入的利弊,并提出了他的外资政策主张。另外,在货币、财政等方面梁启超都有涉及。

严复之后,中国经济学科的近代化进程加速。京师大学堂在1898年设立之时就开设了经济学课程,聘请日本教师教授。[①] 1912年北京大学设立了中国最早的经济学系:"商学科"。陆续有不少学生负笈欧美,学习经济学。对西方经济学的译介也更为全面,出版了不少经济学原理[②]、财政金融[③]、经济学说史等方面的书籍。伴随西方经济学的传播,围绕中国的若干现实经济问题,也有不少著述,仁智之见交相迭出。

百日维新失败之后,资产阶级革命思想渐渐兴起。1905年同盟会成立。孙中山在《同盟会宣言》中提出"驱逐鞑虏,恢复中华,建立民国,平均地权"的纲领。革命派受到了当时的社会主义思潮的影响,形成了其对于有关经济问题的主张。1906—1907年,资产阶级革命派和以梁启超为代表的资产阶级改良派进行了思想交锋。革命派以《民报》为理论阵地,改良派以《新民丛报》为阵地。这场大争论涉及诸多方面,其中关乎中国现实经济问题的争论占据了重要地位。具体而言包括两个问题:其一,中国要不要改变既有的土地制度;其二,如何发展中国的资本主义。在土地问题上,改良派认为不应该改变既有的土地私有制度;革命派认为应该"平均地权",主张由资产阶级共和国按"定价收买"的办法,实行国有化,让国家以发展资本的需要来集中支配土地。在发展资本主义道路方面,改良派反对节制资本,主张鼓励大民族资本家的产生,以与强大的外国资本竞争;而革命派则主张节制私人

---

① 日本的杉荣三郎受聘于京师大学堂,讲授"经济学"。其《经济学讲义》后由商务印书馆出版。
② 如熊崇煦翻译的伊利的《经济学概论》(上海商务印书馆1913年版)。
③ 如黄可权的《财政学》(天津丙午社1899年版)、宋育仁的《经世财政学》(上海新民书局1905年版)、李芳的《中国币制统一论》(上海商务印书馆1918年版)、林传甲的《实验货币学》(北京共和书局1917年版)等。

资本,发展国家资本,以避免私人资本操纵国计民生,防止两极分化。改良派和革命派的争论以《新民丛报》的停刊而告结束。这场辩论使革命派的主张得以传播,为资产阶级民主革命进行了思想和理论准备。

1911年辛亥革命爆发,推翻了最后一个王朝。这之后直到第一次世界大战结束,中国的民族资本得到了较大的发展。"从1914年到1919年,中国民族工业的工厂数量从698个发展到1759个,增加了157.7%;资本从3.3亿元增加到5亿元,提高了54.5%。这期间新增加的资本额,超过辛亥革命前四五十年投资的总额。"①

3. "五四运动"时期至20世纪50年代中国经济学科的发展

"五四运动"之后至20世纪50年代,中国经受了日本的侵略、国内战争、资本主义大危机等冲击,中国的经济一方面有所发展,另一方面,经济当中的沉疴积弊并没有消除。在第一次国共合作和北伐战争之后,1927年蒋介石靠江浙大资产阶级的支持,在南京建立了国民党政权。之后建立了国家资本主义经济体制,包括:整顿财政体制;改革税制,基本上实现关税自主,并多次提高了关税税率;建立了比较完备的银行和金融体系;1933年改革币制,废"两"改"元",并于1935年废止银本位制度,实行金汇兑本位制度,推行法币改革,法币先是和英镑而后又和美元挂钩;货币发行也由原来的30多家银行集中到中央银行、中国银行、交通银行和中国农民银行4家。另外,对重要的资源和基础设施实行国家控制。在此基础上,国民政府于1927—1937年制订和实施了一系列重化工业发展计划。这个时期是中国国家资本主义发展最快的时期。工业化水平和资本积累都有了比较大的发展。在八年抗战时期,为战争的需要,建立了战时经济体制,并在后方进行了一定的经济建设。与国家资本的发展形成对比的是私人资本和农村经济的惨淡景象。政府对私人资本投资的限制、东北的沦陷、1929—1933

---

① 参见张洪武:《中国革命史》,南京大学出版社1990年版,第76页。

年大危机的冲击,使得私人资本步履维艰。而农村经济更是日趋恶化,不利的贸易条件与大土地所有制导致农民收入下降。

"五四运动"之后直到20世纪50年代,中国经济学科的发展有两条线索:一方面,许多留学欧美的学者,接受了系统的西方经济学训练,回国后积极传播欧美的西方经济学理论;另一方面,马克思主义经济理论也迅速地在中国传播。

基本理论的掌握为系统分析现实问题奠定了坚实的基础,这两方面的学者紧密结合中国的现实展开研究,现代意义上的中国本土经济学由此发端。从"五四运动"到20世纪40年代中期,中国学术界先后就几个大的理论和实践问题进行了争论:第一,1919—1927年间关于中国近代社会性质问题的争论。争论的结果是,中国共产党"六大"决议中的结论获得了较大程度的认可,即中国近代社会是半封建半殖民地社会。这一结论的现实含义是,中国革命的对象,主要是封建主义和帝国主义,而不是资本主义。第二,与中国近代社会性质问题的争论有关,在20世纪30年代围绕中国农村经济问题进行了激烈的争论。其焦点也在于中国农村社会性质,以及要不要进行土地革命。第三,20世纪30年代,针对中国货币制度存在的问题,就货币本位展开了争论。

要指出的是,前苏联在较短的时间里迅速取得了令世界为之瞩目的工业化成就,这样的事实对于以救亡图强为己任的中国知识分子自然是非常有说服力的,对中国的知识分子产生了比较大的影响。当时国内以西方经济思想为主要理论倾向的学者,在其研究工作中,都或多或少地接受了马克思主义经济学。

4. 西方经济学理论的传播及本土化

西方经济学的传播,承继了"五四运动"之前已有之势,中国国内逐渐开始真正系统、全面地掌握现代西方经济学理论。由国内学者围绕基本经济学理论、部门经济学以及经济史等所撰写的著作大量出版。如著名经济学家马寅初1914年获哥伦比亚大学经济学博士学位后,1915年回国,执教于北京大学,1919年担任北京大学第一任教务长。在北京大学执教的十多年中,先后讲授过银行学、货币学、财政学、保险学、汇兑论等课程。1923年马寅初发起成立"中国经济学社",并长期担任社长。马寅初教授撰写了许多经济学著作,其《经济学概念》[①]是新中国成立前流行的经济学原理著作,涉及了价值论、消费行为理论、生产论、交换论、分配论等内容。在有关部门经济学方面,都有了长足进步。在农业经济学方面,如董时进的《农业经济学》[②]、许璇的《农业经济学》[③];在财政金融方面,如何廉和李锐的《财政学》[④]、尹文敬的《财政学》[⑤]、马寅初的《通货新论》[⑥]、赵兰坪的《货币学》[⑦];在会计统计方面,如潘序伦的《会计学》[⑧]、金国宝的《统计学大纲》[⑨]。

除了进行一般的经济学理论研究之外,经济学界热切关注中国本土的经济问题。针对中国面临的方方面面的经济问题,一大批学者运用西方经济学原理进行了深入研究并产生了一系列成果。在列举的上述各种著作中,几乎都对中国的有关问题进行了分析。除此而外,专事中国经济问题研究的著作日渐增多。

前已述及,20世纪30年代围绕中国本土的货币本位问题发生过争论。中国自明代以来,流通货币一直以银为主。19世纪70年代世界出现金贵银贱的趋势,政府对外支付中发生了严重的"镑亏"现象,

---

[①] 《经济学概论》1938年写成,1943年由重庆商务印书馆出版,1946年上海商务印书馆又将其作为初版出版,至1948年8月已出至第八版。
[②] 董时进获康奈尔大学经济学博士学位。《农业经济学》1933年由北平文化学社出版。
[③] 许璇1913年毕业于日本东京帝国大学农科。《农业经济学》1934年由商务印书馆出版。
[④] 何廉留学美国,获得博士学位;李锐为国民党政府财政部税务署副署长兼贸易委员会副主任委员。《财政学》1935年由国立编译馆出版。
[⑤] 尹文敬1929年获巴黎大学经济学博士学位。《财政学》1935年由商务印书馆出版。
[⑥] 《通货新论》1944年由商务印书馆出版。
[⑦] 赵兰坪获得日本庆应大学经济学硕士学位。《货币论》1936年由正中书局出版。
[⑧] 潘序伦1924年获得哥伦比亚大学经济学博士学位。《会计学》1935年由立信会计图书用品社出版。
[⑨] 金国宝1924年获得哥伦比亚大学硕士学位。《统计学大纲》1935年由商务印书馆出版。

导致大量白银外流。1929—1933年的大危机中,各主要资本主义国家纷纷放弃了金本位制。金相对于银的价格更趋上涨。然而,1934年美国为保护其国内白银生产厂商而提高白银收购价,这又导致了中国白银的大量外流,国内银根奇紧,利息上涨,物价猛跌,工商企业纷纷倒闭。1935年国民政府实行法币改革,放弃银本位制,代之以金汇兑本位制。在这个政策的形成过程中,关于中国的货币本位问题,有人主张实行多商品的本位制,有人主张实行金本位,有人主张维持银本位。围绕这些问题,马寅初、杨荫溥、刘大钧等经济学家都先后发表看法,产生了一些理论著作,如马寅初的《中国之新金融政策》①、杨荫溥的《中国金融研究》②、刘大钧的《我国币制问题》③等。

另一个广为关注的本土经济问题是"经济建设"与工业化。1928—1937年间,国民政府在工业化方面的政策稍见成效。抗战爆发后,忧国忧民的知识分子为了国家的富强,奋力探索实现国家工业化的途径。比如,张培刚教授的著作《农业与工业化》在全面探讨了工业化的定义、工业发展与农业改革的关系、工业和农业的平衡以及农业国和工业国的关系问题之后,就中国工业化面临的急迫问题进行了分析。④ 该书是发展经济学的奠基性文献。马寅初的《中国经济改造》⑤、吴景超的《中国经济建设之路》⑥、刘大钧的《工业化与中国工业建

---

① 该书由商务印书馆在1937年出版。
② 杨荫溥1923年获得美国西北大学商学院硕士学位。《中国金融研究》1936年由商务印书馆出版。
③ 该文载于中国经济统计研究所《经济统计月志》第一卷第9期(1934年9月)。
④ 张培刚教授1934年武汉大学毕业之后,在国立中央研究院社会科学研究所从事农业经济的调查和研究工作。带着如何实现中国工业化的问题,他于1941年赴哈佛大学学习经济学。《农业与工业化》是其博士论文。
⑤ 该书1935年由商务印书馆出版。
⑥ 吴景超1928年获得芝加哥大学经济学博士学位后回国。《中国经济建设之路》1934年由商务印书馆出版。

设》①、谷春帆的《中国工业化计划论》②等著作,都对中国的发展战略与工业化道路进行了分析。

新中国成立前一大批中国学者在农村经济方面进行了深入细致的研究,取得了丰硕的成果,堪称中国本土经济学的杰出代表。这其中有比较特殊的历史原因。新中国成立前中国是典型的落后农业国,农业在国民经济中占据最重要的地位,只有准确把握中国农村的情况,才能全面把握中国的经济全貌。著名学者陈翰笙③ 1928年受聘担任中央研究院社会科学研究所副所长。在他的主持下进行了当时中国规模最大的农村经济调查。1933年陈翰笙发起成立了有500多名会员的"中国农村经济研究会",并担任第一届理事会主席。中国农村经济研究会在20世纪30年代曾就中国农村和农业经济问题,与几方面的理论观点进行了争论。

在《中国农村经济研究之发轫》④一文中,陈翰笙写道:

> "前北京农商部之农村经济调查与统计,其简陋虚妄之点不胜枚举。据农商部报告,1914至1915年,一年中广东农民骤增900万;1922年一年中吉林耕地面积骤增两倍。试问农村经济学者如何能应用此种报告,而研究中国土地关系!金陵大学美国教授主持之农村调查,所用表格大都不适于当地情形。不但对于各种复杂之田权及租佃制度未能详细剖析,甚至对于研究农村经济所决不容忽之雇佣制度,农业价格,副业收入,借贷制度等等,亦都

---

① 刘大钧曾留学美国,学习经济学和统计学。《工业化与中国工业建设》1944年由重庆商务印书馆出版。

② 谷春帆毕业于上海圣芳济学院。《中国工业化计划论》1945年1月、12月分别由重庆、上海的商务印书馆出版。

③ 陈翰笙1921年获得芝加哥大学硕士学位,1924年获得柏林大学博士学位。1925年经李大钊介绍,与第三国际建立了组织关系。1927—1928年在莫斯科第三国际农民研究所工作,之后回国。

④ 该文原载于《国立中央研究院社会科学研究所社会学组一九二九至一九三〇年工作报告》,后收入汪熙、杨小佛:《陈翰笙文集》,复旦大学出版社1985年版,第31—42页。

非常忽略。由此观之，美国教授对于中国农村经济之尚无深刻认识，以视农商部亦仅为五十步与百步之差。……社会学组同人因此决心抛弃以前政府统计之残屑，不顾一切违反中国实情之报告，而从事有意识有组织之农村经济调查。"

中国农村经济研究会还与20个国家的30多个学术机构保持随时通讯。正如上面引文所言，中国农村经济研究会基于其掌握的翔实的第一手资料，对当时中国的农村经济进行了全方位的研究，并围绕"土地分配、土地经营、农产品商品化以及农村的救济"等问题，与以金陵大学美籍教授卜凯为代表的学术观点展开争论，产生了一系列有影响的著作。如陈翰笙的《现代中国的土地问题》[①]、《广东农村生产关系与生产力》[②]等著作以及一系列论文。

在其他方面，中国经济学家也进行了卓有成效的探索。如马寅初先生先后撰写了《中华银行论》(1929年)、《中国关税问题》(1930年)；巫宝三的著作《中国国民所得》[③]是中国现代意义上GNP核算方面的开山之作，书中详细估计了1933年的国民所得，并以其他资料为佐证，概估了1931年至1936年的国民所得；武堉干的《中国国际贸易概论》[④]，以翔实的资料阐述了中国国际贸易在世界上的地位和变化趋势、中国的进出口贸易状况、贸易差额的抵偿以及中国国际贸易的振兴问题；陈达的《人口问题》[⑤]就人口理论、人口数量、质量、人口与国际关系等进行了分析之后，给出了其人口政策主张。除此而外，在经济史、经济思想史方面，都可谓著述颇丰。

---

① 该文载于《中国经济》第1卷第4、5期合刊(中国农村经济专号)(1933年8月)。
② 该书1934年由中山文化教育馆出版。
③ 巫宝三1938年获得哈佛大学硕士学位，后又获得哈佛大学博士学位。《中国国民所得》1947年由中华书局出版。
④ 武堉干1921年本科毕业于武昌商业学校。《中国国际贸易概论》1930年由商务印书馆出版。
⑤ 陈达1923年获得哥伦比亚大学博士学位。《人口问题》1934年由商务印书馆出版。

5. 马克思主义经济学的传播及其本土化

早在 20 世纪之初,马克思主义就开始在中国零星传播。当时有一些译自日本的介绍马克思主义的书籍。而马克思主义经济学在中国的广泛传播,则在十月革命之后。李大钊是最早向国内系统介绍马克思主义的思想家,也是以马克思主义为指导分析中国现实问题的理论家。诚所谓"铁肩担道义,妙手著文章"。1918 年李大钊发表《庶民的胜利》和《布尔什维主义的胜利》两文①,开启了马克思主义经济学在中国系统传播的先河。

1930 年之前,先后有不少介绍马克思主义政治经济学的著作和译著出版,也有不少关于《资本论》有关专题的介绍。1930 年由陈启修翻译的《资本论》第一卷在上海昆仑书店出版,1932 年、1933 年由潘冬舟翻译的《资本论》第二、第三卷在北平东亚书店出版。1938 年郭大力和王亚南②翻译的《资本论》第一至第三卷在读书生活出版社出版。1949 年长春新中国书局出版了郭大力翻译的《剩余价值学说史》。至此,马克思主义政治经济学已经被系统地介绍到中国来。另外,还有不少苏联、日本以及其他国家的政治经济学著作也被译介到中国来,如李达、熊得山翻译的《政治经济学教程》③;再如陈豹隐翻译的《经济学大纲》④。在积极介绍马克思主义经济学理论的同时,不少中国学者也在勉力进行本土化的尝试。一方面,创作"中国版"的马克思主义经济学理论;另一方面,以马克思主义为指导,分析中国的现实问题。在"中国版"的马克思主义经济学方面,著述颇丰。如王亚南所著的《中国经

---

① 两篇文章均发表在 1918 年 10 月《新青年》第 5 卷第 5 号上。
② 郭大力和王亚南合作,还于 20 世纪 30 年代翻译了斯密的《国富论》和李嘉图的《政治经济学及赋税原理》等一系列英国古典政治经济学的重要著作。
③ 该书 1933 年由北平笔耕堂书店出版,原作者为拉比托斯、沃斯特罗维查诺夫。
④ 该书 1929 年由上海乐群书店出版,原作者为日本的河上肇。

济原论》①,依据马克思《资本论》的体系、范畴分析了中国经济,并尝试建立适合中国国情的政治经济学分析框架。再如狄超白的《通俗经济学讲话》②,以平白的语言讲解了马克思主义经济学。又如许涤新的《广义经济学》③,以马克思主义为指导,分析了资本主义以及前资本主义社会以及前资本主义社会各个阶段的生产关系及其相互关系。黄宪章的《货币学总论》④,分析了货币的起源、本质、职能以及货币的价值等。

中国思想界学习马克思主义,可以说从一开始就是问题导向的。中国的马克思主义经济学家紧密结合国情,尽心竭力地探索中国的长远发展战略。如郭大力在其著作《生产建设论》⑤中,运用马克思主义经济学原理,阐述了中国工业化的道路以及相应的生产关系。

(三) 20世纪50—70年代服务于赶超经济实践的理论

1949年中华人民共和国成立,中国达到了空前的统一。然而战争所留下来的是一个百废待举的局面,新中国的建设在此基础上展开。在土地改革和国民经济恢复之后,按照"过渡时期的总路线",开始了第一个"五年计划"的工业化实践,以及对农业、手工业和资本主义工商业的社会主义改造。1956年毛泽东发表《论十大关系》,指出要正确处理农、轻、重的关系。同年的中国共产党第八次全国代表大会决议,制定了在综合平衡中稳步前进的方针,使国民经济各部门有计划按比例发展。但是,在中国共产党第八次全国代表大会第二次会议后,受"一五计划"成绩的鼓舞,制定了不合实际的"社会主义建设总路线",

---

① 王亚南1927年毕业于华中大学教育系,后参加北伐。1928年留学日本,1931年回国任教于济南大学。
② 《通俗经济学讲话》1936年由新知书店出版,并多次再版。
③ 《广义经济学》1949年由香港三联书店出版。
④ 黄宪章留学巴黎,曾在巴黎大学法科博士班当研究生,攻读经济学和财政学。《货币学总论》1947年由笔耕堂书店出版。
⑤ 该书1947年由经济科学出版社出版。

夸大主观意志的作用,忽视客观规律,发动了"大跃进"和人民公社运动。1958年年末至1959年上半年,中央政府曾对"大跃进"和人民公社化过程中的问题进行了若干纠正。但是,庐山会议之后,却掀起了更大的跃进,导致国民经济的严重困难局面。1960年之后,政府不得不对国民经济进行调整。到1965年,工农业的比例关系、工业内部的轻重工业的关系以及积累和消费的关系,都有所好转;国家的工业化也初见成效。不幸的是,随之而来的"文化大革命"却使经济陷入极端混乱、几近崩溃的局面。20世纪50—70年代的经济建设实践,给当时的中国经济学科的发展打上了深深的时代烙印。

从1949年新中国成立到20世纪50年代中期,特别是国民经济初步恢复、毛泽东偏离了他在新中国成立之前形成的"新民主主义理论"①之后,国家一方面推行超乎国力的工业化,另一方面又尽速展开了社会主义改造。1952年斯大林发表《苏联社会主义经济问题》,总结其执政三十多年的历史,肯定了社会主义经济中商品生产和商品交换的必要性,肯定了价值规律的积极意义;同时也指出全民所有制内部交换的生产资料不是商品,价值规律对社会主义生产只起影响作用,不起调节作用。在此期间的中国经济学理论以斯大林《苏联社会主义经济问题》中的观点为蓝本,贬低商品生产和价值规律的作用。

1956年社会主义改造全面完成之后,面对公有制已经占主体地位的格局,需要回答商品生产和价值规律在中国的作用问题。1956年,著名经济学家孙冶方发表了著名的论文《把计划和统计建立在价值规律的基础上》②,指出价值规律的作用在资本主义、社会主义和未来的

---

① 毛泽东在1940年发表的《新民主主义论》中,专门就"新民主主义的经济"进行了阐述。他在强调"节制资本"、"平均地权"的同时,还指出"但这个共和国并不没收其他资本主义的私有财产,并不禁止'不能操纵国民生计'的资本主义生产的发展,这是因为中国经济还十分落后的缘故。……农村的富农经济,也是许容其存在的"。参见《毛泽东选集》(第二卷),人民出版社1991年第2版,第678页。

② 刊载于《经济研究》1956年第6期。

共产主义都是存在的,社会主义的计划必须自觉地遵循价值规律;1957年孙冶方发表《从"总产值"谈起》①,指出利润是企业经营好坏的最集中的表现。1957年顾准发表《试论社会主义制度下的商品生产和价值规律》②,提出社会主义可以让价值规律自发(即价格的自发涨落)调节企业的生产经营活动。1957年仲津(于光远)发表《社会主义制度下的商品》③,指出社会主义经济中存在的几种交换关系,都是商品交换关系。1957年7月5日,《人民日报》发表著名经济学家马寅初的文章《新人口论》,阐明了控制人口过快增长的必要性。以这些卓有创见的文章的发表为起始,中国经济学家开始结合中国的实际,来发展马克思主义经济理论。

然而,这些真知灼见却因为违背当时的主流,在当时的政治氛围中无法成为燎原之火。由于中央错误地估计了国际国内形势,阶级斗争扩大化,孙冶方、顾准、马寅初等经济学家受到了错误批判。从20世纪60年代开始,正常的学术研究秩序已经被打乱。中国的经济学也只限于教条般地从马恩著作中断章取义,为政府的政策作注释。

在这种背景之下,早在新中国成立前就已在中国得到广泛传播的西方经济学,自然而然变成了"异端"。仅仅出于介绍马克思主义的英国古典政治经济学来源的目的,以及出于批判所谓"庸俗的资产阶级经济学"的目的,才编写了极少的关于资产阶级经济思想史的教材和一些译著。

(四) 20世纪80年代以来经济学科在中国的空前繁荣

新中国成立以来一直奉行的工业化模式和服务于之的传统的经济体制,不仅严重扭曲了产业结构,造成重工业过重、轻工业过轻的局面,而且窒息了微观经济主体的活力。而"十年动乱"又对国民经济造

---

① 刊载于《统计工作》1957年第13期。
② 刊载于《经济研究》1957年第3期。
③ 刊载于《学习》1957年第4期。

成了灾难性的破坏。与之形成对照的是,日本以及包括我国台湾地区在内的亚洲"四小龙",保持了二十多年的高速经济增长。面对国内国际形势,从1978年中国共产党的十一届三中全会开始,中国开始了改革开放的伟大实践。在二十多年的改革中,中国经济高速增长,扭曲的产业结构得以矫正,国际经贸往来大为拓展,微观机制活力增强,人民生活有了很大改善。在"解放思想、实事求是"的思想路线的指引下,中国经济学科重新回到了正常的发展轨道上。

"实践之树长青。"改革开放以来中国经济学科发展的最主要"动力源",来自对改革实践经验不断的、及时的总结。而新的理论只有在不断冲破传统观念的前提之下,才能生长起来。但是冰冻三尺,非一日之寒,传统理论在人们心目中,甚至在许多经济理论工作者心目中,可谓根深蒂固。加之中国的改革并没有现成的模式可以借鉴,也不是按照一个事先设计好的系统规划展开,而是"摸着石头过河",失误和反复不可避免。这就决定了,对于改革以来各个阶段所出现问题的认识过程,进而经济学的发展过程也不是一帆风顺的。

改革开放以来中国经济学科的发展可以从三个方面来把握:传统政治经济学的发展、现代西方经济学的再次学习,以及现代意义上的本土经济学研究的发展。

改革开放以来政治经济学发展的起步,还是承继了20世纪50年代后期被中断的对商品生产和价值规律的讨论。已经平反的孙冶方重提"千规律,万规律,价值规律第一条"①。1980年9月在国务院经济体制改革办公室提交的《关于经济体制改革的初步意见》中明确提出:"我国现阶段的社会主义经济,是生产资料公有制占优势、多种经济成分并存的商品经济"。"我国经济体制改革的原则和方向应当是:在坚

---

① 参见孙冶方:《社会主义计划经济管理体制中的利润指标》,辑于《孙冶方全集》(第2卷),山西经济出版社1998年版。

持生产资料公有制占优势的条件下,按照发展商品经济和促进社会化大生产的要求,自觉地运用价值规律,把单一的计划调节,改为在计划指导下充分发挥市场调节的作用。"然而在改革之初,这种主张难以很快被接受;相反,传统理论中计划经济观念的根深蒂固,再加上对放权让利改革以及宏观经济中出现的问题的原因认识不清,导致了传统理论认识的回潮。归功于农村和城市改革的实践,经过理论工作者和决策层的努力,1984年10月中国共产党的十二届三中全会通过了《中共中央关于经济体制改革的决定》,明确指出:"就总体说,我国实行的是计划经济,即有计划的商品经济。""社会主义计划经济必须自觉依据和运用价值规律,是在公有制基础上的有计划的商品经济。商品经济的充分发展,是社会经济发展的不可逾越的阶段,是实现我国经济现代化的必要条件。只有充分发展商品经济,才能把经济真正搞活,促使各个企业提高效率,灵活经营,灵敏地适应复杂多变的社会需求,而这是单纯依靠行政手段和指令性计划所不能做到的。"这是理论上的一个重大突破。由于改革不配套,20世纪80年代后半期国民经济出现了经济秩序紊乱和通货膨胀的问题。加之1989年的政治风波,国内曾一度出现了对改革方向的怀疑,姓"社"姓"资"的争论由此而起。然而毕竟大河东流去,邓小平顺应时代的要求,以其改革家的无比魄力和理论勇气,为改革排除了思想上最大的障碍。1992年10月中国共产党第十四次全国代表大会指出,我国经济体制改革的目标是建立社会主义市场经济体制。1993年11月中国共产党第十四届三中全会又作出了《中共中央关于建立社会主义市场经济体制若干问题的决定》。1997年9月召开的中国共产党第十五次全国代表大会又取得了重要的理论突破,把公有制为主体、多种所有制经济共同发展确定为我国社会主义初级阶段的一项基本经济制度。

至此,中国的经济改革确立了明确的目标。而这个目标的确立,也正是对传统政治经济学的最大的发展。

改革开放和传统政治经济学的发展过程,是中国学术思想解放和理性化的过程。这个过程也给现代西方经济学在中国的传播创造了条件。更为重要的是,中国改革开放的进程是逐渐市场化和工业化的进程。西方国家业已完成了工业化,建立起成熟的市场经济体制。西方经济学作为它们实践经验的总结,有许多值得中国学习和借鉴的地方。在这样的背景之下,中国经济学界又开始重新学习现代西方经济学。以陈岱孙教授为代表的一批经济学家,为西方经济学的传播积极鼓呼。先是编写相关教材、在高校开设西方经济学课程,后来各有关高校都逐步设立了西方经济学系或专业。改革开放以来,大批学者到海外留学,系统学习经济学。同时当代西方经济学的经典著作逐步被译介到中国。20世纪80年代中期以后,陆续有学子在海外完成学业,归国报效。

在完成西方经济学基础理论"补课"的同时,国内经济学界始终结合各个改革阶段出现的问题,从西方经济理论中汲取营养,产生了一大批有影响的研究成果。其中既有老一代经济学家的重新思考,更有广大中青年学者的研究果实。与前苏联、东欧国家的困难局面相比,中国的经济改革成就堪称奇迹,令世界瞩目。面对鲜活的现实,中国本土的经济学家从各个方面和角度予以总结归纳,努力提炼出具有一般意义的经济学理论。近年来这方面的研究成果数量增多,举不胜举。上海人民出版社和上海三联书店出版的"当代经济学文库"系列就是这方面成果的一个集中反映。

## 二、1999 年的中国经济学研究评述[略]①

## 三、中国经济学发展面临的机遇与挑战

在千年之交的历史时刻,溯往览今,更应该展望未来。唯其如此,

---

① 这部分曾经以"1999 年中国经济学研究述评"为题,发表于《经济研究》2000 年第 11 期,在此略去。

我们这个时代的经济学家才能明白所担负的历史使命和时代所赐予我们的机遇。

（一）民族的复兴为中国经济学科的发展提供了空前的机遇

自1978年改革开放以来,中华民族的伟大复兴事业取得了辉煌的成就。我曾在多个场合表示,世界上还不曾有过任何一个文明像中国这样,由盛而衰,再由衰而盛。对于中国经济增长的灿烂前景,我在和蔡昉、李周合著的《中国的奇迹:发展战略与经济改革》[①]中进行了阐述。按国际经济学界流行的观点,中国以购买力平价计算的经济规模,早已跃居全球第二。我认为,只要遵循比较优势的发展战略,我国的经济至少还可以保持20—30年的高速增长。到那时,中国将成为世界上最大、最强盛的经济体。

现代经济学自亚当·斯密的《国富论》出版而成为一门独立的社会科学以来,世界经济学的研究中心和世界经济的中心高度重合。在1995年我曾撰文《本土化、规范化、国际化——庆祝〈经济研究〉创刊40周年》[②]。在那篇文章里,我预言21世纪将有可能成为中国经济学家的世纪。现在回过头来看,我对这个预言更有信心,因为从那篇文章写作的1995年到现在的5年左右的时间里,中国经济又取得了巨大的发展,而中国经济学界的研究,正如这本书所辑录的,也同样取得了许多成就。

从另一个角度来讲,在我国经济发展的道路上,必然会有各种各样的问题出现。经济学家对于这些经济问题的认识应该较之别人更为全面、深入。对于这些问题的分析和解决,我们当代经济学家应当责无旁贷地勉力奉献一己之见。也只有这样,我们才能无愧于时代赐给我们的机遇,无愧于先辈,才能最终使中国经济学的研究走向世界。

---

① 参见林毅夫、蔡昉、李周:《中国的奇迹:发展战略与经济改革》(增订版),上海人民出版社与上海三联书店1999年版,第1章。

② 参见《经济研究》1995年第10期。

（二）走向世界的中国经济学家必须正视的问题

中国经济发展的成就为中国经济学科走向世界提供了机遇。然而这仅仅是可能性，要把可能转化为现实，还需要我们学界同仁携手，鼎力而为。从《中国经济学1999》所收录的论文以及这几年国内经济学界的情况来看，我觉得必须在以下几个方面下工夫：

1. 自觉地以现代经济学方法论指导研究

改革开放以来，中国对于现代经济学的重新学习卓有成效。从大学里的专业、课程的设置，到经济学研究机构的创立，再到经济学经典著作和教材的译、著，都取得了很大的进步。特别是近十年来，随着留学海外的学者陆续回国，国内经济学界可以说基本上了解和初步掌握了当代经济学各流派的理论框架及模型。已有的成就固然可喜，然而就整体水平来说，中国经济学界的水平与国际水平相比还是有很大的差距。在论文、论著发表形式的规范化方面，国内已经做得不错。但是更为关键的环节是方法论的规范化。经济学已经日益成为一门科学，举凡科学，没有严格的、规范的方法论，则无以交流、无以进步。当代经济学和其他科学一样，都遵从证伪方法论。我在《本土化、规范化、国际化——庆祝〈经济研究〉创刊40周年》一文中已经阐述了经济学应该遵循的证伪方法论，对此不再赘述。这里我不揣浅陋，"野人献曝"，把我个人从事经济学研究的若干体会献于学界同仁。

第一，任何科学体系都必须有一个共同接受的最基本假设才能建立起来。现代经济学的最基本假设是"人是理性的"。经济学区别于研究社会现象的政治、法律等其他社会科学之处，就在于经济学以"理性人"为其基本假设。① 经济理性的含义是，人们总是在特定的约束条件所制约的可能选择中，作出最有利的选择。如果研究者发现了"不

---

① 参见 Gary S. Becker, *The Economic Approach to Human Behavior*, Chicago: The University of Chicago Press, 1976。

可理喻"的行为,这不是"理性人"命题失效,而是研究者对经济当事人在作出决策时所面临的约束条件不了解,对所研究的经验对象还未吃透。每当发现用既有理论无法解释的经验现象时,不可诉诸非理性行为,此时往往意味着突破既有经济理论的机会。经济学的任何点滴积累都源于对既有理论的不断检验、证伪、重构、再检验……

第二,研究者面临的经验现象往往是纷繁复杂的。在千头万绪、同时共生的各个事实中,研究者要想建立内在逻辑一致的理论模型,首先必须了解谁是所研究现象背后的决策者,是消费者、厂商,还是政府,抑或是多方互动。识别出现象背后的决策者之后,接下来的工作应该是识别哪些变量在理论模型里属于外生变量,哪些变量属于内生变量。外生变量是在理论模型之外给定或选定的变量,包括决策者不可改变的给定的条件、内生变量的前定值以及决策者可以不受理论模型内部逻辑限制而主观选择的变量;内生变量则是在理论模型内部决定的变量,也就是决策者在给定的不可改变的外生条件下作了其他外生变量的选择以后的结果。例如在我常讲的发展战略理论中,一个国家的要素禀赋是外生给定的变量,赶超型的还是比较优势型的发展战略是政府可以主观选定的外生变量,而选定了赶超战略或比较优势战略后相应形成的宏观政策环境、资源配置体系、微观经营机制和经济绩效则是理论模型所要解释的内生变量。同一变量是内生变量还是外生变量依理论模型而定。例如,在上述模型中,国家的赶超战略选择是外生变量,但在一定的国际环境和领导人的主观愿望下,赶超战略又成为内生选择的结果。一个变量到底是外生给定的不可改变的条件,还是可改变的外生或内生变量常依决策者角色的不同而定。对于个人来说不可改变的外生条件,对于国家来说则有可能是可以控制、可以改变的外生或内生变量,例如在市场经济中,对于企业和个人来说,利率水平是给定的条件,但对于国家来说,利率水平则是一个可以选择的变量。如果国家把货币增长率作为外生选择变量,利率水平就成为内生变量;如果国家把利率水平作为外生选择变量,货币增长率就成为内生变量。从动态角度来看,某一逻辑环节的内生结果可能是下一逻辑环节的不可改变的给定前提。例如,储蓄率是每一个时点上个别决策者的内生选择,储蓄率的高低则决定了一个国家要素禀赋结构的变化情况,在下一时点上,要素禀赋的结构则对于该国的所有决策者在作出产业和技术选择时,都是外生给定的不可改变的前提条件。"物有本末,事有始终,知所先后,则近道矣。"在解释一个现象时,要思考清楚谁是所分析的现象的决策者,对于决策者来说,哪些是外生给定的不可改变的前提条件,哪些是可选择的外生变量,哪些是内生选择的结果,这个步骤成功了,可以说对现象的解释就已经成功了一半。

第三,经济政策研究的出发点和着力点应该是决策者所面对的给定的外生限制条件和其外生的选择变量。经济推理的公式是:理性的决策者,在给定的外生限制条件下,对外生变量作了主观选择,而产生了理论模型所要解释的内生结果。不改变决策者所面对的外生限制条件或是使决策者改变其对外生变量的选择,要改变理论模型的内生结果必然是徒劳无功的。例如在我和蔡昉、李周提出的要素禀赋结构、赶超战略选择和宏观政策环境的理论模型中,低利率政策是一个内生变量,在资本相对稀缺的给定条件下,不改变政府的赶超战略选择,要改变低利率政策的意图将难以实现。另外,在国有企业的改革中,大家看到了企业经理人员在人、财、物、产、供、销上缺乏自主权,没有积极性,造成企业效率低下,因此,对国有企业采取了放权让利的改革,但企业自主权的剥夺是在两权分离的条件下的,政策性负担的存在致使信息不对称的问题无法克服,为防止企业经理利用手中的权力侵蚀应属所有者的利润而内生的制度安排,如果在政策性负担不消除的条件下放权让利,其结果是经理人员的积极性或许有所提高,但应该属于国家的利润可能因被经理人员侵蚀而减少。

第四,模型的假定应该尽可能少,尽可能地一般化,而不应该带有很强的"模型特定性"(model specific)和"问题特定性"(problem specific)。理论是节约信息的工具。一个理论,首先要求内在逻辑一致;其次,理论的结论要和经验事实一致;最后,理论要有尽可能强的"普适性"(robustness)。但是一旦理论模型附加了"模型特定性"和"问题特定性"的假定,那么,就会在"普适性"方面大打折扣。

理论模型由于要尽可能地简化,因此,不能苛求假定条件完全吻合于现实。关于经济学方法论的最为经典的论文是弗里德曼撰写的《实证经济学方法论》[①]。在该文中弗里德曼提出了著名的"假设条件不相关"命题,其含义是,理论的作用在于解释现象和预测现象。对于理论的取舍应该以理论的推论是否和现象一致,即以理论是否能解释和预测现象为依据,而不能以理论的假设是否完全描绘了现实问题的方方面面为依据。例如,按照在国际贸易理论中著名的"要素价格趋同理论",如果两国之间的货物贸易是完全自由的,不存在贸易摩擦和成本,则通过货物贸易,两国的劳动力和资本等要素价格将会趋同。然而现实当中并不存在完全自由、没有摩擦和成本的贸易,但不能以此来否定这个理论,是否接受这个理论,应该依据开放贸易以后两国的工资和利率水平的差距是否缩小而定。理论和地图一样,是信息节约的工具,只要能说明主要变量之间的因果关系即可,因此,舍象掉一些无关紧要的细节是必要的,否则,理论丝毫没有节约信息,也就不成其为理论了。

尽管假设无须完全描绘现实的方方面面,但是这不意味着假设可以随便设立,甚至完全背离现实。假设应该抓住现象的主要特性。科斯在其经典论文《企业的性质》[②]中,开宗明义地指出前提性假设

---

① 参见 Friedman, Milton, "The Methodology of Positive Economics", in *Essays in Positive Economics*, Chicago: University of Chicago Press, 1953。
② 参见 R. H. Coase, "The Nature of the Firm", *Economica*, Nov.1937, 4, pp.386—405; reprinted in G. J. Stigler and K. Boulding, eds., *Readings in Price Theory*, Homewood 1952, pp.331—351。

(assumptions)应该是"易于处理"(manageable)和"现实的"(realistic)。而科斯本人也正是通过松动"交易费用为零"的假定才作出在新制度经济学上的开创性贡献的。我个人在关于合作农场的研究中得到的和经验现象一致的理论推论:"合作农场中劳动者积极性较之家庭农场中积极性低",也是从放弃阿玛蒂亚·森1966年著名的论文中完全监督的假设入手而得到的。①

一方面,理论必须有高度的抽象;另一方面,保留在理论模型中的前提条件又不能太过偏离现实才能对现象有足够的解释和预测力,要得兼二者,就要求理论研究者必须对现象有足够的了解,知道决策者在作选择时哪些变量是最重要的外生限制和决策变量,哪些是可以舍象掉的无关紧要的变量,由此形成的抽象模型才能对具体的经验现象有足够的解释力和预测力。

第五,尽可能地进行严格的计量检验。经济学的科学化已是主流。科学所以成其为科学,就在于由理论模型所得到的任何结论都必须经得起经验检验。目前国际上顶级的经济学期刊,如《美国经济评论》、《政治经济学杂志》、《经济学季刊》等几乎不发表纯数理的论文,发表的文章除了理论模型外,总还要求有经验检验。中国有极其丰富的经验现象,总结归纳这些现象,将其抽象成理论,并以经验现象来检验这些理论,就有可能在国际一流经济学期刊上发表论文,达到国际化的目标。国内已有不少新一代的经济学家能够熟练地运用数理工具,对构建数理模型的兴趣比较大,但是既具有数理建模能力,又把数理模型和经验检验结合起来的学者却不多,甚为可惜。基本的计量分析技

---

① 森的论文是"Labor Allocation in a Cooperative Enterprise", *Review of Economic Studies*, 33 (October 1966), pp.361—371。我的论文为"The Household Responsibility in China's Agricultural Reform: A Theoretical and Empirical Study", *Economic Development and Cultural Change*, vol.36 (April 1988), pp.199—224。又见《中国农业家庭责任制改革的理论与经验研究》,载于《制度、技术与中国农业发展》,上海三联书店、上海人民出版社1994年版,第2章。

术并不比构建数理模型困难,当然,经验检验要求研究者必须做烦琐的数据收集和整理工作,要比坐在书斋里写数学模型花更多的体力劳动。但是,只有对现象、对数据有深入的了解,才能发现哪些现象是现有理论不能解释的。掌握了现象的细致之点,才能较好地抽象,构建理论,对主流经济学的发展作出贡献。

2. 更加关注中国的本土问题

纵览《中国经济学 1999》所收录的论文,一个比较显著的特点是,经验研究所占的比重增大。所收录的全部 15 篇论文,或者直接研究并解释中国某一经验现象,或者以中国的现象归纳出具有一般意义的理论推论。另外根据夏业良和王欣对中国经济学科龙头刊物《经济研究》所刊论文的统计分析①,改革开放以来,国内经济学的研究热点由介绍性为主的"拿来主义"逐渐转向"本土主义"。前已述及,祖国经济的发展为经济学家提供了肥沃的研究土壤,其中自有华章无限,国内经济学界应当勉力挖掘。关注本土的经验现象是中国经济学科走向世界的必由之路。在这方面国内经济学界已经取得了可喜的进步,我们应当自觉地把这个良好的势头保持下去。

关注本土问题,其含义不单单是以本土问题作为研究对象,同样重要的还有一个前面提到的方法论问题。我们对于西方各家的模型都有所知,从学习的角度看我们从中得益;但从应用的角度看,如果看不到各家模型的经验背景,削足适履地往中国问题上套用,那我们反而受累于此。经济学本土化的含义是,要从我们的观察出发,构建理论框架,而不是简单地把"西文"刊行的模型转化为中文刊行的模型。

3. 中国经济学界的同仁应当更加敬业

作为《中国经济学 1999》的执行主编,更主要的是,作为一个热切

---

① 参加夏业良、王欣:《中国理论经济学 50 年发展轨迹的缩影》,载于《经济研究》2000 年第 5 期。

期望中国经济学科走向世界的经济理论工作者,我在这里不得不指出,从一开始汇集的论文影印件来看,确实有美中不足之处,有些还是比较严重的问题。我这里所指的,不是各篇论文的具体观点。对于同样的问题,每个人提出不同的解释,这是无可厚非的,甚至是有益的,因为只有在不同理论框架的竞争中,才能有效地推进学术进步。我这里所指的,是从最初论文影印件中反映出来的治学态度和敬业精神。我觉得我们必须做得更好,而且我们能够做得更好。首先,一个普遍存在的问题是,编辑质量不尽如人意。既有符号的错误,也有图形的错误,甚至个别规格非常高的刊物也发生了极其明显而又极其容易避免的错误。其间的原因不得而知。或许是作者原稿的错误,也可能是编辑的疏忽。但这等失误的责任,在我看来,在于我国现行的编辑程序。国外学术期刊由作者自己定稿,文章编排付印前由作者终审,而国内的学术期刊常由编辑改稿、定稿,有时为了节省页面而任意删稿。在收集筛选本书的论文时,有些最终被删掉的论文也反映出作者对于相应的问题的认识不甚了了,反映了文献工作做得不够,这样的论文所以能够发表,也有评审和编辑失察的责任。中国经济学家要走向世界,必须靠多方面的努力和配合,研究者自己应该精益求精,学术期刊的编辑也要更上一层楼。

"路漫漫,其修远兮,吾将上下而求索。"愿以此与学界同仁共勉。

# 自生能力问题与中国的改革和发展[*]

培林1999年9月考入北京大学中国经济研究中心,在我的指导下攻读博士学位。三年时间里,他基本掌握了现代经济学方法论,圆满完成了规定的学业,协助我对许多问题进行了研究,并如期完成了博士学位论文。在博士学位论文写作的整个过程中,我曾经多次和他就论文的选题、框架、方法以及基本观点进行讨论,我对他最终完成的论文感到比较满意。论文在答辩时也获得了较高的评价。最近,培林在其博士论文的基础上修改和整理出《发展战略与增长的源泉:中国经验的研究》专著,在经济科学出版社出版,和天下所有的老师一样,我为自己的学生的每一个进步而感到由衷的高兴。同时我也衷心地希望培林在国务院发展研究中心的工作岗位上,再接再厉,在那里众多资深专家的指导下,拿出更多更好的研究成果来。

培林希望我为这本书撰序,以我对全书内容的了解,我愿意向所有关心中国经济增长、地区差距、西部开发等问题的人们,特别是向研究这些方面问题的专业人员推荐这本书。

这本书的主要目的在于用中国各省区市的发展经验,来检验我归纳的关于发展战略对资本积累和技术进步影响的两个理论假说。全书的线索是,通过引入适当的假定改进现有的经济增长分解核算方法,并运用改进后的方法将中国29个省区市的总量及劳均GDP增长分解为资本积累和技术进步等因素的贡献,之后分别以资本积累和技

---

[*] 2002年毕业生刘培林的博士论文以《发展战略与增长的源泉:中国经验的研究》为名,于2003年在经济科学出版社出版。本文是为该书撰写的序言。

术进步两个因素的贡献作为被解释变量,以初始条件以及发展战略特征等作为解释变量,进行经济增长的收敛回归。计量检验得到的结果支持我归纳的两个假说,即比较优势发展战略之下,能够使得资本积累和技术进步的潜力得以充分发挥。这意味着,对于我国发展相对滞后的省区而言,顺应比较优势的要求积极转变发展战略是加速发展的必由之路。这个结论对于加快西部地区开发、缩小地区发展水平差距,无疑具有重要的启示意义。引申开来,对于我国这样人均收入低、技术水平落后的国家而言,同样必须遵循比较优势发展战略,才能使经济增长的潜力充分发挥出来。

值得指出的是,该书在选择经济增长收敛回归的初始条件变量时,并不是照搬现有文献的做法,以初始的劳均 GDP 同时作为资本存量和技术水平两者的初始条件变量,而是巧妙地运用数据包络的非参数分析方法,将初始劳均 GDP 的差距分解为初始劳均资本量和初始技术水平的差距两种效应,并以两者分别作为资本存量和技术水平两者的初始条件变量。得到的结果表明,这样的尝试较之现有文献的做法更加合理。另外,据我所知,该书中估算的分省区市分年度的资本存量数据,所依据的方法也比已有的相关研究更加合理,因而其估算结果也就更加可靠。

但是也应该指出,这本书的政策含义挖掘得不够充分。所以我想借这个机会就中国经济增长的潜力以及中国当前改革和发展面临的深层次问题,谈谈看法。

我一向认为,中国在未来 20—30 年时间里仍然具备高速经济增长的潜力。这个潜力是由三方面因素决定的:首先是两方面的后发优势,即中国和发达国家的技术水平差距,以及中国内部各个地区之间的技术差距;其次是中国的高储蓄率;最后是中国经济结构升级的潜力。

一个经济体的增长主要取决于以下三因素:第一,各种生产要素的增长,尤其是资本的积累;第二,生产结构从低附加值的产业向高附加值的产业的升级;第三,技术进步。三者中最重要的是技术进步。因为在各种生产要素中,一个经济拥有的自然资源的量可以看做是给定的,各个经济体之间的劳动力增长差异则不大,差异较大的是资本积累速度。而资本积累和产业结构升级则受到技术进步速度的制约。如果技术不进步,那么资本积累过程最终将受到边际报酬递减规律的制约,积累意愿就会下降。同样,一个经济中如果没有技术升级,也就不会有产业结构的升级。

技术进步有两种实现方式:(1) 自己投资进行研究和开发;(2) 向其他经济体学习、模仿,或者说花钱购买先进技术以实现自己的技术进步。自己投资进行技术开发研究的特点是成功率很低,一般而言,相当大比例的科研投资难以取得预期的成果;而且即使是取得成果的研发活动,其最终得到的技术中也仅有一小部分具有商业价值。因此开发新技术的投入很大而失败的概率很高。相对而言,模仿和购买技术所需的成本就要低得多。发达经济体处于技术的最前沿,因此只能通过自己从事研究和开发才能实现技术进步,因而其实现技术进步的成本高,总体进步速度慢;而我国这样的发展中国家,由于同发达国家在技术上存在着很大差距,因此在技术进步的成本上具有后发优势,可以采用模仿、购买等方式来实现技术进步。即使是买专利的方式,许多研究证明,其成本也只是原来开发成本的三分之一左右;而且购买的技术一定是已经被证明是成功的、有商业价值的技术。

日本经济从20世纪50年代开始到20世纪80年代维持了将近40年的快速增长,亚洲"四小龙"的经济从20世纪60年代开始直到最近也维持了将近40年的快速增长。这些快速增长被认为是奇迹,它们依靠的就是和发达国家的技术差距,并以引进技术的方式来实现快速的技术进步、产业升级和经济增长。

中国从1978年年底改革开放时,才开始走上和日本及亚洲"四小龙"同样的快速增长道路。1978年中国的技术水平和发达国家的差距远大于日本于20世纪50年代以及亚洲"四小龙"于20世纪60年代和发达国家的技术水平差距。如果利用同发达国家的技术差距能使日本和亚洲"四小龙"维持近40年的快速增长,那么单单利用这个技术差距,中国经济应该也具有近50年的快速增长潜力。

中国是一个大国,内部各个地区之间的情况差别比较大,而且各个地区的技术水平差距也比较大。从这个角度来讲,中国发展相对滞后的中西部地区凭借和东部地区的技术差距,也可以获得快速的增长,从而促进国民经济整体的增长。

同时,中国的资本积累率每年高达GDP的40%左右,为全世界最高的国家之一。而且在20世纪70年代时,中国从事低附加值的农业人口比20世纪50年代的日本和20世纪60年代的亚洲"四小龙"多,因而,中国的生产要素从低附加值产业向高附加值产业转移的潜力大。

综合所有这些因素,我们可以有把握地说,中国在未来的发展潜力巨大。如果说从改革开放开始算起中国至少可以有50年快速增长潜力的话,那么,从1978年年底到现在才利用了其中20多年的增长潜力。因此,中国应该有可能再维持30年左右的快速增长。

但是,经济增长的潜力并不会自然而然地转化为现实,要充分挖掘经济增长的潜力,并让人民均享增长带来的利益,必须实施正确的经济发展战略。根据长期以来对中国改革和发展问题的总结、归纳和研究,我要大声呼吁,当务之急是解决国有企业没有自生能力的问题。

何谓自生能力?我的定义是"在一个开放、竞争的市场当中,一个正常管理的企业获得市场上投资者可以接受的预期利润率的能力"。显然,在一个开放、竞争的市场经济当中,一个企业的自生能力与其所处经济体的比较优势有关,一个企业只有选择进入这个经济体具有比较优势的产业或产业区段中,它所生产的产品或所提供的服务才能跟国外的同类产品和服务竞争,只有这样的企业才可以在不借助政府保护的条件下,自己生存和发展。

在一个开放、竞争的市场中,只有具有自生能力的企业才会有人投资设立,并被继续经营下去;而没有自生能力的企业,其设立和继续经营就只能靠外力支持,主要是政府给予的政策性补贴、保护。正因为如此,在发达的市场经济中发展出来的现代经济理论把企业具有自生能力作为不言自明的暗含前提。在此前提下,一个企业实现的利润水平高低,取决于管理水平。

但是,把企业具有自生能力作为前提来研究从传统计划体制向市场经济体制转型中的国有企业的问题,却是一个致命的弱点。在《中国的奇迹:发展战略与经济改革》一书中,我已经详细论述过,不论是前苏联1929年还是我国在1952年开始的传统计划经济体制,都是为了在资金稀缺的经济中优先发展不具有自生能力的资金密集型重工业而形成的"次优"的制度安排。到现在为止,我们对传统体制的许多改革,确实如批评者所讲的,只是"头痛医头、脚痛医脚",而没有深入到传统体制形成的逻辑出发点——国有企业的自生能力问题。许多大型国有企业所处的行业仍然不符合我国的比较优势,在开放、竞争的市场当中,即使有正常的管理水平,这些大型国有企业无法获得市场可接受的预期利润率的根本事实仍然没有改变。

没有自生能力的问题,实际上是国家加诸于国有企业身上的一个政策性负担。除了这个政策性负担之外,国有企业承担的社会职能在改革以来也凸现出来,构成了企业的另外一个政策性负担。政策性负担问题不解决,所有关于国有企业的改革措施都不会有效,即使私有化也不能解决问题。这是因为大型企业必然是所有权和经营权分离,在两权分离情况下必然会有激励不相容和信息不对称问题。如果有政策性负担,就会有政策性亏损,政策性亏损的责任在于政府,政府就必须给予有政策性负担的企业以政策性优惠和补贴。可是,在信息不对称的状况之下,政府难以分清政策性亏损和经营性亏损的责任,企业就会把任何亏损都归咎于政策性负担。而政府既然无法区别政策性亏损和经营性亏损,就只好把所有亏损的责任都背负起来,从而形成了企业的预算软约束。在企业预算无法硬化的情况之下,任何给予企业更多自主权的公司治理或是产权结构的改革,都是对改革前剥夺企业人、财、物、产、供、销自主权的"次优"制度安排的背离。从国家作为所有者来说,情况只会变得更糟而不会更好。只要存在政策性负担,而国家又不能让企业破产,即使是将国有企业私有化,国家对企业的亏损还是负有责任,而且私有化以后,企业向国家要优惠、要补贴的积极性会更高,国家要为此付出的代价也就会更大。世界银行对苏联、东欧原国有企业私有化之后情况的研究结果,也支持上述推断。

银行商业化和利率市场化的改革难以取得实质性进展的原因,也在于国有企业的政策性负担。这是因为,推行"拨改贷"政策以后,给国有企业政策性补贴的手段从无息的财政拨款改为低息的银行贷款。只要国有企业还有政策性负担,而政府又只能靠银行的低息贷款给它补贴,那么,银行商业化、利率市场化的改革就不可能真正落实。

我国股票市场的问题也根源于国有企业自生能力问题。国有企业上市之前虽然经过改组,剥离了冗员和养老等社会性负担,但资金密集度太高所造成的自生能力问题并没有解决。既然一个缺乏自生能力的企业在开放、竞争的市场中不能获得市场上投资者可接受的预期利润率是先天存在的问题,那么,设立公司董、监事会等公司治理的改革也就不能改变这个先天的事实,而且,既然无法从经营中获得市场上可接受的利润率,投资者也就不能从长期持有股票中获得满意回报,散户就只能靠短期股票价格涨跌的投机来赚钱。引进机构投资者以后,并没有改变国有企业缺乏自生能力的事实,机构投资者同样也只能靠短期股票价格的涨跌而获利。所不同的是,机构投资者可动员的资金多,不会像散户那样只能被动地靠价格涨跌来投机,在监管不严的地方,机构投资者可以主动坐庄,通过操纵股票价格来获利,从而使股市的问题更为严重。

同样的道理,在国有企业的生存靠银行低息贷款和市场垄断等政策性补贴及优惠来保证的情况下,要给民营经济在资金融通和市场准入上公平待遇的政策也就难以真正到位。

贪污腐败的情形也根源于国有企业的政策性负担。为了补贴、保护国有企业,政府必须对价格、市场准入进行很多干预,这些干预就给了政府官员许多利用手中权力来寻租的机会,贪污腐败的情形也就会屡禁不绝。

在国有企业必须靠政府政策性优惠和补贴来生存,或是可以不断向政府要政策性优惠和补贴的情况下,政企是不可能完全分离的。政企不分并不能全部归咎于政府的责任,事实上企业更具有维持政企不分局面的冲动,这是因为只有在政企不分的情况下,企业才能不断向政府要补贴、要优惠;而在政府必须不断给企业优惠、补贴时,政府也不可能不干预企业的经营和决策。

如前所述,只要国有企业的自生能力问题和改革后所凸现的社会性负担问题不解决,国家就负有向国有企业提供补贴和优惠政策的责任。而且,目前国有企业还雇用着城市里近50%的劳动力,支配着全国近60%的固定资产,国家也不可能让没有自生能力的国有企业大量破产。如果不先提高国有企业的自生能力、消除国有企业的社会性负担,现在我国在存量改革上的各种问题依然会存在。

上述问题看起来很难,其实只要认识到自生能力问题这个根源所在,也就不难对症下药了。

关于各种社会性负担问题的解决思路比较明确,关键是筹集这方面的资金。至于国有企业自生能力问题,则可以分几种情况处理:如果一个国有企业所生产的产品是国防安全上绝对不可或缺的,这个企业就只能由国家财政包起来,这在任何国家都是一样的。如果一个国有企业的产品不是国防安全上非常敏感的,而这个国有企业的产品又有很大的国内市场,则可以采取用市场换资金的方式和资金比较丰富的外国企业合资,或是直接到国外资本市场上市,这样,资金成本降低了,企业没有自生能力的问题也就克服了。另外,如果一个国有企业的产品没有很大的国内市场,提高其自生能力的办法就只能是利用国有企业在工程、设计上的人力资本优势,转产符合我国比较优势而又有很大国内市场的产品。

国有企业的社会性负担剥离、自生能力提高以后,政府不再负有给国有企业提供政策性优惠和政策性补贴的责任,银行才有可能商业化,利率才能真正市场化。企业有自生能力,只要正常经营管理就可以获得市场上可接受的正常预期利润率,股民和机构投资者才会真正关心企业的经营管理,而且才会长期持有股票,投机和庄家操纵的问题才能根除。在没有政策性负担的情况下,企业经营管理好坏的责任在于企业自己,公司治理结构的改革才有意义。最后,如果政府不再负有给予某类企业各种优惠和补贴的责任,政府就不需要干预市场的运作,这样才会有好的市场经济,给民营企业公平待遇的政策才会实现。

我国存量改革绕不过去的深层次问题是国有企业自生能力问题。但是自生能力问题之所以出现,是因为政府想在资金稀缺的条件下,靠国内自己的力量去优先发展不具比较优势的资金密集型产业,如果这种战略思想不转变,国有企业改革就不可能彻底;而且,还可能新创造出一批不具自生能力的国有或非国有企业。所以,改革最深层次的问题是发展战略思想的转变,只有采取按我国的比较优势来发展经济的战略,国有企业改革才能最终完成,我国也才会有透明的、没有寻租、没有腐败、没有政府不当干预、没有扭曲的社会主义市场经济体系,我国的经济增长潜力才能够充分发挥出来。这也是培林这本专著的根本的政策含义所在。